생드니
(생드니 성당)

18

19

10

45

16

34

38

2

6   3
0 47
41   20
2   26
2a 19   1
49
10
24

3

6

12

11

21 18
9   8
2   7   7
1
4   6   1
8   2   1
2   13
5   10
8   6   3   10   4
2   33
1   9   3
7   6

4

20

48

46

11

1

뱅센성
→

4

5

12

51

13

맹시
(보르비콩트성)
↙

8

1380, 2.339820

,벨리스크 48.865190, 2.320900

.321110

.324570

59290

), 2.399700

337015

40, 2.389100

37585

, 2.301195

560, 2.377140

60, 2.344465

.344050

630, 2.347525

46930, 2.345915

848500, 2.342890

48.845115, 2.352920

.344915

, 2.343975

300

65530

.356315

380, 2.351550

, 2.361760

5650, 2.352100

40, 2.355560

230, 2.361980

64070, 2.361460

6675, 2.351660

48.853340, 2.359185

351650

200

853560, 2.360370

39915

260, 2.339835

3	물랭 루주	48.884065, 2.332280
4	사크레쾨르 대성당	48.886295, 2.343040
5	생피에르 성당	48.886670, 2.341600
6	샤 누아	48.883565, 2.334050
7	쉬잔비송 광장	48.888225, 2.337190

몽파르나스 지구

1	레지스탕스 박물관	48.833970, 2.331700
2	르 돔 카페	48.842015, 2.329090
3	몽파르나스 타워	48.842155, 2.322070
4	이스트리아 호텔	48.839100, 2.331590
5	카페 라 로통드	48.842300, 2.329290
6	파리 지하 납골당	48.833850, 2.332260

생제르맹데프레 지구

1	르 프로코프	48.853015, 2.338750
2	브라스리 리프	48.853780, 2.332445
3	생제르맹데프레 성당	48.854120, 2.33365
4	카페 레 되 마고	48.854030, 2.333100
5	카페 드 플로르	48.854075, 2.332660

시테 · 생루이섬

1	노트르담 대성당	48.853200, 2.348930
2	도핀 광장	48.856475, 2.342500
3	랑베르 호텔(옛 랑베르 저택)	48.850850, 2.360030
4	생트샤펠	48.854925, 2.345390
5	아벨라르와 엘로이즈의 집	48.853735, 2.351845
6	유대인 희생자 기념비	48.851815, 2.352310
7	콜롱브 거리 옛 성벽 터	48.854525, 2.350325
8	콩시에르주리	48.855765, 2.346065
9	팔레드쥐스티스	48.855480, 2.345910
10	퐁뇌프 · 앙리 4세 동상	48.857015, 2.341350

↑	**라데팡스 개선문** 48.892150, 2.236645
↑	**맹시(보르비콩트성)** 48.568115, 2.713740
↑	**뱅센성** 48.842625, 2.435460
↑	**베르사유(베르사유 궁전)** 48.804280, 2.122350
↑	**생드니(생드니 성당)** 48.935620, 2.359000
↑	**생클루(생클루 공원)** 48.837720, 2.216580

• 지명 옆의 숫자는 구글 지도 좌표로, 구글 지도에서 검색할 수 있습니다.

라데팡스 개선문

생클루
(생클루 공원)

베르사유
(베르사유 궁전)

17

9

8

16

7

6

15

14

28
7
50
30
23
39
29
22
13
9
36
27
15
25
43
5
42
44
31
14
35
32
12
17
37
3
6
5
2
4
3
2
1
6

PARIS

도시여행자를 위한

파리 ✕ 역사

주경철 지음

PARIS

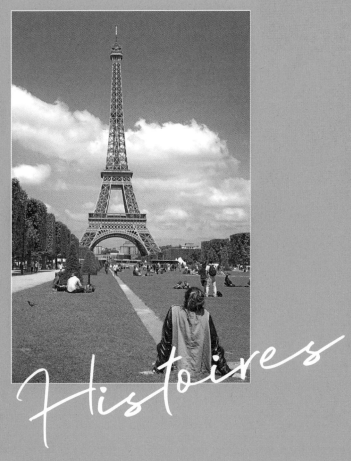

Histoires

여행은 멋진 일이다. 낯선 도시를 찾아 떠나는 경험은 늘 가슴을 뛰게 한다. 세상에 좋은 곳이 한두 군데가 아니겠지만, 우리나라 사람들이 꼭 한번 가보고 싶어 하는 도시 중 하나가 파리일 터이다. 《도시여행자를 위한 파리×역사》는 그런 사람들을 위한 책이다.

역사가로서 파리의 다양한 면모를 설명해주는 책을 쓰고 싶은 마음은 오래전부터 있었다. 나는 젊은 날의 한때를 파리에서 보냈다. 제2의 고향 같은 도시 파리, 나를 키워준 곳이지만 그곳에서 보낸 시절이 마냥 낭만적이지는 않았다. 유학생 신분이라 공부가 우선이었고, 고달프고 힘든 일도 많이 겪었다. 기쁘고 의미 있는 일도 물론 많았지만, 사람들이 동경하는 파리에서 여러 해를 살면서도 파리를 자세히 살펴볼 여유는 없었다. 서울에 살면서 남산타워에 안 올라가본 사람이 많듯이, 파리에서 유학하는 동안 에펠탑에 한 번도 올라가지 않았다. 그러다가 귀국하면 사람들이 자꾸 묻는다기에 귀국을 앞두고 서둘러 올라가보았을 정도다.

파리를 좀 더 자세히 알게 된 건 교수가 되어 파리에서 1년 동안 연구년을 보낸 덕분이다. 고단한 유학 생활보다는 여러 면에서 여유가 있었기에 파리와 시민들 사이로 더 깊이 들어가 볼 수 있었다. 기숙사가 아니라 일반 주택에 살면서 재래시장에서 장을 보고, 동네 빵집과 유명한 식당을 찾아다니며 현지 생활을 본격적으로 맛보았다. 시간이 날 때마다 예술 감상 겸 운동(!) 삼아 파리의 박물관과 미술관을 찾기도 했다. 루브르 박물관은 연간 회원증 덕분에 백번 정도는 갔을 것이다. 2015년까지만 해도 주로 클래식 공연을 하던 살 플레옐Salle Pleyel의 저렴한 표를 구해 세계 최고 수준의 연주를 듣고, 밤늦은 귀갓길에 집 근처 카페에서 아내와 함께 포도주를 마시며 음악 이야기를 나누곤 했다. 내 언제 다시 이런 호사를 누리랴 싶을 정도로 행복한 날들이었다.

이렇게 경험하고 느낀 것들을 글로 써보자는 생각이 들었다. 그런데 막상 글을 쓰다 보니 내가 파리를 전부 알고 있는 건 아니라는 사실을 깨달았다. 미처 가보지 못한 멋진 곳이 허다하고, 다양한 분야의 역사를 다루려니 지식도 부족했다. 그런데도 지난 경험에 조사와 공부를 더해 책을 펴낸 것은 파리를 더 깊이 경험해보고자 하는 누군가에게 도움이 되었으면 하는 바람에서다.

"아는 만큼 보인다"는 말은 정말 명언이다. 아무리 좋은 곳에 가더라도 사전 지식이 없으면 꼭 봐야 할 것들을 놓치기 십상이기 때문이다. 여행사를 통해 단체 여행을 다녀온 사람 중에는 뭔가를 많이 본 것 같은데 며칠만 지나면 여러 장면이 뒤섞여 어디가 어디였는지 통 종잡을 수 없었던 경험이 있을 것이다. 반면 자유여행의 경우에는 어디에서부터 시작해야 좋을지 막막하거나 처음의 기대와 달리 몸만 피곤할 수도 있다. 여행을 마치고 나서야 지나친 것들을 깨닫게 된다면 얼마나 아쉽겠는가. 그럴 때마다 다시 그곳에 갈 수도 없는 노릇이다. 그러니 미리 여행지에 대해 이것저것 알아보는 게 좋다. 그렇다고 관광 안내서만 너무 열심히 좇다 보면 이미 아는 것만 다시 확인하게 되거나 남들이 발견한 아름다움이나 의미만 되짚을 뿐, 자신만의 특별한 여행은 만들지 못할 수도 있다.

파리를 무척 사랑했던 어니스트 헤밍웨이는 파리에 대해 많은 말을 남겼다. "당신이 젊은 시절 파리에 살아보는 행운을 누린다면, 남은 일생 내내 당신이 어딜 가든 파리가 당신과 함께할 것이다. 파리는 움직이는 축제다." "세상에서 우리가 행복할 수 있는 곳은 두 곳뿐이다. 집과 파리!" 과연 그럴까? 헤밍웨이의 찬사와 달리 파리는 마냥 행복한 지상낙원 같은 곳이 아니다. 한때 일본 여성들 사이에 '파리 증후군'이 속출했다. 일본 경제가 성장하면서 해외 여행객이 늘어났는데, 이때 많은 여성이 그토록 꿈꾸어온 파리를 찾았다. 그런데 세상에서 가장 멋진 도시일 줄 알았던 파리를 만나는 순간 지저분하고 불친절한 모습에 큰 충격을 받았다고 한다. 지난 역사를 반추해보면 파리는 수없이 유혈이 낭자하고 험악했던 '혁명의 수도'였다. 그러니 상냥한 왕자님보다는 '노란 조끼'를 입은 과격한 아저씨들이 파리지앵의 본모습에 가깝다.

유럽 문명의 중심지인 파리는 단순히 아름답다거나 낭만적인 곳이 아니다. 파리에는 수천 년 역사가 서려 있다. 파리의 발원지라 할 수 있는 시테섬에서부터 1989년에 완공한 오페라 바스티유에 이르기까지 파리의 역사는 실로 폭넓고 깊다. 시내의 골목길 하나하나에 절절한 이야기들이 녹아 있다. 이곳에서 무엇을 얻느냐는 어떤 그물을 준비하느냐에 달려 있다. 예컨대 파리의 성당이나 기념건축물에 관심이 있다면 건축사를 알고 가면 좋고, 박물관에서 예술 작품을 감상하려면 미술사를 공부해 가면 좋지만, 결국 이 모든 것을 이해하기 위한 토대는 바로 파리의 역사일 것이다. 이것이 역사가인 내가 파리를 소개하는 이유다.

이 책이 파리를 여행하는 이들에게 길동무가 되길 바란다. 즐거운 여행이 되시길, 봉 부아야주Bon voyage!

2019년 11월
주경철

PARIS
Histoires

2부   변화의
  도시

3부 혁명의 도시

프랑스혁명 ~ 나폴레옹 1세 시대

4부 빛의 도시 파리 코뮌 ~ 현재

✕

1부

파리의 시작

고대 ~ 백년전쟁

01
파리,
센강의 선물

파리를 생각하면 떠오르는 시가 〈미라보 다리Le Pont Mirabeau〉다. 시
인 기욤 아폴리네르가 미라보 다리를 건너다가 옛 연인인 화가 마리
로랑생을 회고하며 썼다는 아름다운 시는 이렇게 시작한다.

미라보 다리 아래 센강은 흐르고
우리의 사랑도 흘러가네
가슴 깊이 기억하리
기쁨은 늘 고통 뒤에 온다는 것을

밤이여 오라, 종이여 울려라
세월은 가고 나는 남으리니

레오 페레를 비롯한 여러 가수가 이 시에 곡을 붙여 노래했다. 파

파리의 시간을 품은 센강.

리 한복판을 가로지르는 센강은 이곳에 살았던 사람들의 기쁨과 고통, 찬란한 예술과 핏빛 투쟁을 지켜보며 유장하게 흘렀을 터이다.

이집트가 나일강의 선물이듯 파리는 센강의 선물이다. 센강은 프랑스 북동쪽의 랑그르 고원지대에서 발원하여 파리를 통과한 후 루앙을 거쳐 르아브르에서 영국 해협으로 들어간다. 강의 길이가 777 킬로미터로, 프랑스에서 세 번째로 길다. 센Seine이라는 이름은 라틴어 세콰나Sequana에서 나왔는데, 갈리아 종교에서 강의 여신을 가리킨다고 한다. 인간이 거주하기 이전 선사시대에 센강은 지금보다 더 북쪽에서 흐르고 있었다. 원래는 몽마르트르 언덕 밑으로 흐르던 물길이 서서히 남쪽으로 옮겨왔다. 1910년 대홍수 때 예전의 물길이 잠시 되살아난 적이 있다.

　지질학적으로 '파리 분지Bassin Parisien'라 부르는 파리 지역은 원형
의 넓은 평지로, 어디를 가나 높은 곳이라고는 한 곳도 없다. 파리에
서 제일 높다는 몽마르트르 언덕도 고작 130미터에 불과하다. 이 언
덕에 올라가면 평탄한 파리 시내가 한눈에 들어온다. 파리 시청 위
쪽으로 고풍스러운 건물들에 작은 가게들이 몰려 있는 지역의 이름
이 마레Marais인데, '늪지'라는 뜻이다. 먼 과거에는 마레 지구뿐만 아
니라 파리의 모든 지역이 늪지였다.

　구석기시대 사람들이 파리 인근에 흔적을 남기기 시작했다. 이 사
람들은 주변 지역을 떠돌며 살아갔다. 방랑 생활을 멈추고 정착해서
살아가는 거주민이 등장한 때는 신석기시대다. 이 사람들은 가축을
기르고 농사를 지었지만, 동시에 원거리 교역을 중개하면서 번영을

누렸다. 아주 먼 지역까지 교역 네트워크가 발전해 있었다는 것은 파리 지역에서 발견되는 동유럽 도끼를 보고 알 수 있다. 센강이 이런 교역에 도움을 주었을 것이다. 1990년에는 파리 12구의 베르시 지역에서 카누가 발견됐다. 커다란 참나무 줄기 가운데를 파내서 만든 이 카누는 파리인이 사용한 최초의 배다. 이 고대 카누는 카르나발레 박물관Musée Carnavalet에 보존되어 있다.

처음 센강을 보는 사람은 강이 생각보다 작다고 말하곤 한다. 서울의 한강과 비교해보면 작은 지류 같은 느낌을 주는 게 사실이다. 다만 한강에 비해 한 가지 유리한 점이 있다. 수량이 일 년 내내 고른 편이라는 것이다. 한강의 경우, 댐들이 건설되기 전에는 여름 홍수기와 겨울 갈수기 사이에 수량의 차이가 엄청났다. 이에 비해 센강은 그 차이가 훨씬 적고 일 년 내내 강물이 풍부한 덕분에 강을 통한 운송이 일찍부터 발달했다. 바다에서부터 120킬로미터 안쪽에 있는 노르망디주의 대도시 루앙까지 큰 배가 들어올 수 있고, 그곳에서부터 다시 작은 배로 파리를 지나 부르고뉴 내륙 깊숙한 곳까지 올라갈 수 있다. 게다가 욘, 마른, 우아즈 같은 지류들을 이용해 주변 지역들과도 왕래할 수 있다. 프랑스 동부 및 남부 지역과 북해 연안 지역을 연결하는 교역이 발달하기 좋은 조건이 갖추어져 있었던 것이다. 이는 파리가 성장할 수 있었던 중요한 요소다. 파리시 문장에 배가 그려져 있는 것도 그 때문이다. 문장에 함께 쓰인 슬로건은 '흔들리더라도 가라앉지 않는다Fluctuat nec mergitur'이다.

원래 센강에는 지금보다 더 많은 작은 섬이 있었다. 이 가운데 어떤 것은 시간이 지나면서 육지에 붙어버리고, 또 어떤 것들은 서로 연결되었다. 오늘날 파리 중심부에는 시테섬L'île de la Cité과 생루이섬 L'île Saint-Louis 두 개가 있다. '성왕聖王 루이'라는 뜻인 생루이섬의 원래 이름은 암소를 뜻하는 바슈Vache였는데, 17세기에 개명했다. 파리는 이 섬들에서 기원하여 점차 강 건너 외곽지역으로 넓혀갔다. 서울에서는 한강을 중심으로 강남과 강북으로 나누지만, 파리에서는 '좌안'과 '우안'이라는 용어를 쓴다. 강물이 흐르는 방향에서 볼 때 왼쪽, 곧 남쪽이 좌안이고 반대편 북쪽이 우안이다.

파리 시내에는 센강을 건너는 다리가 37개나 된다. 알렉상드르 3세 다리와 퐁뇌프Pont-Neuf 등 아름답기로 유명한 다리가 많다. 오늘날 이 다리들에는 세계의 연인들이 찾아와 사랑의 자물쇠를 채워놓고 간 것을 볼 수 있다. 파리뿐만 아니라 전 세계 명소마다 이런 현상이 벌어지는데, 그 기원은 페데리코 모치아의 소설 《너를 원해Ho voglia di te》(2006)라고 한다. 소설 속 두 연인은 로마의 밀비오 다리에 자신들 이름의 이니셜을 새긴 자물쇠를 채워놓고 열쇠는 테베레강에 던진다. 사실 이것은 오래된 관습인데, 이 소설로 인해 온 세상 연인들이 따라 하게 된 것이다. 오늘도 미라보 다리 아래 센강은 흘러가고 사랑도 흘러가는데, 다만 강에 던져버린 그 많은 열쇠 때문에 환경오염 문제가 심각해져서 이제는 이를 금지할 방안을 구상 중이라고 한다.

Paris

02

시테섬에 등장한
파리지족

에펠탑
샹드마르스
육군사관학교

　파리라는 이름과 직접 관련이 있는 사람들이 등장하는 때는 기원
전 3세기 중엽이다. 갈리아인Gaulois의 일파인 파리지족Parisii이 센강
서쪽 지역에 들어와 자리 잡았다. 이 사람들은 이전의 석기 문명과
는 비교할 수 없이 발전된 철기 문명을 가지고 왔다.

　그런데 갈리아인과 켈트인은 무슨 관계일까? 유럽의 매우 넓은
지역에 걸쳐 켈트 문명이 존재하는데, 그중 서쪽 끝인 프랑스 지역
에 이주한 일파가 갈리아인이다. 알프스와 보헤미아 사이에서 발원
한 켈트인은 발전된 문명을 이루어가다가 기원전 8~기원전 3세기
에 절정기를 맞았다. 사실 켈트인이라고 뭉뚱그려 부르곤 하지만,
이들 전체가 동질적 집단은 아니다. 예술과 신앙 등 같은 문화 기반
을 공유하되 서로 다른 성향으로 나누어진 집단들이 여러 지역으로
이주해갔다. 이들과 먼저 접촉한 고대 그리스인들이 이들을 '켈토이
keltoi, 켈트인'라고 불렀다. 그 후 기원전 4세기에 로마인들이 알프스 이

북의 땅에 사는 사람들과 접촉하고 이들을 '갈리Galli, 갈리아인'라고 불렀다. 그리스인들이 본 '켈토이'와 로마인들이 본 '갈리'는 분명 아주 가까운 사람들이지만, 이 두 용어는 결코 섞어서 쓰인 적이 없다. 프랑스 역사를 이야기할 때는 언제나 갈리아인이라는 용어를 사용한다(프랑스어 발음으로 '골', '골루아'로 표기할 수도 있지만, 이 책에서는 '갈리아' 땅에 사는 '갈리아인'으로 통일하기로 하자).

갈리아에는 대략 90개 정도의 부족이 공존했는데, 파리지족이 그중 하나다. 파리지족은 아마도 벨기에 땅에서 다른 세력에 밀려나 기원전 3세기 중엽 파리 근방에 도착한 것으로 보인다. 이 사람들은 처음에 낭테르, 몽마르트르, 샤요 같은 곳에 자리 잡았다가 시테섬으로 이주했다. 곧 섬 주변에 성벽을 두르고 섬과 건너편 땅 사이를 연결하는 다리들을 건설했다. 시테섬은 얼마 지나지 않아 남북 방향 또는 동서 방향의 교역로에서 중요한 중간 통과 지점이 되었다. 주민들은 거룻배로 짐을 옮겨주면서 세금을 물렸다. 이 거룻배 조합원들이 시의 중심 계층으로 성장하게 된다.

로마인들은 시테섬을 루테티아 파리시오룸Lutetia Parisiorum이라 명명했다. 루테티아를 프랑스어식으로 발음하면 뤼테스Lutèce가 되는데, 이 말이 파리의 옛 이름이다. 파리지족에서 나온 파리Paris라는 이름이 우연히 고대 그리스 신화에서 트로이 전쟁을 일으킨 파리스 왕자의 이름과 같아 중세 유럽에서는 파리스 왕자가 파리를 세웠다는 전승이 만들어졌지만, 물론 얼토당토않은 이야기다.

사실 파리지족에 관해서는 알려진 것이 많지 않다. 이들이 남긴 흔치 않은 유물 가운데 하나가 금화인데, 금화를 만들어 사용한 것을 보면 대규모 상업 거래를 한 것 같다. 기원전 1세기경에 이르러 갈리아는 인구가 많고 농업이 번성하는 풍요로운 땅으로 발전했다. 도자기, 비누 같은 산물이 유명했고, 특히 포도주통을 개발한 것이 특기할 일이다. 지중해 지역에서는 포도주를 운송할 때 암포라라는 큰 단지를 사용했는데, 갈리아에서 참나무 널판을 구부려 통을 만드는 기술이 개발되어 오늘날까지 이르렀다.

이즈음 로마제국이 압박해왔다. 이탈리아반도 전체를 지배하고 다음으로 카르타고를 누른 로마는 이제 갈리아로 방향을 틀었다. 율리우스 카이사르가 이 임무를 맡고 원정군을 끌고 왔다. 갈리아에서는 적극적으로 저항하자는 세력과 로마와 손잡자는 세력으로 나뉘었다. 갈리아 자체가 정치적으로 변화하며 분열되고 있었다.

결국 로마에 대항하는 갈리아 전쟁이 시작되었다. 아르베르니족Arvernes의 젊은 귀족 베르생제토릭스Vercingétorix가 봉기의 지도자가 되어 로마군을 공격해 후퇴시켰다. 베르생제토릭스의 승리는 로마군이 무적이 아니라는 사실을 보여주었다. 이 사건은 갈리아 전체에 큰 반향을 일으켰다. 베르생제토릭스는 로마 편을 들고 있던 부족들을 찾아가 함께 싸우자고 설득했다. 그러나 일부 부족은 여전히 투쟁을 거부하거나 중립을 선언했고, 일부 부족은 로마에 대항하는 투쟁에 공감했다.

로마에 대항한 갈리아의 지도자
베르생제토릭스의 동상.

이때 파리지족은 어떤 선택을 했을까? 기원전 52년, 이들은 대로마 투쟁에 참여하기로 했다. 《갈리아 전기》에는 '센강 위의 섬에 있는 파리지족 도시' 이야기가 나온다. 이것이 파리에 관한 첫 문서 기록이다. 카이사르의 부관 티투스 라비에누스Titus Labienus가 늪지를 넘어 공격하다가 실패하자 방향을 바꿔 멜로두눔Melodunum(오늘날의 믈룅) 쪽에서 다시 공격해왔다. 방어군 지휘자인 카물로게누스Camulogenus는 어차피 로마군을 당해낼 수 없다고 판단하여, 다리들을 파괴하고 시테에 불을 질렀다. 결국 루테티아는 피바다가 되어 정복당했다. 최후의 결투가 벌어진 땅을 후대에 샹드마르스Champs de Mars라 불렀는데, 군신인 마르스의 땅이라는 뜻이니, 곧 전쟁터라는 의미이다. 오늘날 에펠탑이 서 있는 바로 그 자리다.

전세가 불리해지자 베르생제토릭스는 봉기군을 이끌고 알레지아 오피둠Oppidum(요새화된 성읍)으로 후퇴했다. 이것은 치명적 실수였다. 모든 군대가 오피둠 안에 고립되어 포위 공격을 받게 되었다. 식량이 충분치 않아서 버틸 수 있는 기간은 고작 한 달. 몰살될 위기에 처한 베르생제토릭스는 결국 투항했다. 그는 로마로 끌려가 투옥되었다가, 6년 뒤 카이사르가 로마의 지배자로서 자신의 위엄을 과시하는 의식을 거행할 때 끌려 나와 처형당했다.

흔히 말하는 '프랑스의 첫 번째 조상' 갈리아인의 독립은 끝났다. 그 대신 갈리아인이 로마제국의 지배 아래 들어가 선진 문명의 세례를 받으면서 새로운 발전 단계가 시작되었다.

Lutetia

03

루테티아에서
파리로

전쟁 중에 완전히 파괴된 루테티아를 재건설하면서 두 개의 축을 중심으로 바둑판처럼 구획을 나누는 로마식 도시가 만들어졌다. 카르도 막시무스cardo maximus라 부르는 남북축을 중심으로 두 개의 다리를 놓아 시테섬을 좌안과 우안에 연결했다. 동서축은 데쿠마누스 막시무스decumanus maximus라 불렸다. 큰 돌들로 포장한 이 길들은 폭이 몇 미터에 달했다. 이 두 축과 평행하는 가로세로의 도로들이 작은 구역들을 나누었다.

남북축과 동서축이 만나는 지점에 시의 중심 역할을 하는 광장, 포럼forum이 만들어졌다. 이곳은 오늘날 소르본 대학Université Paris-Sorbonne이 자리 잡은 좌안의 생트준비에브sainte Geneviève 언덕 부근에 해당한다. 이 포럼은 오랫동안 잊혔다가 1860년에 발굴되어 본래 면모를 드러냈다. 길이 약 100미터에 달하는 건물 안에 신전, 회당會堂이 있고, 회랑에는 가게들이 들어서 있었다. 말하자면 상업과 행정 활동이 이루어지는 만남의 장소였다. 근처에는 서커스, 동물 싸움 등을 공연하던 원형경기장도 있다. 36층의 계단식 좌대가 있는 이 건물은 1만 명 이상을 수용할 수 있었는데, 당시 주민이 6,000~8,000명 수준이었으니 도시 인구 전체가 들어가고도 남는 규모다.

로마 도시의 중요한 하부구조 중 하나가 수도 시설이다. 룅지스Rungis, 비수Wissous의 원천에서 16킬로미터의 수로로 하루 200만 리터 정도의 물을 끌어왔다. 시내에는 목욕탕이 세 개 있었는데, 그 중 클뤼니 목욕탕이 제일 잘 보존되어 있다. 1946년 이래 계속 발굴이 진행 중인 이 목욕탕은 면적이 6,000제곱미터 정도나 되는 대단히 크고 화려한 시설이다. 시민들은 오후 4시쯤 목욕탕에 들르는데, 이곳에서는 절대 서두르지 않는 것이 관례다. 이곳에 도착하면 우선 체조를 한 다음 옷을 벗고 기름칠을 한다. 그리고 온탕실인 테피다리움tepidarium에 가서 스트리질strigile이라는 도구를 사용해서 때를 민다. 이어서 한증실인 칼다리움caldarium에서 땀을 뺀 다음 마사지를 받고 냉탕실인 프리지다리움frigidarium으로 이동한다. 클뤼니 목욕탕 중에서도 예전 모습이 가장 많이 남아 있는 곳이 바로 이 냉탕실이다. 넓이 21×11미터, 높이 14미터의 방을 덮은 지붕이 남아 있는데, 특이하게도 배 앞머리 모양이다. 아마도 부유한 선원조합이 이 시설을 지어 시에 기증했기 때문일 것이다.

1833년 알렉상드르 뒤 솜라르Alexandre du Sommerard가 이 건물을 구입한 후 자신이 모은 중세 예술품들을 이곳에 전시했다. 1844년에

신비로운 중세 사랑의 신화를 표현한 〈일각수를 거느린 여인〉.

그가 죽자 정부가 사들였으며, 오늘날 이곳은 클뤼니 박물관musée de Cluny(정식 명칭은 국립중세박물관Musée national du Moyen Âge)이 되어 세계 최고 수준의 명품 컬렉션을 자랑한다. 특히 15세기 태피스트리 작품인 〈일각수를 거느린 여인La Dame à la licorne〉 시리즈가 가장 인기 있다.

　로마의 지배 아래 들어간 후 갈리아는 로마제국과 성쇠를 같이했다. 무엇보다 게르만족이 로마제국 영내로 들어오면서 불안한 상황이 벌어졌다. 게르만족이 처음 모습을 드러낸 때는 275년이다. 자세한 사실이 알려지지는 않았지만, 약탈과 방화 피해가 꽤 컸던 것은 분명하다. 이때까지 루테티아는 시테섬보다는 좌안에 발전해 있었다. 앞서 언급한 포럼과 클뤼니 목욕탕 등이 다 섬 바깥에 있다. 이곳은 외부의 공격에 그대로 노출되는 위험한 지역이다. 불안을 느낀 주민들이 섬 안으로 이주하기 시작했고, 이 과정에서 기존 건물들을 부수고 그 돌로 시테섬 주변에 이른바 카이사르의 성벽을 세웠다. 높이 8미터, 두께 2.7미터의 꽤 두꺼운 벽에 순찰로와 흉벽을 갖추고 있었다. 이것이 파리의 첫 번째 성벽이다. 현재 이 성벽은 남아 있지 않으나, 시테섬의 콜롱브 거리Rue de la Colombe 6번지에 돌길로 흔적을 표시해놓았다. 약 1제곱킬로미터에 달했던 도시 면적은 이제 0.1제곱킬로미터의 섬과 0.1~0.15제곱킬로미터의 좌안 지역으로 줄어들었다.

　이 시대 사람들의 불안한 심리 상태를 보여주는 흥미로운 증거로는 1904년 공사 중 발견한 '낭테르의 보물'을 들 수 있다(낭테르는 파리 서쪽 외곽지역으로, 현재 파리 10대학 캠퍼스가 있는 곳이다). 붉은색 단지 안에 1,968개의 은화, 275개의 데나리우스화 1,693개의 소액 화폐가 들어 있었는데, 255년경 돈 주인이 땅에 묻은 것으로 보인다. 당시는 프랑크족과 알레마니족이 로마제국의 경계를 넘어 갈리아 중심지까지 들어왔던 시기다. 두려움에 떨던 주민이 재산을 땅에 묻고 안전한 때가 오면 다시 파낼 생각이었을 텐데, 거의 2,000년이 지나서야 고고학자와 역사학자에 의해 발견되었다.

이 시기부터 루테티아라는 명칭이 점차 사라지고 파리시를 뜻하는 키비타스 파리지오룸Civitas Parisiorum이라는 말로 대체되어갔다. 이제부터는 이 도시를 파리라고 불러도 무방할 것이다.

Sainte
Genevieve

04
팡테옹에 잠든
파리의 수호성인

생드니(생드니 성당)

쉬잔뷔송 광장 ⊛ 몽마르트르 지구
사크레쾨르 대성당

노트르담 대성당
⊛
팡테옹 ⊛ ⊛ 생에티엔뒤몽 성당

흔히 프랑스를 '교회의 맏딸'이라고 부른다. 로마제국이 기독교
를 받아들이고 곧이어 국교로 삼은 후 각지로 기독교가 전파되었는
데, 주변 지역 중 가장 먼저 받아들인 곳이 프랑스다. 기독교는 원래
지중해 남부와 동부 지역의 종교다. 바울을 비롯한 초기 전도사들
은 시리아, 소아시아(터키), 그리스, 이집트, 북아프리카 등지에서 활
동했고, 로마제국의 기독교화를 최종 목표로 삼았다. 그때 갈리아는
가장 먼 변방이었다.

갈리아에 처음 기독교를 전한 사람들은 그리스와 시리아 출신 상
인들로 보인다. 갈리아 내 기독교도에 관한 최초의 기록이 2세기 리
옹Lyon의 박해와 순교에 관한 것으로 보아 남부지방부터 기독교가
전파되었을 것이다. 그 후 250년경 파리, 투르, 아를, 나르본, 아르베
른Arverne(오늘날의 오베르뉴), 툴루즈, 리모주에 주교가 파견되었다. 파
리에 파견된 사람이 성 드니Saint Denis(디오니시우스Dionysius)였다. 이 성

인의 행적에 대해서는 후대에 투르의 성 그레고리우스Gregorius Florentius 가 쓴 《프랑크족의 역사》를 보아야 하는데, 물론 이런 종류의 종교 기록에는 심한 과장이 섞여 있게 마련이다.

드니는 루스티쿠스Rusticus와 엘레우테리우스Eleutherius라는 두 동료 와 함께 파리에 와서 전도를 시작했다. 하지만 현지인들에게 큰 환 영을 받지는 못했던 듯하다. 261년, 로마의 관리가 세 사람을 체포 해 모질게 고문했다. 이때 드니는 백 살이 넘은 노인이었는데, 그 런 그를 채찍질하고, 불에 달군 쇠로 지지고, 굶주린 사자에게 던지 고, 십자가에 매달고, 결국 참수했다. 그가 순교한 몽스 마르티스Mons Martis(순교자 언덕)가 후일 몽마르트르Montmartre가 된다. 그가 참수되기 전날 천사가 감옥에 나타나 그에게 최후의 성사를 베풀어 기적을 일 으키는 힘을 주었다고 한다. 머큐리 성당 앞에서 머리가 잘렸을 때 자기 머리를 손으로 받쳐 들고 몽마르트르 언덕 위로 걸어 올라갔 다. 가는 도중 숲속의 샘(오늘날의 쉬잔뷔송 광장square Suzanne-Buisson)에서 머리를 씻은 다음 언덕을 넘어 북쪽 사면을 내려갔다. 그냥 걷기만 한 게 아니다. 두 손으로 받쳐 든 잘린 머리의 입에서 찬송가가 흘러 나왔다. 그렇게 걸어가다가 카톨라쿠스Catolacus 마을에 도착해 한 과 부 앞에서 쓰러졌는데, 그녀가 시신을 묻어주자 곧 그곳에서 밀이 무성히 자라나 이교도들이 시신을 훼손하지 못하도록 보호했다. 이 마을이 바로 오늘날 파리 북쪽에 있는 생드니다. 나중에 성녀 준비 에브Sainte Geneviève가 순교자 드니의 관을 옮겨 묻고 그 위에 기도실을

노트르담 대성당 벽면에 조각된 잘린 머리를 들고 있는 성 드니.

지었고, 생드니 수도원을 지은 다음에는 다시 그곳으로 옮겼다. 나중에 드니는 프랑스의 수호성인이 되었다.

드니 성자가 참수 직후 머리를 씻은 샘물은 열병을 낫게 할 뿐만 아니라 여성의 정절을 지켜주는 힘이 있었다고 한다. 처녀가 이 샘물을 마시면 결혼 후 남편에게 순종하게 된다는 것이다. 이 기적의 샘은 1810년 채석장이 개발되면서 사라져버렸다.

드니 성자는 프랑스 전체의 수호성인이고, 파리의 수호성인은 따로 있다. 파리의 기독교화에서 가장 중요한 역할을 한 준비에브 성녀다. 기독교 전파는 게르만족 침입과 관련이 있다. 5세기에 게르만족이 본격적으로 침입했다. 406년 12월 31일, 서고트족, 부르군트족, 프랑크족, 알레마니족이 모곤티아쿰Mogontiacum(오늘날 독일의 마인츠)에서 얼어붙은 라인강을 건너 갈리아로 들어왔다. 이 사건이 게르만족의 침입을 알리는 서막이다. 여기에 더해 아틸라가 지휘하는 훈족이 아시아에서부터 유럽 대륙으로 진격해왔다. 흉포하기 짝이 없는 아틸라는 당대 가장 큰 공포 대상이었다. 훈족은 헝가리에서 병력을 충원하여 세를 크게 불린 데다가 알레마니족과 동맹을 맺고 트리어, 메스, 랭스 등지를 파괴한 후 파리로 방향을 틀었다(451년). 사실 그때는 소문만 무성할 뿐 어디쯤 적이 와 있는지, 어디로 향하는지 정확히 알 수는 없었다. 그런데 아직 적이 도착하지 않았는데도 준비에브는 아틸라가 오는 것을 '보았다.'

당시 멸망 직전의 로마제국군은 외적을 막을 능력이 없었다. 겁에

질린 파리 주민들이 도주하려 했을 때 성녀는 머물러 있으라고 말했다. "내가 알 수 있노니 아틸라는 이리 오지 못하노라." 특히 여성들에게 이렇게 말했다. "남자들은 싸울 능력이 없다고 하니 원하면 도망가라고 하라. 우리 여성들은 하느님께서 우리의 탄원을 들어주실 때까지 기도하고 또 기도하리라." 과연 훈족은 마지막 순간에 파리가 아닌 오를레앙 쪽으로 방향을 틀었다. 하느님이 도운 것일까? 신심 깊은 사람들은 그렇게 믿겠지만, 역사가들은 다르게 설명한다. 훈족은 최대 적수인 서고트족과 싸워야 했기에 그쪽으로 향했던 것이다. 그 후 로마 장군이 지휘하는 서고트족, 프랑크족, 부르군트족 연합군이 훈족을 가까스로 물리쳤다. 3년 후 아틸라는 이탈리아에서 사망했다. 바로 이즈음 로마제국의 마지막 황제 로물루스 아우구스툴루스가 폐위되고 서로마제국이 공식적으로 멸망했다(476년).

이런 대혼란기에 파리 주민들을 위로하고 실질적 지도력을 발휘한 인물이 준비에브였다. 422년 낭테르에서 태어날 때 천사들이 공중을 돌며 노래했다고 하니, 이 정도는 되어야 성녀다운 출생이라 할 것이다. 《성 준비에브의 삶La vie de Sainte Geneviève》에 따르면 준비에브는 기름 요법의 치료행위를 했다고도 하고, 어머니 눈을 다시 뜨게 했다고도 하며, 그 외 많은 기적을 행했다고 한다.

훈족의 침입이라는 위기를 넘기자마자 이번에는 프랑크족이 공격해왔다. 프랑크족은 사실 여러 소왕국으로 나누어져 있었는데, 그 가운데 살리족Salii이 가장 강력했다. 이들은 오늘날 네덜란드와 벨기

팡테옹에 있는 파리의 수호성인 준비에브 성녀 조각상.

에 지역을 중심으로 세를 키워갔다. 특히 점차 두각을 드러낸 국왕 힐데리히 1세Childerich I부터 역사 기록에 등장한다. 힐데리히는 같은 게르만족 중 하나인 서고트족과 싸워 승리를 거두었다. 이 과정에서 파리를 10년 동안이나 포위하고 공격했다. 이 위태로운 시기에 주민을 구한 사람 또한 준비에브 성녀였다. 성녀는 거룻배 11척으로 브리와 샹파뉴 지역의 밀을 가져와 주민들을 구휼했다.

481년 힐데리히 1세가 사망하고 열여섯 살의 아들 클로비스 1세가 권력을 이어받은 후 세력을 더 크게 키웠다. 루아르강 이북에서 라인강과 대서양 사이 지역, 그러니까 벨기에와 프랑스 북부를 포함하는 넓은 지역을 지배하게 된 클로비스 1세는 프랑크족 전체의 왕이 되었다. 그리고 준비에브 성녀와 협의하여 파리를 전투 없이 점령하고 수도로 삼았다. 그리고 준비에브 성녀에게 파리 좌안에 베드로와 바울에게 바치는 수도원과 교회를 짓도록 했다. 502년 준비에브 성녀가 80세로 사망했을 때 이곳에 묻혔다. 먼 훗날 이 건물이 재건축되어 프랑스의 위인들을 모시는 팡테옹Panthéon이 된다.

사실 파리 주민은 로마 문명의 세례를 받은 세련된 사람들이며 라틴어를 쓰고 있었다. 그들 관점에서 볼 때 프랑크족 침입자들은 성격이 거칠고 문화 수준은 촌스럽기 짝이 없었다. 하지만 원래 파리 주민의 세련된 문화유산과 '야만족'이 가지고 온 강건한 문화요소가 합쳐지며 프랑스 문화가 형성되어갔다.

Les Mérovingiens

05

메로빙거 왕조의
흔적을 찾아서

생피에르 성당◉◉사크레쾨르 대성당

생클루(생클루성) ◉
생제르맹데프레 성당

　481년 이래 클로비스 1세는 약 30년간 프랑크족 국왕으로 통치
했다. 메로빙거 왕조의 시작이다. 508년경이면 파리는 광대한 메로
빙거 왕국의 수도로 여겨지기에 이른다. 이제 파리는 교역의 중심지
를 넘어 정치 중심지로, 기독교 중심지로 성장해갔다. '파리는 교회
로 덮였다'고 할 정도로 많은 교회가 지어졌다. 특히 좌안에 많은 교
회와 수도원이 들어섰다. 클로비스 국왕이 가톨릭을 수용하고 열성
적인 신자가 되었기 때문이다. 511년 클로비스 1세가 사망하자 그
의 시신은 생트준비에브 수도원에 묻혔다가, 18세기에 프랑스 왕들
이 묻힌 생드니 성당Basilique Cathédrale de Saint-Denis으로 옮겨졌다.

　클로비스 1세가 가톨릭으로 개종한 것은 흔히 부인 클로틸드의
덕분이라고 이야기한다. 클로틸드는 또 다른 강력한 게르만족인 부
르군트 출신인데, 부르군트의 여성 중에 가톨릭 신자가 많았다. 그
녀는 남편에게 개종을 끈질기게 권유했지만, 남편은 계속 거부했다.

그러다가 508년 크리스마스 때 벌어진 톨비악 전투에서 난관에 직면한 클로비스 1세가 만일 승리를 거두면 가톨릭을 수용하겠노라고 서원했다. 마침내 승리한 그는 약속대로 가톨릭을 받아들였다. 그는 랭스 성당에서 성 레미Saint Rémy에게 세례와 축성을 받았다. 성 레미는 클로비스 1세에게 이렇게 말했다고 전한다. "네가 경배하던 것을 불태우고, 네가 불태웠던 것을 경배하라."

사실 클로비스 1세의 종교와 관련된 이야기들은 성스러운 거짓말로 가득하다. 하늘에서 성령의 비둘기가 기름을 가지고 와서 기름 부음의 의식을 치렀다, 하얀 사슴이 그의 군대가 나아갈 길을 가르쳐주었다, 아쿼타니아Aquitania에서 전투할 때 흰빛이 군대를 인도해 승리하게 했다……. 이 가운데 특히 하늘에서 받아온 기름 이야기는 그 후에도 프랑스 국왕의 축성식에서 계속 반복되었다.

클로비스 1세의 개종 문제는 그의 개인사를 넘어 프랑스사와 유럽사 전반에 매우 중요한 문제이므로 자세히 살펴볼 필요가 있다.

클로비스 1세는 이교도로 태어났지만, 후일 기독교도가 되었다. 그런데 당시 여러 게르만 부족에게 전해진 기독교는 정통 가톨릭이 아니라 아리우스파Arius派였다. 나중에 정통 가톨릭이 되는 아타나시우스파Athanasius派는 성부-성령-성자의 세 위격이 하나인 삼위일체설을 견지하지만, 아리우스파는 성자(예수)를 성부 및 성령과 구분하여 별개라고 보았다. 당시에는 아리우스파가 대세이고 아타나시우스파가 오히려 소수였다. 클로비스 1세 역시 처음에는 아리우스파

기독교를 받아들였다가 후일 아타나시우스파로 개종했다. 이는 실로 중요한 의미를 지닌다. 유럽 역사가 본격적으로 시작할 때 최강의 세속 권력 지배자가 정통 로마가톨릭을 수용함으로써 양자가 협력하며 함께 성장하게 되었기 때문이다.

메로빙거 왕조 이야기는 피비린내와 성스러움이 뒤섞여 있다. 특히 왕위계승 문제로 후손들 간에 격렬한 싸움이 벌어지곤 했다. 클로비스 1세가 죽은 후 아들 넷이 왕국을 나누어 가졌는데, 둘째 아들 클로도미르Clodomir가 죽자 다른 형제 둘(킬데베르트Childebert와 클로타르Chlotar)이 그 땅을 빼앗으려 했다. 그런데 클로도미르의 아들 셋, 곧 조카들이 걸림돌이었다. 그들이 조카들을 끌고 클로틸드(자신들의 어머니이자 조카들의 친할머니)에게 가서 어떻게 하면 좋겠냐고 물으니 차라리 아이들을 죽이는 게 낫다는 답이 돌아왔다. 아이들은 할머니에게 살려달라고 애원했지만, 삼촌들의 손에 살해되었다. 세 살배기 클로도알드Clodoald만 겨우 목숨을 구해 수도사가 되었다. 그는 나중에 파리 주변의 작은 마을Novigentum에 살다가 이곳에 묻혔는데, 후일 그가 성인으로 시성되자 그의 이름을 따서 마을 이름을 생클루로 바꾸었다. 오늘날 이곳은 파리 서쪽에 있는 부자 동네로 변모했다. 1572년 이곳에 지어진 생클루성Château de Saint-Cloud(오늘날의 생클루 공원)은 대개 프랑스 왕실 방계 가문의 별장으로 사용되었으며, 먼 후일 나폴레옹 1세가 쿠데타로 권력을 잡을 때 무대가 되었다.

한편, 조카를 죽인 자 가운데 한 명인 킬데베르트는 시테섬에 있는 자기 왕궁에서 바라볼 수 있는 지점에 생크루아생뱅상Saint-Croix-Saint-Vincent 성당을 건축했다. 이 성당은 그가 에스파냐에서 서고트족과 싸워 얻은 귀중한 성 유물인 뱅상 성인의 외투를 보존하기 위한 곳이었다. 558년 이 성당이 완공되어 오툉 및 파리 주교였던 제르맹이 준공식을 했다. 이곳에 메로빙거 왕조의 여러 왕이 묻혔고, 또 왕실의 유품이 보존되었다. 그런데 754년 제르맹이 성인 서품을 받자 그의 이름을 따서 성당 이름을 바꾸었다. 당시 이 지역은 센강이 범람하여 성당 주변이 온통 풀밭이었다. 그래서 '풀밭의 성 제르맹 성당'이라는 뜻의 생제르맹데프레Saint-Germain-des-Prés가 되었다. 지금은 마치 서울 한복판의 명동성당처럼 파리 한복판에 자리 잡은 중세 성당으로서 고졸한 멋을 간직하고 있다.

지금 이야기하는 중세 초기의 교회 건축물들 중 오늘날 우리가 실물로 볼 수 있는 것은 거의 없다. 굳이 찾자면 몽마르트르의 생 피에르 성당Église Saint-Pierre De Montmartre의 코린트 양식 기둥 네 개 정도뿐이다. 후일 이 성당을 고딕 양식으로 재건축할 때 기존 기둥들을 재활용해서 남아 있게 된 것이다(몽마르트르에 있는 사크레쾨르 대성당Basilique du Sacré-Cœur이 아니라 이전부터 존재했던 작은 성당을 말하는데, 이곳에서 이그나티우스 로욜라가 예수회를 만들고자 서원을 드린 것으로 유명하다).

생제르맹데프레 성당. 원래 세 개의 종루가 있었으나 프랑스혁명 당시 두 개가 파괴되었다. 혁명 시기에 이 건물은 화약 원재료인 초석을 보관하는 용도로 쓰였는데, 초석 성분으로 인해 건물이 많이 약화되어 이 정도로 보존된 것 자체가 기적에 가깝다.

06

바이킹의 침략,
파리의 분투

대체로 5~10세기까지 500년가량은 유럽 문명이 쇠락하는 시기였고, 파리 또한 빛을 발하지 못했다. 메로빙거 왕조에 이어 카롤링거 왕조가 들어섰고, 특히 카롤루스(샤를마뉴) 대제는 로마제국을 부활시킨다며 신성로마제국으로 위상을 올렸지만, 실상은 그야말로 '신성하지도 않고 로마와도 무관하고 제국도 아닌' 상태였다. 지도상으로는 마치 대제국이 형성된 것 같지만, 허울에 불과할 뿐 실제로는 통치권도 확고하지 못했다. 우선 왕위계승에 관한 규칙이 확립되지 않아서 매번 계승 문제로 갈등을 빚었다. 여기에 바이킹의 침입이라는 재앙을 겪었다. 그런 가운데 파리는 그나마 왕조의 중심 도시 역할도 못 하는 B급 도시로 전락했다. 예컨대 카롤루스는 아헨Aachen을 일종의 수도로 삼고 21개의 주요 대도시를 지정했는데, 파리는 여기에도 끼지 못했다. 기껏해야 백작령 도시 또는 왕실의 서자들이 머무는 곳에 불과했다.

파리가 계속 권위를 누리는 분야는 종교였다. 이때까지 여전히 최고의 권위를 누린 곳은 생드니 성당이었다. 준비에브 성녀가 건축한 이래 이 성당은 오래 방치되어 피폐한 상태였다가 다고베르트 1세605?~639에 의해 증축되었다. 중세 전설에는 흔히 꿈 이야기가 나온다. 다고베르트 1세가 어린 시절 부왕의 노여움을 사서 이곳에 숨었다가 잠이 들었는데, 꿈속에 드니 성인이 나타났다는 것이다. 이런 연유로 증축 공사를 했는데, 낙성식 때 다시 기적이 일어났다. 교회 안에서 잠자던 한 나병 환자의 꿈속에 예수와 천사, 드니 성인이 모두 나와서 이 사실을 왕에게 전하라고 말했다. 그리고 예수를 본 증거로 나병 증상이 있는 피부 가죽을 벗겨내서 벽에다 냅다 던졌다고 한다. 조금 지저분해 보이지만, 이 가죽이 성 유물로 보존되어 있다.

왕은 생드니 축제도 만들었다. 이 축제는 파리 시민에게 아주 중요한 행사였다. 이날 파리에서 생드니까지 가는 길은 비단으로 덮고, 분수에서 포도주가 나오게 하고, 빈민에게 고기를 나누어주었다. 오늘날 생드니 거리Rue Saint-Denis는 관광객을 갈취하는 야바위꾼들과 지저분한 사창가로 유명하지만, 원래 파리에서 오래된 길 중 하나이며, 왕과 왕비의 입성식 때 사용하는 주요 대로였다. 639년 다고베르트 1세가 죽어 생드니 성당에 묻힌 이후 이 성당은 프랑스의 거의 모든 왕이 묻힌 왕실 묘소가 되었다. 11세기에 다시 한번 생드니 성당이 증축되면서 고딕 양식의 모범이 되었다는 사실도 매우 중요한데, 이는 뒤에서 다시 살펴보기로 하자.

이 시기에 유럽이 겪은 최대 위기는 바이킹의 침입이다. 그런데 파리가 이 위기를 이겨내는 데에 핵심 역할을 하면서 위엄을 되찾고 역사의 중심 무대로 올라서게 된다.

바이킹은 처음에 드라카르drakkar라 불리는 작고 민첩한 배를 타고 와서 해안 지역을 약탈하고 돌아갔다가, 845년부터는 센강을 타고 내륙까지 공격해 들어왔다. 황제나 국왕은 바이킹을 물리칠 능력도 의사도 전혀 없었다. 각 지역이 알아서 방어해야 하는 상황이었다. 이때 파리의 귀족들이 혁혁한 공을 세웠다. 파리 백작 가문의 로베르Robert는 진정한 전사로, 용맹하게 바이킹과 싸우다 전사했다. 그의 자손들 가운데 오도Odo가 그 역할을 이어받아 맹활약했다. 그는 시테섬 요새를 강화하고, 특히 이 섬에 들어오는 다리를 지키기 위해 목재로 작은 성채인 샤틀레châtelets를 두 채 짓고 병력을 배치했다(이 목조 성채는 사라지고 그 자리에 돌로 지은 더 큰 요새인 그랑샤틀레가 지어졌는데, 이 건물은 프랑스혁명 이후 파괴되어 지금은 샤틀레 광장이 되었다).

856~857년에는 바이킹이 파리 지역까지 쳐들어왔다. 먹잇감을 찾는 바이킹의 눈에 성당과 수도원이 먼저 들어왔다. 금과 보석으로 장식된 성물을 비롯해 돈이 될 만한 것이 많기 때문이다. 특히 외곽지역에 있어서 방어가 취약한 생드니나 생제르맹데프레 같은 곳이 당연히 약탈 대상 1순위다. 성당 측은 적들과 담판을 벌여 뇌물을 쥐여주고 화를 면하려 했다. 여기에 성공한 생드니 성당은 비교적 무사했지만, 이게 통하지 않은 생제르맹데프레 성당은 861년 잿

더미가 되었다가 다시 건축해야 했다. 그 후에도 바이킹의 공격이 이어지자 주민들은 안전한 시내로 들어가는 수밖에 없었다.

885~887년의 파리 포위가 가장 잘 알려진 사례다. 기록은 배 700척에 무려 4만 명이 침략했다고 전하지만, 4만 명은 암만해도 지나치게 부풀린 숫자 아닐까 싶다. 작센족 출신 지크프리트Siegfried가 바이킹 군대를 지휘하고 있었다. 오도 백작이 강력하게 맞서자 지크프리트는 파리를 지나쳐서 더 상류 지역을 공격하기로 마음먹고, 자신들이 강을 타고 올라가도록 해준다면 파리는 그냥 봐주고 넘어가겠다는 의사를 전했다. 무장한 다리를 철거하여 배가 더 상류로 올라가게 해달라는 이야기다. 오도는 이 제안을 거절했다. 그 때문에 파리는 2년 동안 바이킹에게 포위당해 극심한 고통을 겪었다. 파리 주민은 기근으로 큰 희생을 치르면서도 용감하게 싸워서 결국 공격을 이겨냈다. 바이킹은 파리 공략을 포기하고, 롤러를 이용해 배 700척을 땅 위로 끌고 시테섬을 우회한 뒤 다시 강에 배를 띄워 부르고뉴 쪽으로 올라갔다.

바이킹의 침략은 10세기가 되어서야 잦아들었다. 이 시기에 놀라운 일이 일어났으니, 바이킹이 프랑스 땅에 눌러앉아 프랑스 국왕의 신하가 된 것이다. 그들이 다른 바이킹의 침략을 막는 조건이었다. 도둑을 고용해서 다른 도둑을 막으라고 한 셈이다. 910년 롤로Rollo, Rollon가 샤르트르를 공격할 때, 국왕 샤를 3세가 담판을 벌였다. 엡트Epte에서 바다에 이르는 곳까지 땅을 주는 대신 롤로는 기독교를 받아들이고 더는 약탈을 안 하기로 맹세했다. 이렇게 하여 노르망디 지방이 생겨났다. 노르망디는 노르만의 땅이라는 의미인데, 당시에는 바이킹이라는 말보다 북쪽 사람을 뜻하는 노르만Norman이라는 말을 더 많이 썼다. 이제 평화가 찾아왔다. 마을이 다시 조성되고 수도원도 건립했다. 노르망디 사람들은 한 세대가 지나자 원래 자신들의 정체성을 완전히 잊고 프랑스 문화와 언어를 배웠다. 불 지르고 약탈하고 사람 목을 자르는 게 주특기였던 야만인들이 아주 빠르게 문명화되었다. 11세기부터 이들은 영국, 이탈리아, 중동 지역 등지로 진출해서 프랑스 문화를 전파하는 일등공신 역할을 했다.

바이킹-노르만 침략에 따른 피해는 오랫동안 회복되지 못했다. 파리의 시테 바깥은 완전히 황폐해져서 예전의 도시가 밭과 숲으로 바뀌었다. 생트준비에브 언덕은 포도밭이 되었다. 파리의 회복은 앞으로도 수십 년이 지난 후에야 시작될 것이다. 중요한 점은 파리의 분투가 왕국 전체를 방어했다는 사실이다. 이로써 파리의 권위가 올라갔고, 왕국 내 주요 도시로 다시 상승해갔다.

Les Capétiens

07

신성한 수호자,
카페 왕조

몽마르트르 포도밭
사크레쾨르 대성당

생탕투안 병원
(옛 생탕투안 수도원)

　바이킹이 쳐들어왔을 때 카롤링거 왕들은 제대로 대응을 못 하고 쉽게 항복하는 바람에 권위가 추락했다. 키롤링거 왕조의 마지막 왕 루이 5세는 별칭이 아예 '게으름뱅이Louis le Fainéant'였다. 그는 카롤링거 왕조의 전통에 따라 멧돼지 사냥을 나갔다가 죽었다. 이게 사고 사인지 타살인지 아직 밝혀지지 않아 영구미제사건으로 남았다. 이 상황에서 위그 카페Hugues Capet라는 인물이 귀족회의에서 '프랑스의 왕Roi de France'으로 선포되었다. 987년 개창한 카페 왕조는 1328년까지 이어졌는데, 이 3세기 동안 파리가 수도로 자리 잡았다.

　'카페Capet'는 무슨 의미일까? 여러 설이 있지만 유력한 것은 4세기 성인인 성 마르탱의 망토cappa Sancti Martini다. 마르탱은 걸인의 모습으로 나타난 예수에게 입고 있던 군복 외투의 절반을 잘라서 주었는데, 남은 외투 반쪽이 보관되어 아주 중요한 성 유물이 되었다. 이 기적의 외투를 간수하는 사제를 'capellanu'라고 부른 데에서 '샤플

랭chapelain(일반적으로 사제를 뜻하지만, 특히 군 사제를 가르킨다)'이라는 말이 나왔고, 성 유물을 보관하는 소성당을 뜻하는 샤펠chapelle이라는 단어가 나왔다.

위그가 교회의 도움을 받아 왕이 된 데에는 그의 아버지가 백작-수도원장이었기 때문이다. 위그는 랭스 성당에서 즉위식과 축성식을 치렀다. 축성식이란《구약성서》에 나오는 대로 대주교가 국왕의 가슴, 어깨, 팔꿈치, 손목에 기름을 바르고, 다시 제단 앞으로 데리고 가서 머리에 기름을 칠하고 오른손 집게손가락에 반지를 끼워주는 의식이다. 이 기름은 성령의 비둘기가 하늘나라에서 가지고 온 것으로 여긴다. 그리스도란 말의 원뜻은 '기름 부음을 받은 사람'이니, 축성식을 거친 국왕은 제2의 그리스도로서 하느님의 뜻을 지상에 펼치는 신의 대리인이 된다. 이 의식은 1789년 혁명까지 이어졌고, 왕정복고 시기인 1824년에 일시적으로 거행되었다. 위그를 비롯한 카페 왕조의 왕들은 이 엄숙한 의식을 치른 덕분에 정치·군사적 힘이 약하더라도 누구도 넘볼 수 없는 정당성을 확보하게 되었다.

그 때문인가, 카페 왕조의 왕 중에는 신심 깊은 사람이 적지 않다. 별명이 아예 경건왕인 로베르 2세Robert le Pieux, 970~1031가 대표적이다. 그는 국왕이 병을 낫게 하는 신성한 힘을 가지고 있다는 또 하나의 신화를 만들었다. 국왕이 하느님의 은총을 받아 신의 대리인으로서 프랑스를 통치하는 자라면 무엇보다 치유의 기적을 보여야 한다. 로베르 2세는 맹인의 눈을 뜨게 하는 기적을 선보였다. 왕이 부활절

축제를 준비하며 세수하는데 맹인이 다가왔다. 놀라서 물을 뿌렸더니 맹인이 눈을 번쩍 떴다는 것이다. 국왕이 실로 영험하시다는 소식이 널리 퍼졌다. 이후 병을 치료하는 국왕roi thaumaturge 신화가 굳어졌다. 특히 연주창이라는 병은 국왕이 만져주어야 낫는 병으로 알려졌다. 연주창은 결핵성 경부 림프샘염인데, 과거에는 우리나라에서도 이 병을 앓는 환자가 꽤 있었다고 하나 지금은 거의 보기 드물다. 프랑스 왕들은 이 병을 앓는 환자들을 만져서 병이 낫게 해야 했다. 그렇지만 아무리 중요한 의미가 있다고 해도 국왕의 행차 때마다 환자들이 계속 달려들면 난감할 것이다. 그래서 국왕의 얼굴이 새겨져 있는 동전늘을 왕이 손으로 주물러서 신성한 힘이 스미도록 한 다음, 그 동전을 마차에서 던져주기도 했다. 정치 권력의 근간이 무엇인가? 다시금 묻노니, 프랑스 국왕은 왜 국왕인가? 답은 국왕이 '신성한 인물이기 때문'이다!

이 시대 파리는 바이킹의 침략에 따른 피해에서 서서히 회복되는 중이었다. 아직 시내는 몇백 미터에 불과한 아주 좁은 구역이었으나 서서히 인구가 늘면서 시 외곽에도 주민이 늘어갔다. 점차 상권도 형성되었다. 샤틀레 근처에는 정육점들이, 다리 근처에는 환전상들이 모였다. 이런 식으로 동네마다 서로 다른 업소들이 모였다.

센강을 매축하여 생긴 땅에는 채소와 과일을 재배했다. 당시 우안과 비교해 좌안은 발달이 더뎌서, 여전히 포도밭이 남아 있었다. 오늘날에도 파리 시내에 포도밭이 있다. 몽마르트르의 사크레쾨르 대

몽마르트르 언덕에 자리한 포도밭.

성당 바로 뒤편에 있는데, 파리에서도 포도주를 생산한다는 상징적인 의미로 그대로 유지하고 있다. 0.15헥타르에 불과한 이 작은 포도밭은 원래 수도원에서 부수입을 올리기 위한 용도였다. 이곳에서 포도주가 한해에 약 500리터 생산된다고 하는데, 품질은 그저 그런 정도이지만, 10월 둘째 주말에 포도 수확 축제를 벌이는 것으로 유명하다. 또 하나는 블랑슈 거리Rue Blanche에 있는 포도밭인데, 파리 소방관들이 재배한다.

중세에는 시내에 돼지들이 돌아다녔다. 루이 6세의 장남인 필리프 왕자가 사망한 이유도 돼지와 관련이 있다. 왕자가 시내에서 말을 타고 가는데 돼지 떼에 놀란 말이 뒷발로 서는 바람에 사고로 사망한 것이다. 이후 시내에서 돼지치기를 금지하고, 오직 생탕투안 수도원Abbays Saint-Antoine des Champs(오늘날의 생탕투안 병원)만 돼지에 방울을 다는 조건으로 허락해주었다.

시내가 더러운 것은 말할 나위도 없다. 더러운 물은 센강과 그 지류인 비에브르Bièvre강으로 그냥 흘려보냈다. 대개 상수도 시설보다 하수도 시설을 제대로 갖추는 것이 더 어렵다. 파리도 19세기에 가서야 제대로 이 문제에 대응하게 된다(그러고 보면 고대 로마가 하수도 시설을 갖춘 건 실로 대단한 위업이다). 쓰레기는 치우지 않고 그냥 쌓아두었다. 단 부자들은 사람을 고용해서 쓰레기를 치우게 했지만, 이는 곧 자기 집 앞의 쓰레기를 다른 집 앞으로 옮겨다 놓는 것을 뜻했다. 당시 파리는 후대의 찬란한 모습과는 한참 거리가 멀었다.

08

성당의 시대를 연
노트르담

중세는 성당의 시대다. 요즘 같은 자본주의 사회에서는 잉여 자본이 생기면 사업에 재투자하여 부를 늘리려 한다. 하지만 중세에는 잉여 자본을 대개 성당 건축에 쏟아부었다. 유럽 도시들에 가보면 성당 건물이 많아도 너무 많다는 느낌이 든다. 이제는 종교적 열정이 예전 같지 않아서 그 큰 성당에 할머니 몇 분만 모여서 미사를 드리는 경우도 많고, 여름밤에는 음악회 공간으로 사용하기도 한다. 그렇지만 신심이 충만했던 과거에 성당은 훨씬 더 큰 의미였다.

성당은 그 자체가 중요한 텍스트다. 글을 못 읽는 서민에게 건물과 조각은 교리를 가르쳐주는 교과서와 다름없었다. 중세 프랑스의 방랑시인 프랑수아 비용은 이렇게 썼다.

나는 아무것도 모르고 글도 못 읽는 가난한 늙은 여인, 그렇지만 교회에서 천국과 저주받은 사람들이 불에 타는 지옥을 보았다네.

초기 신학자들은 '읽기'보다는 '보기'로 신의 충직한 종이 될 수 있다고 생각했다. 우리는 감각의 피조물이다. 그러므로 영적인 원리는 지성보다는 감각을 통해 받아들일 때 우리 영혼을 더 튼튼하게 할 수 있다. 《성서》보다도 《성서》 내용을 표현한 스테인드글라스에서 더 많은 것을 배울 수 있다.

중세 초에 지은 성당은 대개 아주 작은 목조 건물이었다. 시간이 흘러 도시 인구가 늘어나면서 기존 성당으로는 그들을 모두 수용할 수 없게 되자 재건축 붐이 일었다. 오늘날 유럽의 교회 건물들 중에 중세 초기 것이 거의 없는 이유는 대략 10세기 중엽부터 기존 건물을 거의 다 새로 지었기 때문이다.

10~12세기에 프랑스 남부지방을 중심으로 로마네스크 양식이라고 부르는 단순하고 엄격한 모양의 성당 또는 수도원 건물이 지어졌다. 반면 북부지방에서는 고딕 양식이 발달했다. 고딕Gothic이란 '고트족의 양식'이라는 의미로, 르네상스 시대에 등장한 조롱 조의 표현이다. 하지만 당시 사람들에게는 이런 건물이 가장 '시크'한 예술이었으며, 그 자부심은 프랑스 왕실의 권력 강화 욕구와 맞닿아 있다.

생드니 성당이 고딕 성당 건축의 첫 모범 사례다. 앞서 이야기한 대로 드니 성인은 참수된 후 자기 머리를 들고 찬송가를 부르며 걸어가신 놀라운 분이다. 475년경에 준비에브 성녀가 이 주변 지역의 땅을 얻어 생드니 성당을 지었다. 636년 다고베르트 1세의 명령으로 드니 성인의 유물들을 이곳에 안치한 다음부터 순례 장소로 주목

고딕 양식의 원조인 생드니 성당의 내부.

받았고, 다고베르트 1세 이후 국왕 대부분이 이곳에 묻혀 프랑스 왕실 묘소로서 절대적 권위를 누렸다. 그런데 11~12세기에 이르자 기존 성당이 너무 비좁아졌다. 당시 기록을 보면 이곳은 너무 좁아서 순례자들이나 신자들이 한번 들어가면 도저히 빠져나오지 못하고, 마치 포도주 압착기에 들어간 것처럼 눌리며, 여인들은 애 낳는 것처럼 소리를 지른다고 한다. 죽지 않으려면 사람들 머리 위를 밟고 나가거나, 겨우 창문으로 탈출해야 한다! 하여튼 성당이 너무 좁다는 이야기인데, 이 시대 식자들의 문학적 허풍도 어지간하다.

12세기에 이 성당을 혁신적으로 개축한 인물이 쉬제르Suger다. 그는 소귀족 출신으로 열 살에 수도원에 들어갔고, 1122년 생드니 수도원장으로 선출된 후 1151년에 죽을 때까지 30년 가까이 이 직책을 수행했다. 행정력이 출중했던 그는 루이 6세와 루이 7세 두 국왕 밑에서 고문 역할을 했다. 그의 주도 아래 1136년 재건축을 시작하여 1144년에 완공되었을 때, 당시 사람들은 이 건축물의 장대함에 감탄했다. 천 년 전에 이렇게 큰 성당을 처음 접하면 정말로 눈이 휘둥그레졌을 것 같다. 이 성당은 로마네스크 양식에서 고딕 양식으로 넘어가는 시기의 명품 건물이며, 이후 파리를 중심으로 하는 북부 프랑스, 독일, 영국 등지에 새로 짓는 고딕 성당의 모범이 되었다.

고딕 성당의 백미는 파리의 노트르담 대성당Cathédrale Notre-Dame de Paris이다. 노트르담이란 성모마리아라는 의미이며(영어로 표현하면 'Our Lady') 전국에 수많은 노트르담이 있지만, 파리의 노트르담이 가장 유명하다.

파리 노트르담 대성당이 지어진 장소는 유사 이래 늘 종교적으로 중요한 곳이었다. 아마 신령한 기가 서려 있는 모양이다. 원래 이곳은 켈트-갈리아 종교에서 드루이드 사제가 처녀를 희생물로 바치던 곳이고, 로마 시대에는 지모신地母神을 모시던 곳이며, 메로빙거 왕조가 가톨릭을 받아들인 이후에는 생테티엔 성당이 자리 잡았다. 그리고 12세기에 기존 성당이 너무 좁아지자 성모 마리아를 모시는 대성당을 증축하게 된 것이다.

성당 재건축을 결정한 국왕은 루이 7세다. 그는 왕국의 수도에 걸맞은 대성당을 짓기 위해 국고 지원을 했을 뿐 아니라 국내외에서 많은 자금을 끌어왔다. 사람들은 죽은 후 성당 안에 매장되는 권리를 받는 조건으로 돈을 냈다. 멀리 헝가리를 비롯한 여러 지역에서도 헌금을 보내왔고, 나중에 말썽이 될 면죄부 발행도 모금에 한몫했다. 드디어 1163년 기공식을 할 때 교황 알렉산데르 3세가 축성을 해주었다.

공사는 서서히 진행되어 가운데 건물의 몸통 부분을 먼저 완공하고, 날개 부분인 트랜셉트transept를 차례로 만들어갔다. 1260년경에 1차 완공되었지만, 그 후에도 계속 손을 대서 200년이 걸려 완공되었다. 주변 채석장에서 캔 돌들을 배와 수레로 실어 와서 현장에서 석공들이 각종 모양으로 다듬었다. 그 돌들을 벽으로, 기둥으로, 아치로 한 땀 한 땀 쌓아 올리고, 성모, 성부, 성인들,《구약성서》시대

족장들의 조각상들을 만들어 붙였으니, 돌로 수를 놓았다고 해도 과언이 아닐 것이다. 인류는 이런 식의 수작업 건축을 두 번 다시 할 것 같지는 않다.

이전 시대 건축물과 달리 노트르담 대성당은 하늘 높이 솟아오르는 모양새다. 그 내부는 아주 높은 아치형 천장과 그 하중을 커다란 기둥들이 떠받치고 있다. 하늘 높이 무거운 구조물을 올리기 위해서 부벽flying buttress을 대서 지탱했는데, 이것이 건축공학상 중요한 발명이다.

성당을 흔히 예수의 몸으로 비유하는데, 머리를 동쪽 예루살렘 방향으로 두므로, 성당 입구는 서쪽에 있다. 노트르담의 서쪽 파사드를 보면 세 개의 큰 문이 있고, 그 위에 두 개의 탑이 있다. 가운데 문이 마지막 심판의 문, 오른쪽이 성 안나의 문, 왼쪽이 마리아의 문이다. 안으로 들어가 보면 적당한 어둠에 싸인 공간 안으로 장미창을 통해 빛이 들어와 부드럽게 적신다. 참 이상한 게, 공간이 조금만 커도 휑한 느낌이 들고, 조금만 좁아도 답답하다. 내 경험으로는 어둠과 빛이 가장 아름답게 어우러진 곳이 파리의 노트르담 대성당인 것 같다. 중세 성당은《성서》에 나오는 천국을 생생하게 재현하기 위해 돌과 유리로 설계한 보석이다. 중세인의 눈으로 보면 성당은 지상에 세운 신의 집이다.

계단을 통해 탑 위에 올라가 보면 파리시의 정경을 만끽할 수 있다. 그리고 파리의 하늘로 굉음을 울려 보내던 종들도 볼 수 있다.

빅토르 위고의 소설 《파리의 노트르담》 속에서 콰지모도가 광희에 차서 쳐대던 그 종들은 기욤, 가브리엘, 장, 클로드, 니콜라 같은 이름들을 가지고 있다. 다만 그중 하나인 마리는 프랑스혁명 당시 대포를 만들기 위해 녹이는 바람에 사라졌다.

주의할 점은 오늘 우리가 보는 이 성당 건물이 원래 모습 그대로는 아니라는 점이다. 완공된 이후에도 계속 손을 댔고, 특히 프랑스혁명을 거치며 많이 훼손된 이후 19세기에 외젠 비올레르뒤크Eugène Viollet-le-Duc가 개축한 결과물이다. 비올레르뒤크는 샤르트르, 아미앵, 랭스 성당들을 참고하여 자신이 생각하기에 원래 노트르담에 어울리는 방식으로 수리를 했다. 말하자면 '19세기에 상상한 중세의 모습'에 가깝다고 할 수 있다. 결과는 대체로 만족스럽지만, 건축가의 지나친 상상이 작용한 것 또한 사실이다. 가고일gargoyle, 악마, 키메라 같은 환상적인 석물들, 특히 턱을 손에 괴고 혀를 내밀고 있는 스트릭스strix가 대표적이다.

성당 주변도 중세의 분위기와는 완전히 다르다. 성당 앞 광장은 원래 아주 좁아서 지금의 6분의 1 정도에 불과했다. 노트르담 대성당으로 가는 길은 주택과 소성당 등이 얽힌 아주 좁은 미로였다. 이 좁은 길들을 지나는 동안 성당의 일부분만 보이고, 다가갈수록 조금씩 더 많은 모습이 보이다가 결국 전체 모습이 '쿵!' 하고 나타나는 식이다. 19세기에 비올레르뒤크가 개축할 때 주변 집들과 가게들을 정리하여 탁 트인 전망을 만들어서 성당의 웅대한 모습을 전체적으로

파리 노트르담 대성당의 서쪽 파사드.

볼 수 있게 되었다. 길바닥에 황토색 돌로 옛 길들과 17개 소성당, 생테티엔 성당을 표시해둔 것을 보면 과거 비좁은 주변 지역 모습을 상상해볼 수 있다.

파리 노트르담에서는 앙리 4세와 마르그리트가 결혼식을 올렸고, 프랑스혁명 때는 이성의 전당이라는 이름의 혁명 중심지가 되었고, 나폴레옹 1세가 황제 즉위식을 거행했으며, 1871년에는 코뮈나르Communard들이 사제들을 처형했고, 1909년 잔 다르크를 복자編者로 시복했고, 파리 해방 때인 1944년 8월 26일 시민들이 모여 〈테데움Te Deum〉을 연주했고, 1970년 샤를 드골의 장례식이 치러졌다. 이렇듯 노트르담 대성당은 파리 역사의 주요 국면마다 등장하는 중요한 장소였다.

운이 좋으면 노트르담 대성당 오르간 연주회에 참석할 수 있다(나는 몇 년 전 여름에 그럴 기회가 있었다). 노트르담 대성당은 올리비에 라트리Olivier Latry를 비롯해 세계 최고 수준의 연주자 네 명을 전임 오르가니스트로 두고 있다. 여름날 저녁, 성당에서 연주를 들으면 엄청난 파이프오르간 소리가 '등짝을 내리찍는' 느낌이다. 이건 음악을 듣는 게 아니라 음악 속에 들어앉아 있는 거나 마찬가지다. 기회가 닿으면 한번 경험해보시기를 권한다. 안타깝게도 2019년 화재 이후 한동안 보수 공사로 그 아름답고 성스러운 모습을 제대로 보기 힘들 것이다. 완전한 복구가 이루어지기를 간절히 바란다.

ANCIENNE HABITATION D'HÉLOÏSE ET D'ABÉL

1118

REBATIE EN 1849

Abélard et
Héloïse

09

중세의 위대한
지성과 사랑

아벨라르와
엘로이즈의 집
페르라셰즈 묘지
(아벨라르와 엘로이즈의 묘)
소르본 대학

노트르담 대성당에서 나와 북동쪽으로 좁은 골목길을 따라가면 엘로이즈와 아벨라르의 집maison d'Héloïse et Abélard, 11 Quai aux Fleurs에 이른다. 이곳은 중세의 위대한 학문과 사랑의 주인공들이 살았던 옛집이다. 여름밤, 이 거리를 걷다 보면 천 년 전 두 남녀의 비극적이고 애틋한 사랑을 느껴볼 수 있다. 11~12세기 파리는 뛰어난 사상과 아름다운 감수성이 함께 자라난 곳이었다.

피에르 아벨라르1079~1142는 파리가 유럽의 지적 중심지로 성장하게 만든 선구자이다. 그는 브르타뉴 지방에서 소귀족의 아들로 태어났다. 조상들이 해오던 대로 지방에서 칼부림이나 하며 기사로 한평생 살아갈 수도 있었겠으나 그는 특이하게도 일평생 학문에 전념하기로 한다. 그의 학문 태도는 칼부림보다 훨씬 더 공격적이었다. 늘 누군가에게 시비 걸고 따지고 들곤 했다. 친구는 물론이고 선생도 우습게 알고 논쟁을 벌였다. 당시 파리 노트르담 학교에서 명성을 누리던 샹포의 기욤을 찾아가서 한 수 배움을 청하더니, 논쟁에서 통렬하게 몰아붙여 선생을 곤경에 빠트렸다. 이런 일들이 젊은 학생들의 마음에 불을 붙였다. 학생들은 기욤을 버리고 아벨라르를 따라갔다. 아벨라르는 생트준비에브 수도원에 독자적으로 학교를 열고 가르쳤으니, 파리 대학의 조상 가운데 한 명이라 할 만하다.

한번은 저명한 신학자 안셀무스를 찾아갔다. 여기서도 같은 사태가 벌어졌다. 선생에 대한 그의 평가를 들어보자.

그가 하는 말이 퍽 근사하게 들리지만, 질문을 해보면 그는 아무것도 아님이 드러난다. 그는 장광설에서는 대가이고, 지성에서는 한심하며, 이성에서는 빈껍데기다. 그라는 나무는 멀리서 보면 잎이 무성하여 눈길을 끌지만 가까이서 자세히 보면 열매라고는 없음을 알게 된다. …… 더는 그의 학교에서 시간을 낭비하지 않았다.

아벨라르의 지적 자부심이나 오만이 어느 정도인지 짐작이 가고도 남는다. 하여튼 권위로 짓누르기가 십상인 당시 학문 세계에서 이런 부류의 학자가 나오다니 실로 놀라운 일이다. 아벨라르는 여러 도시를 돌아다니며 수사학과 변증법을 가르치다가 30대 중반에 파리로 돌아왔다.

그런데 지금껏 학문적 논쟁으로 날밤을 새우던 그에게 뜻하지 않은 일이 생겼다. 1115년에 노트르담 대성당 참사회 위원인 퓔베르Fulbert가 그에게 묘한 제안을 했다. 자신의 집에 머물면서 집세 대신 자신의 조카 엘로이즈1095/1100~1163에게 개인 교습을 해달라는 것이다. 엘로이즈는 이미 라틴어와 그리스어를 읽는데, 여기에 더해 히브리어를 배우고 싶다는 것이다. 또 신앙의 모호함과 모순을 이해하기 위해 변증법을 사용하는 아벨라르의 새로운 신학을 배우고 싶어 했다. 그리하여 심오한 철학의 대가와 눈부시게 영민한 천재 소녀가 만나 자유로운 학문 논쟁을 벌이게 되었다.

그런데 학문에 대한 두 사람의 뜨거운 사랑이 그만 서로에 대한 사랑으로 번졌다. 엘로이즈가 임신하자, 두 사람은 아벨라르의 고향인 브르타뉴로 가서 그곳에서 출산했다. 그들은 아이에게 피에르-아스트롤라베Pierre-Astrolabe(아스트롤라베는 천문관측 기구를 가리킨다)라는 다소 괴이한 이름을 지어주었다. 파리로 돌아온 아벨라르는 생트준비에브 수도원에서 다시 강의를 시작했다. 문제는 괄괄한 성격의 퓔베르다. 자기 조카의 꽃다운 인생을 망가뜨린 아벨라르에게 가혹한 복수를 했다. 깡패들을 고용해 아벨라르의 '중요 부위'를 잘라놓은 것이다. 아벨라르 선생은 수치심에 파리를 떠나 트루아 근처에 기도실을 만들고 파라클레Paraclet(〈요한복음〉에 나오는 성령의 이름)라 명명했다. 엘로이즈는 아르장퇴유에 있는 수녀원에 들어갔다. 이후 두 사람은 직접 만나지는 못하고 서신만 교환했다.

퓔베르와 깡패들은 어떻게 되었을까? 교회 재판에서 퓔베르는 재산을 몰수당했고, 깡패들은 인류의 오래된 지혜의 산물인 동태복수

법(이에는 이, 중요 부위에는 중요 부위)에 따라 그들이 행한 대로 당했으며, 눈까지 뽑히는 가중 처벌을 받았다.

이제 아벨라르에게 남은 건 더더욱 심오한 학문 연구뿐, 달리 어쩔 수 있단 말인가……. 그런데 도대체 아벨라르의 새로운 철학과 신학은 무슨 내용일까? 당대 주류 신학자나 종교인의 관점에서 신앙은 그냥 절대적인 것이지, 거기에 모호함과 부조리함이라고는 아예 없다. 믿음으로 산을 움직일 수 있다 하지 않는가. 부조리? 부조리하기 때문에 믿는 것이다credo quia absurdum. 하느님이 하시는 일은 인간의 머리로 헤아릴 수 있는 게 아니다. 그렇지만 아벨라르의 새로운 철학은 완전히 다른 견해를 내놓는다.

한 가지 예를 들어보자. 죄란 무엇인가? 정통 견해를 대변하는 신학자 베르나르 드 클레르보의 설명은 이렇다.

죄에서 태어난 죄인인 우리는 죄인을 낳을 것이며, 빚쟁이로 태어나 빚쟁이를, 패륜아로 태어나 패륜아를, 노예로 태어나 노예를 낳을 것이다. 우리는 이 세상에 오면서부터 여기 사는 동안 내내, 그리고 여기에서 떠날 때도 상처 입은 자들이며, 발뒤꿈치에서부터 머리 꼭대기까지 성한 데라고는 없다.

아벨라르는 이렇게 응답한다.

죄는 우리의 창조주를 경멸함이니, 다시 말해서 창조주를 위해 포기해야 마땅하다고 생각하면서도 그렇게 하지 않는 것이다. 이처럼 죄를 순전히 부정적인 방식으로, 곧 비난받을 만한 행위들을 버리지 않거나, 칭찬받을 만한 행위들을 하지 않는 것으로 정의함으로써, 우리는 죄가 어떤 실체가 아님을 명백히 알 수 있다. 왜냐하면 마치 어둠이란 빛이 있어야 할 곳에 없는 것으로 정의할 수 있듯이, 죄란 존재가 아니라 부재에 있기 때문이다.

이게 무슨 말인지 이해되시는가? 베르나르는 당시 교회의 정통 교리를 대변한다. 인간은 근본적으로 사악한 존재이므로 죄목을 열거하고 거기에 상응하는 벌을 지정하면 그만이다. 죄의 존재인 인간은 행위의 의도나 감정 상태와 상관없이 행위 자체만으로 비난받는다. 그러나 아벨라르의 새 견해에 따르면 죄란 사악함을 수용하는 것이다. 말하자면 개인의 의사에 달린 문제다. 누군가가 죄의 길을 걸을지 말지는 도덕적 '선택'에 의거한다. 그러므로 죄는 주관적이다. 당신이 지난날의 잘못을 뉘우친다고 하자. 아벨라르의 입장에 선다면 참회하려는 사람들은 자기 내면을 들여다보고 자신이 죄를 지으려던 시점에 어떤 생각을 했는지 스스로 파악해야 한다.

11세기 말, 유럽의 신학계와 철학계에 이처럼 이성의 가치를 인정하는 새로운 기풍이 일어난 것은 기적에 가까운 일이다. 그런 만큼 엄청난 반대에 부딪혔다. 신에 대한 믿음을 이성으로 보완한다는

페르라셰즈 묘지에 있는 아벨라르와 엘로이즈의 묘.

식의 주장은 종교계와 보수적 신학계에서 극심한 비난을 받았다. 하느님에 대한 믿음은 그 자체로 절대적이지, 논리적으로 이해할 수 있는 대상이 아니라는 것이다. 1121년 아벨라르의 주장은 이단 판정을 받았고, 아벨라르는 자신의 책을 자기 손으로 불 속에 던져버리라는 명령에 따라야 했다. 1141년에 교황으로부터 다시금 이단 판정을 받은 그는 은퇴하여 클뤼니로 돌아갔고, 이듬해인 1142년 그곳에서 사망했다.

고매하고도 골치 아픈 신학 논쟁과 사랑 이야기는 별개다. 엘로이즈는 1164년에 죽으면서 자기 시신을 파라클레로 보내라고 말했다. 사람들은 두 시신을 하나의 관에 넣어주었다. 전승에 따르면 이때 아벨라르가 팔을 벌려 엘로이즈를 맞았다고 한다. 그런데 17세기에 한 엄격한 수녀원장이 묘를 파서 두 시신을 떼어놓았다. 1792년에 사람들은 이들의 시신을 노장Nogent으로 옮겨서 하나의 관에 넣되 정숙하게 납으로 만든 격벽으로 갈라놓았다. 마지막으로 1817년 두 사람의 시신을 페르라셰즈 묘지Cimetière du Père Lachaise로 이장했다. 연애가 잘 풀리지 않는 사람들, 부모의 반대에 직면한 연인들이 여기 와서 꽃을 바치고 기도하면 효험이 있다고 한다. 믿거나 말거나…….

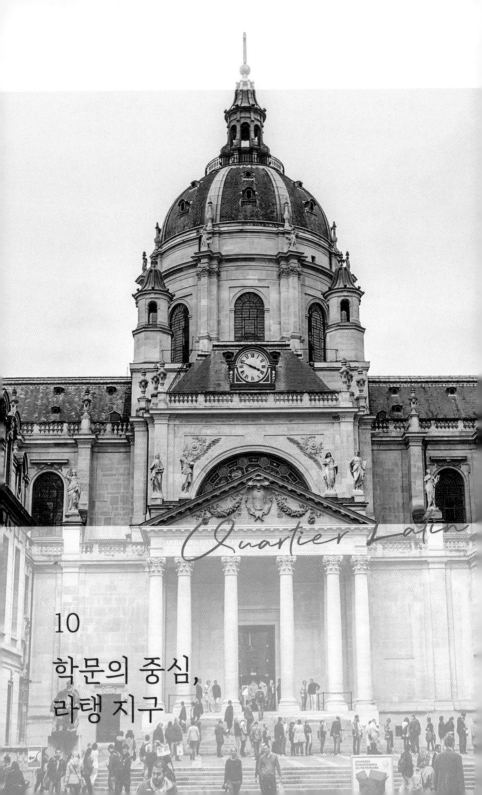

Quartier Latin

10

학문의 중심,
라탱 지구

몽테뉴 동상
소르본 대학
라탱 지구

파리의 좌안에는 라탱 지구Quartier Latin라 불리는 대학가가 있다. 중세 대학의 공용어인 라틴어를 쓰는 구역이라는 말이 아닐까 싶다. 그때나 지금이나 대학의 생명은 자율성이다. 정치권이나 종교기관이 압력을 가하고 대학이 거기에 굴복하면 학문 활동은 끝이다. 교수와 학생 들이 라탱 지구에 모여든 것도 그와 관련이 있다. 교회와 갈등이 일어나고, 주교와 수도원장이 견해가 다른 학자들을 짓누르려 한 것은 아벨라르의 예에서 볼 수 있었다. 12세기부터 교수와 학생 들은 파리 주교의 통제에서 벗어나기 위해 좌안으로 가서 정착했다. 말하자면 아벨라르의 후예들이 자유롭게 공부하러 한곳으로 모여들었고, 이것이 파리 대학으로 발전한 것이다.

강의는 흔히 교회 근처 노천에서 이루어졌기 때문에, 대학은 거리에서 시작했다고도 말한다. 1200년경 국왕 필리프 2세가 이 지역에 자유의 특권을 주었다. 명확히 개교기념일이 있는 건 아니지만, 대략 이 시기를 대학 탄생의 시점으로 보고, 더불어 필리프 2세는 파리 대학 창설자로 여겨진다.

이즈음 파리 대학 첫 번째 헌장이 만들어졌다. 교수들은 발뒤꿈치까지 내려오는 검은 옷을 입어야 하고, 강의와 토론에서 '익숙한 순서'에 따라야 한다는 등의 세세한 내용이 정해졌다. 1231년 그레고리우스 9세의 교황칙서(《과학의 어머니Parens scientiarum》)로 인해 독립성이 더 강화되는 한편, 학제가 점차 갖추어져 네 개의 학부(문학부, 의학부, 법학부, 신학부)가 신설되었다.

유럽 전역에서 많은 학생이 모여들었다. 학생들이 모여 사는 기숙사를 콜레주collège라 불렀는데, 대개 가난한 학생들을 수용하는 허름한 건물들이었다. 초기 콜레주는 생트준비에브 언덕에서 시작했다. 그중 특히 소르본 콜레주Sorbonne collège가 유명했다. 루이 9세의 고해신부였던 로베르 드 소르봉Robert de Sorbon이 세운 신학 콜레주 소르본이 후대에 소르본 대학으로 발전한 것이다. 13세기에 지은 건물은 사라졌고, 오늘날 남아 있는 소르본 대학 건물은 17세기에 재상 리슐리외가 자비를 들여 새롭게 지은 것이다. 리슐리외는 죽은 후 이곳에 묻혔다.

프랑스혁명 시기에는 구시대 인물들의 시신을 훼손하는 일이 잦았는데, 리슐리외도 이를 피하지 못했다. 혁명 때 묘를 파 보니 시신이 미라가 되어 완벽하게 보존되어 있었다. 이게 문제였다. 누군가가 시신을 참수하여, 이 머리가 사방에 돌아다녔다. 전하는 말에 따르면 센강 가까운 아르프 거리Rue de la Harpe에서 사람들이 리슐리외의 머리를 축구공처럼 차고 놀았다고도 한다. 1866년 정식으로 다시 리슐리외의 장례식을 치러주었다.

13세기 이후 파리는 학문의 중심지가 되었다. 피에르 아벨라르, 피에르 롱바르, 존 솔즈베리, 토마스 아퀴나스, 던스 스코터스, 로저 베이컨, 알베르투스 마그누스 등 파리 대학이 배출한 인물들은 유럽 지성사를 빛낸 학자이자 중세 철학과 신학의 중요한 기둥이다. 몽펠리에, 샤르트르 등 다른 도시에서 대학이 먼저 생겼지만, 이제 파리 대학이 그곳들을 능가하게 되었다. 그러니 이들의 자부심이나 오만함이 때로 지나쳤음이 틀림없다. 후일 교황 보니파키우스 8세가 되는 베네데토 카에타니Benedetto Caetani는 어지간히 화가 났던지 이렇게 비난했다.

파리 대학의 교수들이여, 당신들은 이 세상이 당신들의 추론대로 돌아간다고 책상에서 믿는 것 같지만, 세상이 믿는 것은 당신들이 아니라 우리다. 내가 진정으로 선언하노니 로마의 교황청이 대학을 부숴버리리라.

잘 알다시피 대학생들이 늘 학문 연구에만 열심인 것은 아니다. 그래도 시험은 잘 봐야 한다. 이럴 때 학생들이 하는 의례가 있다. 소르본 대학 근처에는 미셸 에켐 드 몽테뉴 동상이 있는데56 Rue des Écoles,

MONTAIGNE

PARIS A MON COEUR DES MON ENFANCE
JE L'AI SUR LES FRANÇAIS QUE PAR CETTE
GRANDE CITÉ GRANDE EN ... SURTOUT ET
INCOMPARABLE ... EN VARIÉTÉ LA
... LA FRANCE ET L'UN DES
PLUS NOBLES ORNEMENTS DU MONDE

소르본 대학 옆 작은 공원에
있는 몽테뉴 동상.

여기에서 소원을 빌면 시험 성적이 좋다는 전승이 있다. 우선 몽테뉴를 향해 "안녕, 몽테뉴Salut Montaigne" 하고 말을 건 다음 오른쪽 발가락을 만져야 한다. 그동안 얼마나 많은 학생이 빌었던지 그 부분이 닳아서 반들반들하다.

파리 대학을 대충 소르본 대학이라고 부르곤 하지만, 사실 정식 이름은 아니다. 1968년 11월 12일 '에드가 포르 법안'에 따라 도시 이름을 따서 대학교 이름을 붙이되, 도시가 큰 경우에는 제1대학, 제2대학 하는 식으로 구분하기로 했다. 파리는 워낙 큰 도시고 대학이 많다 보니 제13대학까지 있다. 이 가운데 전통적으로 '소르본'이라는 별칭을 유지하는 대학으로는 파리 제1대학(소르본-팡테옹), 파리 제3대학(소르본 누벨), 파리 제4대학(소르본)을 들 수 있다.

학생이 많이 모여 있는 지역은 대개 시끄러운 일들이 벌어지곤 한다. 학생뿐 아니라 교수도 공부 외에 놀고 술 마시고 온갖 소동을 벌였다. 무장한 시민들이 술집 주인을 심하게 폭행한 독일 학생들을 진압하는 사건도 있었고, 지역 주민들이 무례한 교수를 공격하기도 했다. 800년 전이나 지금이나 도대체 변한 게 없다!

11

루브르 요새와
수도가 된 파리

레알 지구

루브르 박물관 ◉

필리프 오귀스트 성벽 ◉

    프랑스는 유럽의 다른 국가에 비해 수도의 집중도가 매우 높다.
마드리드, 베를린, 로마와 비교해서 파리는 수도로서 의미가 훨씬
강하다. 그나마 런던이 파리와 다소 비슷하다. 그렇지만 지금까지
살펴본 바처럼 파리가 처음부터 왕국의 수도로 정해진 것은 아니다.
파리는 단지 주요 도시들 가운데 하나였을 뿐이다. 프랑스의 수도가
될 만한 도시를 든다면 위그 카페가 왕이 된 상리스, 국왕의 대관식
을 거행하는 랭스, 초기 왕들이 자주 머물던 오를레앙, 센강 하구에
위치하여 부가 쌓이는 루앙 같은 곳들이 있다.

    만일 루앙 같은 항구도시가 수도가 되었다면 프랑스가 해양국가
의 성격을 강하게 띠었을 것이고, 남쪽 도시가 수도가 되었다면 프
랑스 문화가 북부의 랑그도일 문화Langues d'oïl보다 남부의 랑그도크
문화Languedoc 성격이 강해졌을지 모른다. 프랑스 중앙부에 있는 오를
레앙이 수도였다면 남북이 조금 더 균형을 이루었을지 모른다. 하지

만 실제로는 파리가 수도가 되었고, 중요성이 갈수록 커졌다. 파리는 프랑스를 장악했고, 프랑스는 파리에서부터 건설되었다고 해도 과언이 아니다.

이 점에서 필리프 2세 시대가 중요하다. 물론 필리프 2세만 해도 그가 서명한 문서의 3분의 2는 파리가 아닌 곳에서 만들어졌다는 점을 보면 아직 수도로서 확정된 건 아니지만, 이 시대에 파리의 중요성이 커진 것은 분명하다.

필리프 2세의 별명은 '신이 주신 분Dieu-donné'이다. 부왕 루이 7세가 결혼 28년 만에 얻은 귀한 아들이기 때문이다(나중에 루이 14세 역시 같은 이유로 같은 별명을 얻었다). 그가 아직 어릴 때 아버지가 치매 증상을 보여 열다섯 살이 되는 1179년에 대리청정을 시작했고, 부왕이 서거한 다음 1180년부터 정식으로 왕권을 행사했다.

중세의 국왕은 종교적 명분을 확고히 내세우고 있어서 봉건 대귀족들의 위협을 받지 않았으나, 명분에 걸맞은 힘의 구체적 근거는 분명히 가지고 있어야 한다. 그것은 다름 아닌 땅이다. 거기에서 나오는 소득으로 살아가고 군사나 의례 비용을 충당했다. 그러니 국왕으로서는 왕령지 확대가 무엇보다 중요하다. 위그 카페 이후 국왕들은 전쟁과 정략 결혼을 통해 끊임없이 땅을 넓혀갔다. 특히 필리프 2세는 국내의 대귀족들은 물론, 영국 국왕과 신성로마제국 황제까지 무력으로 패퇴시키면서 정복을 통해 왕령지를 이전의 세 배로 늘렸다.

국왕의 권위가 우세해지면서 파리 또한 발전했다. 이 시기를 거치며 파리는 중세 유럽 문명의 중심지로 변화하고 있었다. 그런 만큼 시의 면모를 일신해야 했다. 우선 도로부터 개선했다. 이제껏 시내 도로들은 더러운 진창이어서 위험할 정도로 미끄럽고, 비위생적이었으며, 냄새가 역했다. 남북축의 주요 도로와 광장부터 반듯한 돌로 포장해갔다. 상업 활동을 장려하기 위해 샹포 지역에 살고 있던 유대인들을 내쫓고 이곳에 포장을 한 시장 두 곳을 만들었는데, 이곳이 후일 파리 중앙시장인 레알Les Halles이 된다.

상인 부르주아가 성장하자 국왕은 귀족, 성직자와 함께 상인 부르주아도 힘을 합쳐서 자신을 지지하게 만들고자 했다. 그래서 만든 제도가 상인의 이해를 대변하는 '상인 프레보prévot'다. 왕권을 대변하는 '국왕 프레보'와 상인 프레보가 서로 협의하며 시정을 조율하도록 한 것이다. 상인 프레보는 실질적으로 파리 시장 역할을 했다. 프레보 대신 정식으로 파리 시장 제도가 만들어진 것은 프랑스혁명 때의 일이다.

필리프 2세가 한 중요한 일 가운데 하나가 파리 성벽을 개축하고 방어를 강화한 것이다. 그는 제3차 십자군1189~1192에 참여했는데, 자신이 없는 동안 파리가 침략당하지 않도록 미리 대비한 것이다. 높이 8~10미터, 너비 3미터, 길이는 5킬로미터에 이르며, 70곳에 감시탑을 둔 탄탄한 성벽이 조성되었다. 두 개의 반원형 성벽이 파리를 둘러쌌다. 성벽 안에는 주택과 교회만 아니라 경작지, 과수원, 포도밭 등도 있어서 포위되었을 때도 식량을 얻을 수 있게 했다.

자르댕생폴 거리에 있는 필리프 오귀스트 성벽. 오늘날 남아 있는 성벽 가운데 가장 아름답고 완벽하게 보존된 부분이다. 사진에 보이는 탑이 몽티니탑이고, 성벽 오른쪽 끝에 몽고메리탑의 일부가 있다. 몽고메리는 스코틀랜드 출신 용병으로, 1559년 앙리 2세와 마상 창 시합을 하다가 왕에게 치명적 상처를 입혔는데, 왕이 죽자 이 탑으로 피신했다.

방어 시설의 핵심 요소 가운데 하나가 루브르Louvre 요새다. 노란 색 돌로 요새를 짓고 그 위에 보루를 설치했으며, 성벽 안에 지름 15미터, 높이 31미터, 두께 4미터인 원형의 내성內城, donjon을 쌓았다. 여기에 주변 지역을 감시하는 25미터 높이의 탑 네 개를 세워 위용을 자랑했다. 필리프 2세는 루브르에서 센강을 바라보며 국정을 생각하곤 했다고 한다. 이후 루브르는 샤를 5세1338~1380 때부터 1682년 루이 14세가 베르사유 궁전으로 이전할 때까지 왕의 거처가 되었고, 후일 혁명과 나폴레옹 1세 시대를 지나며 박물관으로 거듭났다. 루브르라는 말의 어원으로 라틴어 'lupara(늑대 잡는 개 사육장)'를 들기도 하지만, 옛 작센어 'lower(요새)'에서 비롯되었다는 게 더 타당한 듯하다.

이로써 파리는 프랑스에서 가장 강력한 방어 도시가 되었다. 성벽은 150년 이상 방어 기능을 잘 수행하다가 그 후 새 건축물들에 '먹히고 소화되는' 식으로 스며들어갔다. 덕분에 이 시기의 성벽 유적을 곳곳에서 볼 수 있다. 가장 완벽하게 남아 있는 것은 자르댕생폴 거리Rue des Jardins-Saint-Paul에 있는 약 100미터 길이의 성벽과 두 개의 탑(몽고메리탑, 몽티니탑)이다. 돌들에는 석공들이 남겨놓은 사인도 있는데, 임금을 받기 위한 근거 자료였다. 성벽의 흔적이 지하에 남아 있는 경우도 많다. 시내 레스토랑 중에는 지하층에 탑의 기반 부분이 그대로 남아 있다는 사실을 자랑하는 곳도 있다. 루브르 박물관 지하에서도 1980년대 발굴한 탑들과 내성의 하부 기초를 볼 수 있다.

Roi Saint Louis

12
성왕 루이와
생트샤펠

생트샤펠
노트르담 대성당

루이 9세1214~1270는 프랑스 국왕 중에 신앙심 깊기로는 으뜸일 것이다. 그는 십자군에 참여했다가 외지에서 죽었고, 사후에 교황에게서 성인으로 인정받아 성왕聖王으로 불린다. 특히 공식 전기에 해당하는 장 드 주앵빌Jean de Joinville이 쓴 《성왕의 일생》에서 성스러운 면을 엄청나게 강조하지만, 솔직하게 이야기하면 이분은 심각한 노이로제 환자다.

루이 9세의 신심이 얼마나 깊은지 지금의 우리로서는 가늠하기 어렵다. 그 깊은 신앙심을 심어준 사람은 어머니 카스티야의 블랑슈Blanche de Castille다. 카스티야 공주 출신으로, 어릴 때부터 수녀원에서 종교적 심성을 굳게 다져온 어머니는 아들에게 사방에서 악마가 위협하고 있으니 늘 대비하라고 가르쳤다. 루이는 참회용 속옷을 입고, 매일 밤 침대 머리맡에서 50번씩 무릎 꿇고 기도했으며, 자주 금식을 한 탓에 몸이 허약했다. 헛되이 웃고 즐기거나 쾌락에 빠지는 일도 용납되지 않았다. 어머니는 밤에 불시에 찾아와서 아들 내외를 감시할 만큼 엄격했다. 이런 정도면 모자 사이가 안 좋을 법한데, 루이 9세는 늘 어머니를 지극히 사랑했다고 한다.

그는 또한 제2의 그리스도로 추앙받는 성인 프란체스코의 감화를 받아 절대 청빈의 삶을 실천하고자 했다. 되도록 검소하게 먹고 입으려고 했으며, 빈민들을 데려와 몸소 세족식을 하고 함께 식사했다. 나병 환자와 맹인을 돕는 시설(프랑스어로 'Quinze-Vingt'이라고 하는데 15×20, 즉 300명을 수용한다는 의미다)이나 거리의 여인들을 돕는 시설Fille Dieu도 지었다.

성왕의 통치 이념은 당연히 기독교 정신이다. 그런데 이게 꼭 좋은 것만은 아니다. 지극한 신심과 이교도 탄압, 유대인 탄압은 동전의 양면이다. 그는 종교재판소를 설치하여 이단 종파로 낙인찍힌 알비파를 가혹하게 탄압했고, 로마 시대부터 살아온 유대인들에게 1254년 추방령을 내렸다. 사실 유대인 추방은 이전에도 있던 일이다. 예컨대 그의 할아버지 필리프 2세도 유대인 추방령을 내렸지만, 이때는 유대인의 돈을 노린 일이라서 경제적 이득을 취한 다음에는 돌아오는 것을 허락했다. 그렇지만 루이 9세는 철두철미하게 탄압했다. 그는 "유대인이 교리에 대해 시비를 걸면 논쟁하지 말고 바로 칼을 빼서 유대인 몸 깊숙이 찌르라"고 충고했다! 또한 교황 그레고리우스 9세의 명령에 복종하여 모두 1만 2,000권의 《탈무드》(하나하나 손으로 옮겨 쓴 경전이었다)를 공개 소각했다.

국왕은 두 번에 걸쳐 이집트, 모로코, 예루살렘 등지로 십자군 원정을 떠났고, 결국 1270년 튀니스에서 병사했다. 전염병 사망자를 이송하는 일은 위험해서 중세 유럽의 관행mos Teutonicus('독일식 관례'라는 의미)에 따라 사체를 포도주에 넣고 삶은 다음 뼈만 추려서 생드니 성당에 안장했다.

성왕 루이가 남긴 중요한 유산은 파리 시테섬의 왕실 예배당인 생트샤펠Sainte Chapelle이다. 이 건축물은 13세기 고딕 양식 건축의 보물로, 화려하고 아름다운 스테인드글라스를 자랑한다. 이곳은 다름 아닌 예수가 십자가에 못박혔을 때 이마에 둘러 있던 가시관을 보관하기 위해 특별히 지은 소성당이다. 그런데 예수의 가시관이 어떻게 파리에 오게 되었을까?

이야기는 말썽 많은 제4차 십자군 때로 거슬러 올라간다. 간략히 정리하면, 이웃의 기독교 나라인 비잔틴제국이 이슬람의 공격을 받아 예루살렘 성지가 신앙의 적 치하에 들어가게 되자, 유럽의 기사들이 비잔틴제국을 도우러 간 것이 십자군이다. 그런데 제4차 십자군은 완전히 탈선해서 자신들이 도와주기로 한 비잔틴제국을 정복하고 라틴왕국이라는 이름으로 통치했다. 그러다가 재정적으로 곤경에 빠지자 베네치아 은행에서 돈을 빌리기로 하고, 비잔틴제국의 국보인 가시관을 담보로 내놓았다. 예수님 이마에 박혀 있던 가시관이 한낱 돈을 빌리기 위한 담보물이라니……. 이를 알게 된 성왕 루이가 거금 13만 5,000리브르를 베네치아 은행에 지불하고 가시관을 파리로 가지고 온 것이다. 당시 리브르화의 가치를 정확히 알 수 없지만, 금덩어리 13만 5,000개라고 보면 될 것이다.

1239년, 도미니크회 수사들이 베네치아에서 파리로 이 보물을 옮겨왔다. 성왕 루이 9세는 고해자의 옷을 입고 맨발로 이 성물을 받들어 모셔왔다. 바로 이 가시관을 보존하기 위해 지은 것이 생트샤펠이다. 아래층은 자신이 기도하기 위한 소성당으로 꾸미고, 위층에 성물들을 보관했다. 1248년, 소성당이 완공되자 은제 함에 넣은 가시관을 그곳에 보존했다. 여기에 더해 예수의 마지막 순간에 등장하는 물품들, 즉 십자가 조각, 예수의 옆구리를 찔렀다는 창, 해면 같은 것들도 모았다. 동시에 철학과 신학 책들을 수집하여 함께 보관했고, 국정 문건들 또한 이곳에 정리하고 보존했으니, 이것이 최초의 공식 문서보관소가 되었다.

생트샤펠에 간다면 조그마한 계단을 통해 위층으로 올라가야 한다. 아래층만 있는 줄 알고 그곳만 보고 와서 시시하다고 하는 사람들이 간혹 있다. 위층에 올라가면 홀연 황홀한 빛의 세계를 보게 될 것이다. 《구약성서》의 첫 부분부터 《신약성서》의 마지막 부분까지 모두 1,100장면을 아름다운 스테인드글라스로 표현했다. 천지창조부터 인류 역사가 올올이 풀려나가다가 마지막 부분에 성 유물을 들고 파리로 오는 루이 9세의 모습이 그려져 있다.

한편, 가시관에서 떨어져 나온 가시들 몇 개도 함께 왔다고 한다. 프랑스 국왕들은 충성을 다한 신하에게 최고의 선물로 이 가시를 주

생트샤펠의 화려한 스테인드글라스.

었다. 예수의 이마에 박혀 있던 그 가시가 아닌가! 이 가시들은 분명 가문의 보물이었을 터이다. 그런데 그 후 가시들이 어떻게 되었는지 종적을 찾을 수 없다. 다만 그 가운데 하나가 런던으로 흘러 들어가서 현재 영국박물관에 보관되어 있다The Holy Thorn Reliquary. 이 가시가 옮겨 다닌 모든 과정을 일일이 추적할 수는 없으나, 16세기에 신성로마제국 황제 카를 5세의 소유였다가 오스트리아의 제국보물보관소Kaiserliche Schatzkammer로 옮겨간 것을 확인할 수 있다. 그 후 19세기에 수선이 필요하여 예술품 거래상이자 보존 기술자인—그러나 사기꾼 기질이 농후한—살로몬 바이닝거Salomon Weininger에게 맡겼다. 그는 복제품을 만들어 황실에 보내고 진품은 자신이 가지고 있다가 후일 로스차일드 가문에 팔았다. 이 가문의 후손인 페르디난트 로스차일드Ferdinand de Rothschild가 이것을 영국으로 가지고 갔고, 1899년 영국박물관이 얻어 지금에 이른다. 오랫동안 오스트리아에서는 복제품을 진품으로 알고 보관하고 있었는데, 1959년 양국 전문가들이 모여 두 개를 비교 검토한 후 대영박물관 것이 진품이라고 결론을 내렸다.

가시관은 혁명과 나폴레옹 1세 체제를 거치며 여러 장소를 전전하다가 지금은 노트르담 대성당에 보존되어 있다(2019년 노트르담 대성당에 큰 화재가 일어났을 때 소방관들은 비상 매뉴얼에 따라 이 성물부터 구해서 나왔다). 매월 첫 번째 금요일 오후에 이 가시관을 가지고 특별 미사를 올린다. 이때는 가시관을 친견하기 위해 엄청나게 많은 신자가 찾아온다. 이 가시관이 정말로 예수의 마지막 순간에 머리에 둘러 있던 그 가시관일까? 누구도 확신할 수는 없으리라. 다만 노트르담 대성당 홈페이지에는 진위를 말하지 않고, 가시관은 예수 생존 당시 그 지방에서 자라는 나무로 만든 것으로 밝혀졌으며, 많은 사람이 존경을 다해 예배를 드린다고만 쓰여 있다. 믿건 안 믿건 그건 각자의 몫일 뿐…….

13

탕플에서 최후를 맞은
신전기사단

탕플 엘리-위젤 공원
(옛 탕플탑 터)

루이 9세재위 1226~1270, 필리프 3세재위 1270~1285, 필리프 4세재위
1285~1314의 치세 중 파리는 한 단계 더 발전했다. 1200년에 20만 명
이었던 인구는 1300년에 30만 명으로 늘었다. 시민의 경제 활동도
번영했다. 1292년의 토지세(타유taille) 목록에 따르면 파리에는 352
개의 길, 10개의 소광장, 11개의 교차로가 있고, 납세자는 1만 5,000
명이었다. 특기할 점은 목욕탕 주인이 26명이라는 것이다. 그러니
중세 사람들이 목욕이라는 걸 생전 안 했다는 이야기는 거짓이다.

파리에 '부르주아bourgeois'가 형성되어갔다. 부르주아라는 말은
1134년 국왕 칙서에 처음 등장한다. 이 말은 마르크스주의 경제학
에서 자본주의 사회의 자본가 계급을 가리키지만 그런 뜻은 나중에
덧붙여진 것이고, 원래는 자유로운 도시민을 뜻했다. 도시bourg에 사
는 사람들은 귀족의 지배에서 벗어나 있고 돈을 벌어 유복한 삶을
살 수도 있다. 그중에서도 특히 부유한 상층 부르주아는 옷도 잘 차

려입고, 사냥용 매와 좋은 말을 가지고 있으니 귀족과 다를 바 없다. 그들도 그런 점을 의식했다. 르나르 르 콩트르페Renart le Contrefait라는 사람은 자신들이 누리는 장점을 이렇게 얄밉게 표현했다.

기사들이 자기 주군에게 달려가야 할 때 시민들은 침대에서 쉰다네.
기사들이 전투에서 학살당할 때 시민들은 강으로 소풍 간다네.

국왕으로서는 이렇게 성장해가는 도시민의 힘을 빌릴 필요가 있었다. 이때 중요한 결정을 한 국왕이 필리프 4세다. 이 왕은 워낙 미남이라 '미려왕le bel'이라 불렸고, 담대해서 전쟁도 불사하고 교황청과도 맞붙어 싸웠다. 그러기 위해서는 권력 기반을 강화해야 했으니, 지식인과 법률가를 통해 국왕의 권위를 정당화하는 논리를 마련했다. 봉건귀족으로서는 자신들의 기득권을 위협하는 데 일조하는 그들이 좋아 보일 리 없다. 법학자를 뜻하는 프랑스어 '레지스트légiste'는 원래 귀족들이 증오와 멸시를 담아 그들을 부르던 말이었다.

이 시대에 왕권에 방해가 되는 요소 중 하나는 사제였다. 왕보다는 교황청에 더 충성하고, 막대한 교회 재산을 소유한 데다가 교회 소득 일부를 교황청에 바치기 때문이다. 필리프 4세는 영국과의 전쟁에 필요한 자금을 구하기 위해 교회 소득에 세금을 부과했다. 그러자 교황 보니파키우스 8세가 파문 칙서를 발표하여 제동을 걸었고, 이에 필리프 4세는 국왕의 허락 없이 교황청으로 자금을 내보내는 것을 금지했다. 심지어 국왕이 교황 칙사를 체포하여 재판에 넘기고 유죄 판결을 내리자 갈등이 폭발했다. 분기탱천한 교황이 "들어라, 아들아Ausculta Fili"로 시작하는 칙서를 보내 꾸짖었는데, 궁정에서는 보기 좋게 칙서를 불태워버렸다. 이쯤 되면 분명 국왕은 선을 넘었다. 큰일 날 짓을 한 것이다. 위기를 넘기기 위해 국민의 지지가 필요했던 국왕은 각 계층 대표들을 모아 자기 뜻을 설명하고 지지를 호소하기로 했다. 이렇게 해서 만들어진 게 삼부회다. 1302년 4월 10일, 노트르담 대성당에 사제·귀족·부르주아 대표들을 소집했다. 당시에는 국왕을 지지해달라는 의미로 이 기관을 만들었지만, 결국은 먼 훗날 왕조 국가를 끝장낼 기관을 발명한 셈이다.

국왕과 교황의 갈등은 끝장으로 치달았다. 1303년에는 국왕의 신하 기욤 드 노가레가 군대를 이끌고 로마 동쪽에 있는 아나니Anagni 궁으로 쳐들어가 말다툼하다가 보니파키우스 교황의 뺨을 한 대 쳤다! '아나니의 손찌검schiaffo di Anagni'은 역사상 가장 유명한 손찌검일 것이다. 어떤 일이 일어났는지 자세히 알 수는 없으나, 68세 노령의 교황을 가두고 패고 죽일 작정이었던 것 같다. 교황은 겨우 구출되어 로마로 돌아갔으나 며칠 후 사망했다. 혹자는 심적·육체적 충격으로 교황이 실성해 죽었다고도 하고, 혹자는 단지 심한 열병에 걸려 죽었다고도 한다.

필리프 4세 시대에 일어난 또 다른 큰 사건은 신전기사단Ordre des Templiers(템플 기사단이라고도 부른다) 해산 사건이다. 신전기사단의 유래는 200년 전으로 거슬러 올라간다. 이 기사단은 십자군 때인 1118년에 성지 순례자를 보호할 목적으로 프랑스 기사들이 창설한 수도회로, 본래 명칭은 '그리스도와 솔로몬 성전의 가난한 기사들Pauperes commilitones Christi Templique Solomonici'이다. 이들은 예루살렘 성지로 가서 신자들을 보호하며 죽을 때까지 이교도와 싸울 것을 맹세했다. 이 전투적 기사단에 '신전'이라는 이름이 붙게 된 것은 솔로몬 왕이 세운 예루살렘 성전의 폐허 옆에 거처를 마련했기 때문이다. 이 기사단은 1129년 교황청의 공인을 받으면서 더욱 성장했다. 이들은 붉은색 십자가가 표시된 흰옷을 입고 전투를 벌였다. 문제는 이들이 전투만 한 게 아니라 돈놀이도 하고 약탈을 통해 부를 축적했다는 데 있다.

시간이 지나면서 기사단은 성지에서 점차 밀려나 키프로스로 후퇴했고 결국 유럽 내로 활동이 한정되어 파리에 본부를 두었다. 1140년경 이들은 당시 파리의 교외 지역인 탕플Temple에 정착했다. 이곳에 큰 장원과 요새를 건설하고, 거의 50미터에 이르는 큰 내성도 지었다. 그 안에 교회, 탑, 수도원 건물, 경작지 등이 있어서 거의 독립된 소도시를 이루었다. 그러다 보니 13세기에 왕이나 귀족들의 보물을 맡아주는 일종의 금고 대여 서비스도 했다. 워낙 영향력 있고 무력도 강해서 심지어 필리프 4세도 초기에 봉기를 피해 이곳에 보호를 요청했을 정도다. 사실 이렇게 힘 있고 돈 많은 조직이 국내에 있다는 것부터 문제다. 더구나 오직 교황에게만 복종한다는 기사단 규약은 프랑스 국왕에게 부담일 수밖에 없다. 오만하고 부유한 이 조직을 손 좀 봐야겠다는 생각을 안 할 수 없었을 것이다.

한때 이 기사단에게 호의적이었던 필리프 4세는 이들을 철저히 탄압하는 쪽으로 돌아섰다. 이 기사단이 이단이라는 소문이 돌자 국왕은 이를 이용해 이들을 치고 재산을 빼앗기로 작정했다. '손찌검 사건' 이후 교황이 된 베네딕투스 11세가 일찍 죽고 1305년에 새 교황이 된 클레멘스 5세에게 해산 압력을 넣었다. 1307년 10월 5일, 국왕은 프랑스 내 기사단원 3,000여 명을 체포하라고 명령했다. 고문을 받은 단원들은 거짓 자백을 하고 화형에 처해졌다. 클레멘스 교황은 압박에 못 이겨 1312년 기사단 해산령을 내렸다.

필리프 4세는 왜 갑자기 이처럼 무리한 조치를 했을까? 쉽게 생각할 수 있는 것은 돈 문제다. 국왕은 부유한 기사단에게서 자금을 빌렸는데, 기사단을 없애면 아예 돈을 떼어먹을 수 있다. 괜한 이야기는 아니다. 이 기사단의 교리에 이단 혐의가 있었다는 주장도 전혀 근거가 없어 보이지는 않는다. 또 한 가지 중요한 요소는 이 기사단이 오직 교황에게만 충성한다는 원칙이다. 프랑스 왕의 중요한 명분은 하느님이 왕권을 보장해준다는 신권설이다. 그런데 국내에 자신의 권위가 통하지 않는 종교 조직이 있으면 곤란하다. 더구나 교황과 권력을 놓고 다툴 때 이건 중요한 문제가 될 수 있다.

체포되기 전, 위험을 미리 감지한 기사단장 자크 드 몰레는 보죄Beaujeu 백작에게 세 개의 열쇠를 맡겼다고 한다. 소문에 따르면 전임자 묘 아래의 은닉 장소에 예루살렘 왕들의 왕관들, 7일간의 천지 창조를 상징하는 일곱 갈래 촛대인 메노라menorah, 성묘를 치장하던 금으로 된 4복음서, 기사단 소유 보물들이 숨겨져 있다고 한다. 이 기사단은 유럽에서 3,000곳에 달하는 기사 영지와 거기에 딸린 막대한 재산을 가지고 있었으므로 대단한 부자였을 것 아닌가……. 그래서 엄청난 보물이 숨겨져 있다는 소문이 돌고, 마치 보물선 인양 계획처럼 신전기사단의 보물을 찾으려는 시도들이 이어졌다(실제 보물을 찾은 적은 없다).

신전기사단이 사라진 후 그 유산은 병원기사단Ordre des Hospitaliers으로 넘어갔다. 탕플 지역은 그 후에도 오랫동안 온갖 특권을 누렸다. 경찰도 함부로 들어갈 수 없는 곳이어서 약 4,000명이 세금도 안 내고 살았는데, 귀족, 예술가, 괴짜 의사 등 다양한 사람이 모여들었다. 이 지역은 후일 프랑스혁명 때 파괴되는데, 이곳에서 일어난 마지막 중요한 사건은 루이 16세와 가족이 감금되었다가 처형된 일이다. 남아 있던 궁성마저 나폴레옹 3세 때 파괴되어, 오늘날에는 먼 과거의 흔적만 남아 있다.

필리프 4세의 마지막 해는 신전기사단 단장의 처형으로 마무리된다. 1314년 마지막 기사단장 자크 드 몰레와 그 일당이 화형당했다. 사실 드 몰레는 종신형을 받았는데, 이 소식을 접하고 분노한 국왕이 "오늘 당장 화형에 처하라!"라고 명령을 내려, 저녁에 급히 화형대를 세우고 형을 집행했다. 게다가 일부러 천천히 불에 타서 오랜 시간 고통받게 했다. 이런 일들이 오히려 민심을 돌리게 했다. 이들은 순교자로 받아들여졌다. 몇 달 후 필리프 4세도 46세의 이른 나이에 사망했는데, 이를 두고 사람들은 드 몰레가 죽으면서 저주했기 때문이라고 쑤군거렸다. 전하는 바에 따르면(근거가 그다지 확실해 보이지는 않지만), 드 몰레는 화형대에서 전혀 겁먹지 않은 모습으로, 하느님이 복수해주실 것이며 국왕과 그 후손 대대로 저주에 빠질 것이라고 말했다고 한다. 그 말이 맞아떨어진 걸까. 정말 드 몰레의 저주 때문인지는 모르겠으나 필리프 4세는 얼마 안 가 죽고, 며느리들은 다 간통사건에 휘말렸으며, 후손들은 하나같이 어린 나이에 일찍 죽는 등 흉사가 계속되더니 결국 카페 왕조가 막을 내렸다.

La guerre de Cent Ans

14

백년전쟁 중의
파리

루이 14세 동상

루브르 박물관 ● 시청 광장(옛 그레브 광장)
팔레드쥐스티스 ● 에티엔 마르셀 동상

뱅센성

1328년 카페 왕조 직계의 마지막 왕 샤를 4세1294~1328가 후손 없이 사망하자 프랑스 왕위를 놓고 프랑스와 영국 간에 백년전쟁이 벌어졌다. 말 그대로 백 년 내내 전쟁이 계속되었던 것은 아니고 중간 중간 긴 휴지기도 있지만, 하여튼 전쟁이 오래 이어졌으니 얼마나 피해가 컸을지 쉽게 짐작할 수 있다. 게다가 재앙은 홀로 오지 않는 법, 전쟁에 더해 대기근과 페스트가 함께 닥쳤다. 거기에다가 강력한 부르고뉴 세력이 왕실에 도전하여 내전 상황도 초래되었다.

샤를 4세가 아들 없이 사망했을 때 촌수를 따져보니 왕위계승 후보는 둘로 모아졌다. 한 명은 발루아Valois 가문의 필리프로, 죽은 왕의 사촌이다. 다른 한 명은 플랜태저넷 가문의 영국 국왕 에드워드 3세인데, 그의 어머니가 샤를 4세의 여동생이다. 두 사람의 권리 정도는 거의 같았다. 그렇지만 프랑스인들은 왕위를 영국에 넘기고 싶지 않았다. 그래서 영국 측의 계승권을 부정하는 근거로 살리카법Lex

Salica을 들이댔다. 어느 옛날 게르만족 시절에 존재했던 법규의 내용은 선친의 유산을 여성 후손에게 넘기지 못한다는 것이지, 왕위계승과는 아무 관련이 없었다. 어쨌거나 이 법을 근거로 필리프 6세가 왕위를 차지하면서 발루아 왕조를 열었다. 여기에 불만을 품은 영국의 에드워드 3세가 1337년 프랑스로 군대를 파견했다. 백년전쟁이 시작된 것이다. 전쟁의 결과를 미리 정리해보면, 결국 발루아 가문의 왕위계승이 확정되어 샤를 7세재위 1422~1461(잔 다르크의 힘을 빌려 전세를 역전시키고 백년전쟁을 끝낸 왕)가 왕위에 올랐고, 영국은 대륙 내의 영토를 잃어 완전한 섬나라가 되었다. 그후 루이 11세재위 1461~1483 때 부르고뉴가 독립해서 왕국으로 승격하려던 꿈은 좌절되고 프랑스의 통치를 받게 되었다.

개전 초에는 막강한 영국군이 프랑스로 쳐들어와 북부지방을 지배했고, 프랑스 왕실은 남쪽으로 밀려난 상태였다. 프랑스군은 영국군에 연전연패하더니, 심지어 1356년 푸아티에 전투에서는 아예 국왕 장 2세재위 1350~1364와 막내아들 필리프가 포로로 잡혀 런던에 끌려갔다. 프랑스 역사에는 국왕이 직접 전투에 나갔다가 포로로 잡히는 일이 간혹 있다. 국왕이 전쟁의 최전선에서 지휘하는 일은 루이 14세 시대까지 이어졌다. 국왕이 잡혀갔으니 파리에 남아 있던 왕세자 샤를(후일 국왕 샤를 5세가 된다)이 섭정을 했으나, 시민들은 힘없는 통치자에게 반발했다. 이때 선봉에 선 인물이 파리의 포목상으로서 상인 프레보 직책을 맡은 에티엔 마르셀Étienne Marcel이다. 그는 18세

의 젊은 왕세자를 압박해 1356년 10월 파리에 삼부회를 소집하도록
했다. 영국에 포로로 잡혀 있는 왕을 데려오려면 몸값이 필요한데,
시민들은 그 자금을 마련하는 데에 동의하되, 대신 통치위원회를 구
성해 왕정을 개혁하라고 압박했다.

개혁이 생각대로 추진되지 않자 에티엔 마르셀은 급진적인 방향
으로 나아갔다. 국왕에 저항하는 귀족들의 대변인 역할을 하던 나바
라Navarra의 왕 카를로스 2세를 새 왕으로 앉히겠다는 것이다. 이쯤
되면 마르셀이 너무 멀리 나갔다. 이제는 그가 독재자이고 왕세자가
거의 포로 상태였다. 마르셀은 3,000명의 무장 시민을 동원해서 왕
궁의 문을 부수고 들어가 왕세자가 보는 앞에서 참사회 위원 두 명
을 살해하고, 왕세자에게 파리를 상징하는 붉은색과 푸른색 모자를
씌웠다. 이런 일을 겪은 왕세자는 시테섬에 있던 왕궁을 떠나 루브
르, 뱅센성Château de Vincennes으로 거처를 옮겼다. 파리에서 가장 오래
되고 유서 깊은 왕궁은 이제 영영 본래의 기능을 잃고, 대신 법원(팔
레드쥐스티스Palais de Justice) 건물로 쓰이게 된다.

마르셀은 더욱 과격한 방향으로 치달았다. 그는 민중봉기를 획책
하여 자신의 세를 키우고, 파리 근처에 주둔해 있던 카를로스 2세를
끌어들이려 했다. 마르셀이 성문을 열어 나바라 세력을 불러들이려
했을 때, 친구이자 부관 역할을 하던 장 마야르Jean Maillart가 그를 도
끼로 살해했다. 마르셀의 추종자들은 그레브 광장Place de Grève에서 처
형되었다. 그동안 시외로 탈출해 군사력을 키우던 왕세자 샤를은 마

1583년의 그레브 광장.

르셀의 세력이 제풀에 꺾이자 파리로 돌아왔다.

오늘날의 파리 시청 앞 광장은 19세기까지 그레브 광장이라 불렀다. 그레브grève란 원래 모래사장이라는 의미인데, 이곳이 강변과 가까워서 중세에는 실제 모래사장이었다. 실직 노동자들이 이곳에서 놀며 일자리를 구한 데서 오늘날 그레브라는 단어는 '파업'을 뜻하게 되었다. 이 말은 프랑스 단어 중에 가장 많이 쓰이고, 가장 중요하고, 가장 먼저 배우는 말이다. 예컨대 샤를드골공항에 도착해서 기차를 타고 시내로 가야 하는데 철도협회SNCF가 '그레브'라고 하면 첫날부터 당황스럽기 그지없다. 그레브 광장은 여러모로 파리 시민의 삶에 중요한 역할을 했다. 마르셀 지지자들이 이곳에서 처형된 데서 알 수 있듯이, 이곳은 죄수를 처형하는 장소로도 쓰였다. 민주주의가 정립되기 전이므로 처형을 당할 때도 차별이 존재했다. 귀족은 고상하게 참수되는 반면 일반인은 교수형에 처했고, 이단은 화형, 악질범은 바퀴형 또는 거열형을 당했다.

그레브 광장은 또한 민중 축제 장소이기도 했다. 대표적인 게 6월 23일 하지 저녁에 벌어지는 성 요한 축제Fête de la Saint-Jean다. 세례 요한을 기리는 축제라고 하지만(세례 요한은 예수보다 6개월 먼저 태어났다고《성서》에 기록되어 있다), 이교도의 하지 축제에서 기원했을 것이다. 이날 그레브 광장에 커다란 모닥불을 피우는데 국왕이 직접 불을 붙였다. 사람들은 이날 밤에 고양이들이 마녀들의 집회인 사바트Sabbath에 간다고 믿어서 고양이들을 자루에 담아 불 속에 던졌다. 오늘날에는 이런 축제가 사라졌고 대신 겨울이면 시청 앞 광장에 스케이트장을 만들어 개방한다.

마르셀은 시민의 지지를 받는 동안 파리를 수호하기 위해 우안 지구를 포괄하는 성벽 건설을 결정했다(좌안은 필리프 2세가 건설한 성벽을 계속 사용했다). 5킬로미터에 달하는 '샤를 5세 성벽'은 보통의 돌담 수준이 아니라 87미터 너비의 방어 시스템에 가깝다. 3중의 경사진 제방, 6미터 높이의 외벽, 크고 깊은 두 개의 해자까지 갖추었다. 이 방어시설 중 압권은 후일 프랑스혁명 때까지 남게 될 바스티유 요새bastide Saint-Antoine였다. 이처럼 파리가 넓어지고 성벽도 더 바깥쪽에 개축하다 보니 이전의 방어시설이 시내로 들어오는 결과를 가져왔다. 이제 루브르는 성벽 안쪽, 즉 시내에 위치하게 되었다.

시청 근처에는 에티엔 마르셀의 동상이 서 있다. 그가 탄 말은 앞다리와 뒷다리를 하나씩 들고 있다. 파리 시내에는 말 동상이 많은데, 여기에는 숨겨진 의미가 있다. 말이 앞다리를 모두 들고 뒷발로 서 있으면 그 말을 탄 사람은 전사한 인물이다. 앞다리를 하나만 들고 있으면 암살당했거나 전투 중 부상을 입은 후 사망한 인물이다(에티엔 마르셀이 그런 경우다). 네 다리 모두 땅에 붙어 있으면 침대에서 눈을 감은 분이다. 그렇지만 이 규칙이 엄격히 적용된 건 아니다. 루이 14세는 제명에 편히 죽었으나 빅투아르 광장Place des Victoires의 루이 14세 동상은 말이 앞다리를 다 들고 있다. 명색이 국왕인데 그 정도의 예외는 봐주어야 하지 않겠는가.

상인 프레보로서 왕정 개혁을
요구한 에티엔 마르셀의 동상.

한 세기 반 동안 파리는 전쟁과 음모, 암살 속에서 살았다. 여기에 더해 페스트가 휩쓸고 지나갔으며, 전쟁 말기에는 대기근이 발생했다(1420~1440년). 그러는 동안 파리 인구는 10만 명가량 줄어들었고, 시의 여러 지역이 황폐화되었다. 하루바삐 전쟁의 참상에서 벗어나야 했다.

프랑수아 1세재위 1515~1547 치세에 이르러 본격적으로 복구가 이루어졌다. 국왕은 루브르와 퐁텐블로성Château de Fontainebleau을 재건축했고 루아르 지역에도 멋진 성들을 짓거나 정비했다. 파리 시청 건물도 새롭게 지었다. 이 시청 건물은 1628년에 가서야 완공되었으며 1871년 프랑스-프로이센 전쟁과 파리 코뮌 사태 와중에 파괴되기 직전까지 건재했다.

전쟁과 기근, 질병의 위기를 이겨낸 이후 파리 역시 본격적인 재건에 들어갔다. 새 거리, 새 건물이 들어서고 빈터가 줄어들었다. 이 시대 가장 부유한 사람들이 모이는 곳은 마레 지역이었다. 파리 상층 부르주아는 큰 집을 짓고 옷과 오락에 많은 돈을 쓰며 살았다. "프랑스인은 같은 옷을 오래 입으면 싫증을 낸다"는 한 이탈리아인의 말이 많은 것을 말해준다.

상공업 활동도 제자리를 잡아갔다. 특히 포목상, 식료품상, 양품상, 잡화상, 모피상, 보석상이 강력한 특권 길드Six Corps였는데, 이 6대 길드 인사들이 시의 주요 직책도 많이 맡았다. 자신들은 세금을 많이 내는 대신 특권층이라고 생각한 이 사람들은 하급 길드와 섞이는 것을 싫어했다. 예컨대 식료품상 길드는 포도주상 길드와는 전혀 관련이 없다는 주장을 편다. 후자는 술집 상인들도 끼어 있지 않은가! 이렇게 파리에서 점차 졸부들, 더 나아가 진짜 상층 부르주아들이 생겨났다. 한 세기 뒤 몰리에르가 골려 먹는 '부르주아 귀족' 계층의 선조들이 자라나고 있었다.

시 바깥 지역에는 생토노레Saint-Honoré, 생마르탱, 몽마르트르 등 여러 개의 포부르faubourg가 형성되었다. 'faubourg'라는 말은 'for(바깥)'와 'bourg(시)'를 합친 말로, 성벽 바깥 지역을 가리킨다. 포부르 주민은 채소를 키워 시내에 파는 등의 일을 하며 가난하게 살았다. 이런 곳들은 자칫 무질서와 봉기의 장소가 되기 십상이다. 포부르는 성벽 바깥에 있어 시에서 직접 통제하기가 어렵고, 만일 전쟁이라도 나면 쉽게 적에게 공격당할 수 있다. 게다가 시내 주민과 포부르 주민 사이의 갈등은 언제 터질지 모르는 폭탄 같았다.

2부

변화의 도시

종교전쟁 ~ 루이 14세 시대

15

성당의 종소리,
종교전쟁의 신호탄

콜리니 제독 기념상 · 생제르맹로세루아 성당
· 노트르담 대성당

16세기에 종교개혁이 유럽 대륙을 둘로 나누었다. 중세까지 유럽은 로마가톨릭으로 통합되어 있었으나, 마르틴 루터 이후 가톨릭과는 다른 여러 갈래의 신교 교파가 형성되었다. 유럽이 다시 하나의 종교로 통합될 것 같지는 않았다.

소르본 대학은 신교 교리를 배척하고 가톨릭 교리를 옹위하는 중심지가 되었다. 처음 루터가 '면죄부'를 비판하는 정도였을 때는 소르본 대학에서도 공개적으로 찬성하는 분위기였다고 한다. 그런데 루터가 결국 교황을 비판하고 아예 가톨릭의 핵심 교리들을 부정하는 방향으로 나아가자 그를 이단으로 단죄했다.

이단 단죄의 불이 붙은 것은 1523년이다. 아우구스티누스파 수도사 장 발리에르Jean Vallière는 루터의 교리에 찬성했다가 화형당했다. 소르본 대학은 고등법원에 지시하여 출판을 감시하고 학생들 방까지 뒤져서 이단 책들을 찾아내도록 했다. 신교 탄압이 본격적으로 불붙게 된 계기는 이른바 벽보사건이다. 1534년 10월 18일, 루아르 지역에 있는 앙부아즈성Château d'Amboise에서 국왕 프랑수아 1세가 아침에 일어나 보니 누군가가 대담하게도 왕의 침소 문에 격문을 붙여 놓았다. 내용은 미사 때 예수의 살과 피가 실제 현신한다는 교리는 오류라는 것이다. 유사한 사건이 파리, 오를레앙, 투르, 루앙에서도 일어났다. 이것은 가톨릭 교권에 정면으로 도전하는 행위일 뿐만 아니라 국왕권에도 도전하는 매우 중요한 문제다.

사실 이때까지 프랑수아 1세는 종교 문제에 무관심한 태도를 보였으나, 이런 정도라면 모르는 척 넘어갈 수 없다. 곧바로 '신교라는 이단'을 탄압하기 시작했다. 이해 11~12월에 30여 명이 화형을 당했다. 같은 해 이단과 싸우는 모임 중 하나로 이그나티우스 로욜라가 몽마르트르 옛 교회(생피에르 성당을 가리킨다)에서 예수회를 창설했다. 이 단체는 유럽 내부의 가톨릭 옹호와 유럽 바깥 지역에 대한 선교에서 중요한 역할을 맡게 된다. 신교와의 싸움에서 이기기 위해 이 시기에 생트샤펠에서 가시관을 전시했는데, 그걸 본 사람들의 머리카락이 쭈뼛 섰다고 기록은 전한다. 곧 파리에서 가혹한 탄압이 시작되면서 신교도에 대한 고문과 화형이 잇따랐다.

종교 갈등의 역사에서 최악의 사건 중 하나가 1572년 성 바돌로매Saint Bartholomew 축일의 학살이다. 샤를 9세의 모후인 카트린 드 메디시스가 종교 화해 정책의 일환으로 자신의 딸 마르그리트를 신교도 귀족의 지도자인 나바라의 엔리케 3세Enrique Ⅲ, 1553~1610(훗날 앙리

4세)와 결혼시키기로 했는데, 오히려 이 결혼식을 계기로 엄청난 학살극이 벌어졌다.

마르그리트Marguerite de Valois, 1553~1615, 일명 마르고Margot는 앙리 2세와 카트린 드 메디시스의 막내딸이다. 후대의 소설과 영화에서는 그녀가 수많은 남성과 밀애를 즐겼다고 하지만 이는 과장이다. 그녀는 할아버지 프랑수아 1세의 왕립도서관에 있는 책들을 읽으며 역사, 철학, 신학 공부가 상당한 수준에 이르렀고, 이탈리아어, 에스파냐어도 유창했으며, 춤도 잘 추고 류트 연주도 잘했다. 아버지 앙리 2세는 이런 막내딸을 아꼈다. 어머니 카트린 드 메디시스는 종교 화의를 위해 그런 딸을 이용한 셈이다.

마르고와 엔리케 3세의 혼례 날짜는 1572년 8월 18일로 정해졌다. 결혼식 하객으로 수많은 신교도 귀족이 파리로 와서 루브르 궁전에 머물렀고, 결혼식 후 일주일 동안 파티를 할 계획이었다. 가톨릭 극단파는 이를 기회로 삼아 신교도를 척결하는 유혈 파티를 계획했다. 이 비극적인 사건에 대해서는 지금까지 누가 어떻게 계획한 것인지 확실하게 밝혀지지 않았다. 결혼식이 끝난 후 8월 24일, 이날은 12사도 가운데 한 명인 성 바돌로매 축일이다. 이날 새벽, 루브르 궁전 옆에 있는 생제르맹로세루아 성당Église Saint-Germain-l'Auxerrois의 종이 급박하게 울렸다. 학살 개시 신호였다. 고색창연한 성당의 종소리가 수천 명의 피를 흘리게 만든 신호탄이었다는 게 더욱 끔찍하다. 가톨릭 귀족들이 "다 죽여라, 국왕이 명령하셨다!"라고 소리치며 뛰어다녔다. 파리는 한 편의 지옥도를 연출했다. 신교도들을 참수하고 옷을 벗기고 배를 갈라 내장을 꺼냈고, 그러면 아이들이 시체를 끌고 다녔다. 신교 지도자로 신망받던 가스파르 콜리니 제독의 집으로 쳐들어가 그를 죽이고 창 너머로 던진 후 시체를 훼손했다. 오늘날 루브르 옆 콜리니 저택이 있던 자리인 리볼리 거리Rue de Rivoli에는 그를 추념하는 기념물이 있다. 이틀 동안 수천 명이 학살되었다. 계몽주의 철학자 볼테르는 끔찍했던 8월 24일이 되면 자신의 몸에 열이 난다고 말했다.

파리의 학살 소식은 곧 프랑스 전역으로 퍼졌고, 오를레앙, 앙제, 리옹, 루앙, 툴루즈, 보르도 등 주요 도시에서도 신교도 학살이 자행되었다. 이해 가을은 전국이 학살의 피로 물들었다. 이후 20년 동안 프랑스 전역은 종교전쟁의 무대가 되었다. 자신의 결혼식이 대학살의 무대가 된 신랑 엔리케 3세는 그 후 4년 동안 파리에서 포로처럼 지내다 시피 했다. 알렉상드르 뒤마의 소설과 이를 바탕으로 한 영화에서는 마르고가 그의 탈출을 돕는 것으로 설정했으나, 그건 명확하지 않다. 하여튼 그는 어렵사리 파리를 떠나 자기 고향 나바라로 돌아갔다. 10여 년 뒤 그가 다시 파리로 돌아와 국왕이 되리라고는 누구도 상상하지 못했을 것이다.

16세기 말, 종교 갈등은 프랑스 왕위계승 문제와 맞물려 가히 폭발 지경에 이르렀다. 앙리 2세와 카트린 드 메디시스 사이에는 네 명의 아들이 태어났는데, 모두 불운한 운명을 맞았다. 장남 프랑수

성 바돌로매 축일의 학살에 희생된
신교 지도자 콜리니 제독 기념상.

아 2세와 차남 샤를 9세는 왕위에 올랐지만 허약하여 이른 나이에 죽었다. 3남 앙리 3세는 성 바돌로매 축일의 학살 사건 2년 뒤에 국왕으로 등극했다재위 1574~1589. 그 역시 몸이 약하고 자식이 없었다. 그러면 막내인 프랑수아가 앙리 3세의 뒤를 이어 왕위에 오르는 걸까? 그런데 1584년에 프랑수아가 말라리아에 걸려 요절함으로써 그럴 가능성은 사라졌다. 이제 대폭발의 뇌관이 준비되었다. 앙리 3세가 후사가 없으니 살리카법에 따라 촌수를 따져 다음 왕위 후계자를 준비해야 했다. 그런데 계승자는 다름 아닌 나바라의 엔리케 3세였다! 가톨릭 측으로서는 경악하지 않을 수 없었다. 다음 왕이 신교도이고, 더구나 그의 결혼식 때 모여든 하객 수천 명을 죽이지 않았던가. 그런 인물이 국왕이 되면 얼마나 엄청난 보복 학살이 벌어지겠는가.

가톨릭 극단파는 무슨 수를 써서라도 나바라의 엔리케 3세가 왕이 되는 것을 막아야 한다며 가톨릭 동맹을 맺었다. 이들의 지도자는 기즈 공작 앙리 1세1550~1588로, 강력한 캐릭터에 맞게 별명도 '흉터 난 얼굴Le Balafré'이었다. 파리는 온전히 가톨릭 동맹 편에 섰다. 현왕 앙리 3세가 다음 왕위 후계자인 나바라의 엔리케 3세와 타협하려 하자 파리 시민은 국왕도 배척하고 오직 기즈 공작의 명령만 따르겠다고 선언했다. 파리에는 바리케이드가 쳐졌다. 1588년 결국 국왕이 루아르 지역의 블루아성Château royal de Blois으로 도주하여 가톨릭 동맹과 전쟁에 들어갔다. 국왕 측과 파리를 중심으로 한 가톨릭 동맹 사이에 극한 대립이 지속되었다. 이들을 중심으로 파리와 전국이 소용돌이 속에 휩쓸려 들어갔다.

국왕이 선수를 쳐서 기즈 공작 앙리를 블루아성으로 유인해 살해 했다. 이에 맞서 광신도 재속 수도사인 자크 클레망Jacques Clément이 앙리 3세를 암살했다. 이제 발루아 왕조는 끝나고, 나바라의 엔리케 가 앙리 4세재위 1589~1610라는 이름으로 왕위를 차지함으로써 부르 봉 왕조가 시작되었다. 국왕이 되었다고는 하지만 많은 국민이 신교 도인 그를 완강히 거부하고 있는 터라 파리에 입성하지 못하고 군 대를 이끌고 파리 근교를 배회하며 기회를 노렸다. 파리는 5년 동안 포위된 상태에서 굶주림으로 고통을 받았다. 개, 고양이, 쥐까지 잡 아먹고 버텼지만, 이 시기에 3만 명 정도 사망했을 것으로 추산한다. 한 여인은 "먹을 게 없어서 항복하느니 차라리 내 자식을 잡아먹겠 다"라고 부르짖었다. 종교는 이 정도로 사람을 옭아매는가……

이런 상황에서 에스파냐가 간섭하고 들었다. 에스파냐령 네덜란 드에서 군대가 파리로 향한다는 소식이 들려오자 앙리 4세는 군대 를 철수했고, 파리 시민은 자신들의 정의로운 대의가 승리했다는 자 부심에 환호했다. 파리에서는 일종의 혁명정부가 공포정치를 시행 하고 있었다. 16명의 구청장이 모여 만든 16인위원회가 '단도로 찌 르고 목매달고 내쫓을 후보' 명단을 만들고 있었다.

이런 비상 사태를 수습할 방법이 무엇이란 말인가? 앙리 4세는 자신이 개종하지 않는 한 이 사태를 해결할 수 없다고 판단했다. 국민 다수가 가톨릭 신도인데 신교도로서 왕이 된다는 건 불가능하지 않겠는가. 앙리 4세가 개종하면서 "파리는 미사를 드릴 가치가 충분히 있다Paris vaut bien une messe"는 말을 했다고 하지만 근거는 없다. 사실 앙리 4세는 원래 가톨릭 세례를 받았고 파리의 가톨릭 학교(나바르 콜레주)에서 공부했다. 다만 종교적으로는 어머니와 함께 신교를 따르고 있었다. 이런 상황이니 신교를 버리고 가톨릭을 따르는 것이 절대 못 할 일은 아니었을 것이다.

앙리 4세는 1593년 생드니 성당에서 신교를 부인하고, 1594년 2월 27일에는 샤르트르 성당에서 축성식을 받았다. 파리의 사제와 시민은 처음에는 조롱하고 야유하며 국왕을 살해하겠다고 목소리를 높였지만, 결국 앙리 4세를 국왕으로 받아들였다. 그러지 않으면 어찌한단 말인가? 전쟁과 학살을 언제까지 지속한단 말인가? 드디어 3월 22일 국왕이 파리에 입성해 노트르담 대성당에 가서 〈테데움〉을 들었다. 추종자들이 거리마다 돌아다니며 모든 사람에 대한 사면과 평화를 선전했다. 파리는 국왕의 선한 의지를 일단 믿기로 했다. 어떻게 보면 국민 대부분은 국왕의 개종이 진짜인지 가짜인지 이제는 상관없다고 생각했을 터이다. 굶어 죽기 직전이었으니까. 파리에 이어 다른 지역들도 하나둘씩 국왕 편으로 돌아섰다. 제일 마지막까지 버티던 브르타뉴가 1598년 3월 국왕 편으로 돌아서서 마침내 프랑스 전체가 평화를 되찾았다.

이제 신교도는 어찌할 것인가? 이 문제를 처리한 것이 낭트칙령이다. 1598년에 마지막으로 국왕 편으로 돌아선 브르타뉴 지방의 대도시 낭트에 있는 브르타뉴 공작성에서 평화를 위한 칙령을 반포했다. 프랑스는 가톨릭 국가이되, 신교도는 예배의 자유를 누릴 수 있다는 관용을 선언했다. 파리와 주변 20킬로미터 이내 지역에서는 신교 예배가 금지되었지만, 실제로는 문을 닫아걸면 마음대로 예배할 수 있다. 신교도의 신변을 보장하기 위해 왕국 내 일부 신교 도시는 안전지대로 인정한다는 내용도 담고 있다. 라로셸, 몽펠리에, 몽토방 같은 신교 도시들은 스스로 보호하기 위해 강력한 무장을 했다.

사실 신교나 구교나 이런 식의 타협에 불만이 있었지만, 받아들일 수밖에 없었다. 30년 동안 지속된 유혈 참극을 어떻게든 종식시켜야 했다. 그렇지만 국민이 마음속 깊이 관용을 베푼 건 아니다. 한 나라에는 한 명의 국왕, 하나의 종교가 이상적이라는 것이 당대 사람들 생각이었다. 진정한 종교적 관용은 실로 이루기 어려운 이상이다. 낭트칙령은 '영구적이고 되돌릴 수 없다'고 선언했지만, 한 세기도 지나기 전에 그의 손자인 루이 14세가 홀랑 뒤집을 것이다.

Margot

16
파리의 신여성,
마르고

포르네 도서관
(옛 상스 저택)

나바라의 엔리케 3세가 프랑스 국왕 앙리 4세로 등극했을 때 마르고는 어떻게 되었을까? 엔리케가 파리에서 일종의 포로로 잡혀 있다가 나바라로 탈출한 다음, 마르고는 루브르에 남아 독서로 소일했다. 6년이 지나서야 풀려난 마르고는 네라크Nerac에서 우아한 궁정을 운영했다. 몽테뉴가 이곳을 방문했고, 자신의 《수상록》 초판을 그녀에게 헌정했다. 《사랑의 헛수고Love's Labour Lost》의 배경이 나바라 왕국인 것을 보면 윌리엄 셰익스피어도 이 특이한 궁정에 대해 들었던 것 같다. 그러나 정작 엔리케와 마르고의 사랑은 식을 대로 식었다. 정략결혼이었던 데다가, 결혼식 때 수천 명의 하객이 살해되는 끔찍한 사건을 겪지 않았던가. 사실 두 사람 모두 따로 연인을 두고 있었다.

마르고가 계속 연인들을 사귀며 돌아다니자, 급기야 오빠 앙리 3세와 남편 엔리케 3세가 1586년 마르고를 오베르뉴의 위송성Château d'Usson에 유폐하고 그녀의 연인을 참수했다. 유폐된 18년 동안 그녀는 책을 모으고 철학자, 시인과 회합을 열고, 무엇보다 그동안 자신에게 일어났던 일을 글로 남겼다. 이는 여성이 쓴 최초의 회고록으로 알려져 있다.

프랑스 왕위를 계승한 남편 앙리 4세는 갇혀 있는 마르고를 구하는 대신 왕권 쟁탈에 바빴다. 결국 그가 가톨릭으로 개종하면서 결혼 문제도 정리할 필요가 생겼다. 앙리 4세는 빨리 재혼하여 후계자를 얻고 싶고, 마르고는 자유로운 생활을 원했다. 두 사람 사이에 이혼, 정확히 말하면 '결혼 무효'에 관한 논의가 진행되었다.

먼저 말을 꺼낸 건 앙리 4세였다. 당시 마르고는 경제적으로 어려웠던 때라 이를 해결해 준다면 기꺼이 이혼에 응하겠다는 생각이었다. 그렇지만 왕실의 이혼 문제는 쉬운 일이 아니다. 특히 가톨릭에서는 이혼이 불가능하기 때문에, 최종적으로는 교황에게 탄원하여 원래 이 결혼이 성립되지 않으니 무효라는 허락을 받아야 한다. 잘 따져보니 자신들이 친척 관계였다는 점(유럽 왕실들의 가계도를 뒤지면 사실 다 친척 관계로 엮여 있게 마련이다), 둘 사이에 아이가 없다는 점을 부각하여 혼인 무효를 요청하기로 했다.

그런데 이때 문제가 터져 나왔다. 앙리 4세의 재혼 상대가 하필 가브리엘 데스트레! 앙리의 여러 애인 가운데 한 명이고, 그 사이에 이미 아이 셋을 낳았다. 마르고는 내 자리에 그런 천박한 여자가 들어앉는 꼴은 못 봐주겠다고 선언했다. 얼마 후 가브리엘이 임신중독으로 사망하면서 겨우 일이 풀렸다. 대개 감정싸움이 사람을 피 말리게 하는 법이지만, 일단 그 문제가 해결되면 일이 쉬워진다. 마침내 1599년에 교황 클레멘스 8세의 허락이 떨어졌다.

1년 뒤 앙리 4세는 이탈리아 여인을 모셔왔다. 16세기 후반 프랑스사를 빛낸 여걸 카트린 드 메디시스에 이어 두 번째로 메디치 가문의 여인이 등장한다. 바로 마리 드 메디시스이다. 앙리 4세 개인적으로나 프랑스 정부로서나 돈이 아쉬울 때인지라 이탈리아의 부유한 가문 여인을 원했다. 결혼 이야기가 어떻게 오갔고, 어떻게 마리가 프랑스로 왔고, 두 사람의 첫 만남은 어땠고 하는 모든 중요한 장면을 엄청나게 큰 화폭에 담은 페테르 루벤스의 그림을 루브르 박물관에서 볼 수 있다. 두 사람은 결혼하고 9개월 후 장래 루이 13세가 될 아들을 낳았다.

여러 제약에서 풀려난 마르고는 파리로 돌아가기로 했다. 1605년, 19년의 위송 생활을 청산하고 엄청나게 당당한 체구를 하고 파리에 입성했다. 아마 갑상샘저하증 때문인지 임신이 안 되고, 나이를 먹을수록 살쪘다. 그렇지만 패션 감각이 뛰어나서 유럽의 왕족과 귀족에게 큰 영향을 끼쳤고, 50대까지도 연인들을 두었다.

처음 그녀가 거처로 정한 곳은 상스 저택Hôtel de Sens이다. 오늘날 피기에 거리Rue du Figuier와 시청이 만나는 곳에 있는 고풍스러운 건물로, 15세기에 상스 대주교가 지었으며, 지금은 미술과 건축 분야 전문의 포르네 도서관Bibliothèque Forney이 들어서 있다. 그녀는 더 큰 저

상스 저택이었던 시절의 고풍스러움을 고스란히 간직하고 있는 포르네 도서관.

택을 짓는 몇 년 동안 이곳에 머물렀다. 마르고는 오베르뉴에서 스무 살 청년 두 명을 데리고 왔는데, 베르몽Vermont 백작과 다트 드 생 쥘리앵Date de Saint Julien이 그들이다. 이들의 운명에 대해서는 이설들이 있지만, 대체로 베르몽이 다트를 질투해서 살해하자 마르고가 상스 저택 대문 앞에서 베르몽을 참수했다는 내용이다.

마지막 스캔들을 뿌린 후 마르고는 말라케 강변로Quai Malaquais의 화려한 저택으로 이주했다. 이곳에서 예술 후원자이자 빈민을 돕는 자애로운 인물로, 그리고 신심 깊은 여인으로 명예를 누리며 살아갔다. 시인, 철학자, 학자 들이 그녀 주변으로 모여들었다. 그러니까 너무 그녀의 성적 분방함만 강조하는 건 온당치 못한 평가다.

이제 마르고는 전남편뿐 아니라 자신의 뒤를 이은 마리 드 메디시스에게도 우호적으로 대하는 여유가 생겼다. 자신의 유산을 물려줄 인물로 왕세자 루이를 지명한 것이다. 이는 정치적으로도 매우 중요한 의미를 띤다. 이전 왕조(발루아 왕조)와 새 왕조(부르봉 왕조)를 자연스레 연결한 것이다. 사실 앙리 4세는 워낙 많은 여성과 사귄 터라 어떤 여자가 느닷없이 아이를 들이밀며 왕위를 요구할 가능성도 있는데, 마르고가 왕세자를 적극 밀어줌으로써 그런 사태를 미리 막는 효과가 있었다. 1608년 마리 드 메디시스가 둘째 아들 가스통을 낳자 앙리 4세가 마르고에게 대모가 되어달라고 부탁했는데, 이 역시 '쿨하게' 수용했다. 정말로 아름다운 이혼의 모범 사례가 아닐 수 없다.

마르고는 1615년 62세의 나이로 드라마틱한 삶을 마감했다.

Henri IV

17

세계의 수도를 꿈꾼
앙리 4세

앙리 4세 암살 장소
퐁뇌프
(앙리 4세 동상) 도핀 광장
보주 광장

앙리 4세는 프랑스 역사에서 가장 훌륭한 국왕 그랑프리 후보로 꼽히곤 한다. 16세기 후반의 그 지독한 종교 갈등과 국정 분열을 현명하게 해결하고, 이후 안정과 번영의 기틀을 만든 것은 누가 뭐래도 선정善政의 사례라 할 수 있다. 악마가 가짜로 개종하며 자신들을 속였네 어쩌네 하며 크게 반발했던 파리 시민도 결국은 앙리 4세의 통치를 인정했다.

앙리 4세의 애민愛民 정신을 보여주는 말 가운데 하나가 "짐은 일요일에는 모든 프랑스 백성의 그릇 속에 닭이 들어 있기를 바라노라"이다. 이 역시 떠도는 말이지, 근거가 있는 건 아니다. 게다가 프랑스의 전통 요리인 코코뱅coq au vin(포도주에 닭고기와 각종 채소를 넣고 장시간 졸여 포도주향이 스며들도록 한 음식)이 앙리 4세의 말에서 비롯되었다는 것 역시 뜬소문이다. 그래도 내전이 벌어지는 동안 백성의 곤궁한 생활을 직접 본 국왕이 그들의 삶이 나아지기를 바라는 심정이었으리라는 점은 분명하다.

그렇지만 앙리 4세도 광신도의 칼에 죽임을 당하는 운명을 피할수는 없었다. 20년의 세월이 흐른 후에도 예전에 신교도였던 자가 국왕이라는 사실을 도저히 받아들일 수 없다고 생각하는 '돌아이'가 적지 않았다. 앙리 4세를 암살하려는 시도는 적어도 스물세 번 있었다. 특히 1594년 예수회 학생의 공격은 단도가 아슬아슬하게 목을 빗나가고 이를 하나 부러뜨렸다. 그러나 1610년의 스물네 번째 암살 시도를 피하지 못했다.

이번 암살의 성공 배경에는 파리 시내의 비좁은 거리에서 벌어지는 교통 체증 문제가 있다. 파리에는 말도 안 되게 좁은 길들이 있다. 시내 강변에 있는 '낚시질하는 고양이 거리'라는 뜻의 샤키페슈 거리Rue du Chat-qui-Pêche는 폭이 2.5미터, 프레보 거리Rue du Prévot는 폭이 1.8미터다. 암살사건이 일어난 곳은 폭이 4미터밖에 안 되는 페로느리 거리Rue de Ferronnerie다. 1610년 5월 14일 오후 4시경, 국왕이 탄 마차가 루브르 궁전에서 나와 페로느리 거리에 들어섰다. 제아무리 국왕이 탄 마차라고 해도 시장 마차들이 앞에서 길을 막고 있으면 빼도 박도 못한다. 아침부터 칼 한 자루를 숨긴 채 루브르 궁전 앞에서 왕이 지나가기를 기다리던 광신도 프랑수아 라바이야크François Ravaillac는 길이 막혀 서 있는 마차에 달려들어 국왕의 왼쪽 옆구리와 심장을 차례로 찔렀다. 앙리 4세가 암살된 페로느리 거리 11번지 근처 바닥에는 문장이 새겨진 검은 바닥돌이 깔려 있다.

그러나 이제 파리 시민 대부분은 이런 식의 종교 갈등에 진저리를 냈다. 서로 집단 살해극을 벌이던 시기로 돌아가는 건 용납할 수 없다. 시대가 바뀐 것이다. 종교 갈등을 부추기는 자를 증오하는 정서가 더해져서 라바이야크는 잔혹하게 처형되었고, 모든 과정이 아주 자세하게 기록되어 미친놈을 처치하는 미친 방법에 대해 잘 알 수 있다. 처형장에 들어선 라바이야크는 "오늘은 정말 힘든 하루가 되겠군" 하고 남의 말 하듯 내뱉었다. 황, 녹은 납, 끓는 기름과 송진 등을 들이붓고 불에 달군 집게로 살을 지지고 마지막에는 말 네 마리를 이용해 팔다리를 찢어 죽였으니, 과연 힘든 하루였을 것이다. 라바이야크가 사망하자 사람들이 달려들어 시체를 조각내고 그중 어떤 사람은 그 일부를 먹기도 했다. 앙리 4세가 왕이 될 때는 그토록 미친 듯이 증오하더니, 그가 죽자 이번에는 그를 죽인 자를 미친 듯이 증오한 것이다.

앙리 4세가 국왕으로서 파리에 입성했을 때 시내는 성한 집이 거의 없고 완전히 황폐해져 있었다. 온통 똥투성에 잦은 살육극으로 피범벅의 진흙이 두껍게 쌓인 상태였다고 한다. 앙리 4세는 이런 파리를 아름다운 '세계의 수도'로 만들겠다고 결심했다. 재상인 쉴리 공작 막시밀리앵 드 베튄과 상인 프레보인 프랑수아 미롱François Miron은 국왕의 뜻을 실현할 계획을 세워 실행에 옮겼다. 병원, 분수전, 다리, 광장, 거리 등을 정비하고, 센강의 물을 퍼서 공급하는 시설을 마련했으며, 오텔디외Hôtel-Dieu, 샤리테Charité, 생탄Sainte-Anne, 생루이Saint-Louis

등 병원들을 재건축했다. 그러면서 전체적으로 파리에 '숨 쉴 공간'을 만들기로 했다.

제일 먼저 손을 댄 것이 루이 세바스탱 메르시에Louis Sébastien Mercier 가 '파리의 심장'이라 일컬은 퐁뇌프였다. 퐁뇌프는 전왕인 앙리 3세 시절에 공사를 시작했지만 종교전쟁 통에 중단되었다가 낭트칙령을 선포한 해인 1598년에 공사를 재개했으나 건축 비용을 마련하기가 쉽지 않았다. 그래서 포도주 한 통마다 소비세를 부과해 경비를 충당했다. 1607년에 완공된 퐁뇌프는 처음으로 센강 양안을 직접 연결한 270미터 길이의 다리다. 건축가 바티스트 앙드루에 뒤 세르소Baptiste Androuet du Cerceau의 독창성이 돋보이는 이 다리는 그 위에 집들을 짓지 않고 오직 강을 건너는 용도로만 쓰인 보도 다리(인도교)로서 첫 번째 사례다.

이곳은 전망이 아름답기로 유명해서 파리 시민이 즐겨 찾는 산책 장소가 되었다. 다리 중간 반달 모양 지점에는 노점상이 들어섰고, 음악가와 곡예사 등도 몰려왔다. 그중에는 브리오셰Brioché라는 길거리 예술가가 유명했다. 그는 파리 최초의 마리오네트 예술가로, 그가 데리고 다니는 원숭이가 장난감 칼을 가지고 원하는 사람과 가짜 결투를 벌이는 쇼를 보기 위해 많은 사람이 몰려들곤 했다. 그러던 어느 날 사색에 잠겨 걷던 시라노 드 베르주라크에게 원숭이가 갑자기 칼을 겨누었다. 놀란 시인은 진짜 칼을 빼서 원숭이를 찔러 죽였다. 이 사건은 재판에 넘겨졌고, 배상 판결이 내려졌다. 그런데 베르

파리 시민의 휴식처가 된 보주 광장.

주라크는 돈이 아니라 시를 써서 배상했다! 원숭이 주인이 만족했을라나.

1614년 마리 드 메디시스가 죽은 남편을 기리기 위해 퐁뇌프 한 가운데 앙리 4세 동상을 건립했다. 후일 혁명이 한창인 1792년에 시민들이 이 동상을 부수어 센강에 던져버렸다. 이 가운데 말의 다리 하나, 장화 등 일부를 찾아내서 카르나발레 박물관에 보관하고 있다. 지금의 동상은 혁명과 나폴레옹 1세 시대가 지난 1814년에 다시 만들어 세운 것이다.

앙리 4세 시대에는 광장들도 조성되었다. 우선 퐁뇌프 인근에 도핀 광장Place Dauphine을 만들었다. '왕세자 광장'이라는 의미인데, 이는 장래 루이 13세가 되는 여섯 살의 어린 아들을 기념하여 붙인 이름이다. 우안의 마레 지역에는 국왕 광장Place Royale을 조성했다. 광장이 조성되기 전에는 그냥 공터여서 말을 사고파는 시장으로 쓰고 있었다. 국왕은 여전히 옛 버릇을 못 버리고 이 근처 지역에서 애인들과 밤새워 놀다가 새벽에 루브르 궁전으로 돌아가곤 했다. 그 문제 때문에 왕비는 울고불고하곤 했다고 한다. 하여튼 새벽에 왕궁으로 돌아가다가 이 공터를 멋진 광장으로 만들 생각을 하지 않았을까? 오늘날 보주 광장Place des Vosges으로 불리는 이곳은 벽돌과 석재로 지은 건물들이 둘러서 있고, 아케이드에 공방, 예술품 가게, 식당, 카페 들이 있으며, 잔디밭은 휴식처로 주변 학교 학생들과 파리 시민에게 사랑받는다. 보주 광장을 둘러싼 고풍스런 건물들 중에는 빅토르 위고가 살던 저택도 있다. 위고는 1832년부터 1848년까지 이곳에 머물며《레미제라블》등을 집필했다. 오늘날 이곳은 빅토르 위고 박물관이 되어 많은 사람이 찾고 있다. 그렇지만 정작 앙리 4세는 공사가 늦춰지는 바람에 완공을 못 보고 암살당했다.

엄청난 고난으로 시작했고, 또 비극적인 시해로 끝을 맺었지만, 그의 치세 시기에 프랑스는 평화와 번영을 되찾았으며, 문화적으로는 개화기를 맞았다.

Louis XIII

18

모후 정치의 거처,
뤽상부르 궁전

팔레루아알
◉

뤽상부르 궁전
◉

프랑스 역사에서 인기 높은 두 국왕인 앙리 4세와 루이 14세 사이에 끼어 있는 루이 13세의 치세는 별로 조명을 받지 못하는 경향이 있다. 게다가 국왕 자신은 강력한 재상 리슐리외에게 가려진 느낌이다. 그렇지만 그의 치세 33년은 프랑스 절대주의의 기초를 닦은 시기로 평가받는다. 그가 없었다면 루이 14세도 없었을 것이다.

부왕 앙리 4세가 급작스럽게 암살당한 1610년, 루이 13세는 아홉 살에 왕이 되었다. 그는 소심하고 약간 말을 더듬었다. 모후 마리 드 메디시스가 섭정을 했는데, 그녀의 고향 피렌체 출신인 콘치노 콘치니Concino Concini와 부인 레오노라 도리 갈리가이Leonora Dori Galigaï가 사실상 실권을 장악했다. 이들은 온갖 특권과 특혜를 누렸다. 귀족과 파리 시민은 이들을 증오했지만, 엄청난 재력을 가진 데다가 강력한 호위 무사들을 거느리고 있어서 달리 어쩔 수가 없었다. 이들은 자신들의 이해를 지켜줄 유능한 심복까지 두었으니, 아르망 장 뒤 플레시Armand Jean du Plessis, 곧 리슐리외 공작이다. 이 심복이 결국 그들을 배신하고 궁지에 몰아넣을 줄은 몰랐을 것이다.

1617년, 루이는 열여섯 살이 되었다. 지금까지 어머니와 그 친구들 때문에 찬밥 신세를 면치 못했던 루이는 자신보다 무려 스물세 살이나 많은 뤼네 공작 샤를 달베르Charles d'Albert, duc de Luynes와 사냥을 하며 시간을 보내고 있었다. 사실 루이 13세는 평생 특기가 사냥이고 취미가 사냥이고 대화 주제가 사냥이었다. 뤼네 공작도 그만큼이나 사냥을 좋아하는 까닭에 둘이 친해졌을 것이다. 그러던 어느 날, 두 사람은 사람 사냥에 대해 논의하게 되었다.

"전하, 언제까지 꿩이나 잡으며 시간을 허비하시려는지요……."

그리하여 루이는 뤼네 공작과 믿을 만한 동료 몇 사람과 논의하여 이탈리아 녀석들을 제거하기로 했다.

4월 24일 아침, 콘치니는 당당하게 로세루아 쪽 문을 통해 루브르 궁전으로 들어오려는데, 궁정 경호대장 비트리 남작Baron de Vitry이 나타나서 "국왕 명령으로 당신을 체포하오!" 하는 게 아닌가. 내가 누군지 아느냐며 옥신각신하던 중에 돌연 경호대장이 총을 쏴서 그를 살해했다. 창문으로 이 상황을 지켜보던 국왕은 "지금부터 내가 왕이다!"라고 말했다고 한다. 국왕이 주도한 일종의 쿠데타였다.

콘치니는 생제르맹로세루아 성당의 오르간 밑에 묻혔는데 시민들이 시체를 도로 파내서 끌고 다니다 퐁뇌프에서 교수대에 매달고 팔다리를 자르고 불태우고 재를 센강에 버렸다. 레오노라 갈리가이는 며칠 후 마녀 판정을 받고 산 채로 화형을 당했다. 파리 시민은 아직 종교전쟁 당시의 살벌한 기질을 다 털어내지 못한 모양이다.

5월 3일, 모후 마리 드 메디시스는 아들의 지시에 따라 루아르 지역의 블루아성에 유폐되었다. 2년 후인 1619년, 47세의 모후는 밧줄을 타고 40미터의 벽을 내려와 탈출에 성공했다. 앙굴렘성으로 간 그녀는 곧 국왕을 상대로 봉기를 선포했다(모자간의 전쟁). 어머니가 계속 이런 식으로 말썽을 피우면 곤란하다고 판단한 국왕은 리슐리외의 중재를 받아들여 어머니가 파리로 돌아오도록 했다. 파리에 온 그녀는 우선 자신이 거주할 저택 건축에 매달렸다. 이것이 뤽상부르 궁전Palais du Luxembourg이다. 원래 모후는 1612년 이곳에 있던 뤽상부르 공작의 집과 8만 제곱미터의 땅을 사들여 피렌체의 피티Pitti 궁전과 비슷한 궁전을 지으려 했는데, 외지로 쫓겨나는 바람에 미루고 있었던 것이다. 파리로 돌아와 본격적으로 공사를 진행하여 1625년에 완공했다. 오늘날 이 건물은 프랑스 상원 의사당으로 쓰이고, 넓고 아름다운 정원은 파리 시민의 사랑을 받는 공원이 되었다.

마리 드 메디시스는 다시 정치에 간여하기 시작했고, 정책 방향을 놓고 리슐리외와 충돌했다. 그녀와 뜻을 같이하는 편은 가톨릭 신앙을 강조하는 인사들로서 경건파dévots라고 불렸으며 지도자는 미셸 드 마리야크Michel de Marillac였다. 왕의 동생 오를레앙 공작 가스통Gaston d'Orléans도 여기에 동참했다. 반대로 리슐리외는 종교보다는 프랑스의 이해를 중요시했다. 그러고 보면 경건파는 16세기 종교전

화려한 프랑스식 정원을 뽐내는 뤽상부르 궁전.

쟁 시기의 가톨릭 동맹을 연상시킨다. 다만 오해하지 말아야 할 점은, 리슐리외 측이라고 해서 가톨릭 신자가 아닌 게 아니고, 경건파라고 해서 왕권 강화와 국력 강화에 반대하는 게 아니라는 점이다. 주안점이나 방법의 차이라고 하는 게 맞다. 경건파는 되도록 전쟁을 피하고 우선 국내를 안정시켜야 한다고 주장했고, 리슐리외는 당시 유럽의 국제 상황을 고려할 때 신성로마제국과 에스파냐의 힘을 누르는 게 급선무라고 주장했다.

1630년, 양측의 갈등이 폭발했다. 모후가 리슐리외를 맹렬하게 공격했다. 그러자 국왕은 리슐리외와 함께 모후가 머무르는 뤽상부르 궁전으로 찾아가 화해를 종용했는데, 모후는 역정을 냈다.

"국왕께서는 어미보다 저 천한 인간을 좋아하십니까?"

리슐리외는 무릎을 꿇고 모후의 옷에 입을 맞춰 순종을 표시했지만, 왕은 한마디도 없이 방을 나가버렸다. 리슐리외의 머릿속에는 '이제 글렀구나. 죽음을 면치 못하겠군' 하는 생각이 스쳤을 것이다.

리슐리외는 자기 거처로 돌아가서 마음의 준비를 했다. 그날 오후 국왕은 베르사유의 별궁으로 가까운 신하 두 명을 불러 추기경과 국정에 대해 깊은 대화를 나누었다. 그러고는 리슐리외를 불렀다. 그는 왕에게 모자간 불화의 원인이 될 수 없으니 물러나겠다고 말했다. 그런데 국왕은 오히려 "어머니보다 국가에 더 애착을 갖는다"라고 말하지 않는가. 같은 시각 파리에서는 모후가 승리를 예감하고 마리야크를 불러 당신이 곧 재상이 될 테니 준비하라고 들떠서 이야기하고 있었다.

다음 날 아침, 국왕이 파리로 돌아와서 마리야크를 체포했다. 모후에게는 리슐리외의 존재와 역할에 대해 시비 걸지 않는다는 조건으로만 참사회에 올 수 있다고 선언했다. 그녀는 이 제안을 단호히 거부하고 뤽상부르 궁전을 떠나 콩피에뉴로 망명했다. 리슐리외의 친구인 풍자 시인 기욤 보트뤼Guillaume Bautru는 이 극적인 사건이 일어난 날을 '속은 자들의 날Jour des Dupes'이라고 명명했다.

마리 드 메디시스는 죽을 때까지 프랑스에 반대하는 적대세력을 모으려고 동분서주했지만, 나중에는 돈이 떨어져서 가난하게 살다가 1642년 사망했다. 마리 드 메디시스를 제거한 리슐리외는 거칠 것 없이 자신의 정책을 밀어붙이다가 6개월 뒤에 사망했다. 루이 13세 또한 평생 자신을 보필한 재상이 죽고 약 6개월 후 사망했다.

뤽상부르 궁전은 마리 드 메디시스가 그토록 심혈을 기울여 지었건만 집주인이 얼마 못 살고 떠나버린 후 루이 13세의 동생 오를레앙 공작 가스통과 그 딸을 거쳐 루이 14세의 수중으로 넘어갔다. 1750년에는 최초의 미술관으로 변모하여 루이 14세가 소장한 회화 작품 수십 점을 전시하고, 일주일에 이틀 간 공개했다. 한편, 리슐리외가 1624~1636년에 지은 추기경궁Palais Cardinal에는 뱃머리를 닮은 갤러리가 있었는데, 추기경이 해군성 장관도 겸임했기 때문이다. 그가 죽으면서 이 건물은 왕실 소유가 되어 팔레루아얄Palais Royal이 되었고, 루이 13세의 소유가 되었다가 오를레앙 공작 가스통에게 넘어갔다. 팔레루아얄 지구는 18세기에 황금기를 맞는다. 루이 16세의 사촌인 오를레앙 공작 필리프(후일 필리프 에갈리테Philippe Égalité)가 돈이 필요해지자 이곳에 아케이드를 지었는데, 1784년 완공된 후 카페와 오락 시설이 몰려들며 파리의 명소가 되었다. 나중에 이 목제 아케이드를 허물고 오늘날 볼 수 있는 석재로 다시 지었으며, 그 후 공원으로 바뀌었다.

뤽상부르 궁전이나 팔레루아얄뿐 아니라 파리 시내에는 새로운 지역들이 생기고 우아한 저택들이 지어지면서 변화를 맞았다. 마레에는 새로운 저택들이 들어섰다. 이는 주택이라기보다는 일종의 성(샤토)이라 할 정도로 규모가 크다. 반면 도핀 광장과 보주 광장에는 파비용pavillon이 들어서는데, 이는 오텔hôtel보다는 덜 비싼 대신 우아하며, 귀족적이기보다는 부르주아적이다. 이곳 주민은 같은 정원을 공유하고 창문을 통해 서로의 안부를 묻는 '이웃'이 되었다. 그 아래로는 더 규모가 작은 메종maison급 건물들이 있다.

Cour des miracles

19

걸인의 궁전과
순례자의 탑

케르 거리

생자크탑
(옛 생자크 교회 터)

시내에 고급 주택들이 들어섰지만, 서민은 여전히 주택 부족 문제로 고통을 받았다. 살 집이 없으니 나름대로 대처해야 했다. 한 집을 나누어 둘로 만들고, 한 층을 더 올리거나 정원을 주거 공간으로 만들었다. 1637년 41만 5,000명이 2만 채에 살았으니, 한 집에 평균 21명이 거주했다는 의미다!

17~18세기에도 파리 시내의 생활환경은 한심한 수준이었다. 아마 타임머신을 타고 당시 파리로 가본다면 제일 먼저 도시 전체에 심한 악취가 진동하는 데에 놀랄 것이다. 공중변소가 없으니 사람들이 대충 으슥한 곳에서 볼일을 보기 때문이다. 서민 지역에서는 분뇨를 아무 데나 버리고, 특히 2층에서 거리로 요강을 비우곤 해서 절대 조심해야 했다. 말과 돼지 분뇨도 넘쳐났는데, 그래도 한 가지 좋은 점은 말똥을 이용해 아주 좋은 버섯을 재배한다는 점이다. 고블랭 공장의 오폐수, 도축장에서 나오는 오물들은 센강 지류인 비에

브르강으로 그냥 흘려보냈다.

거리는 포장이 안 되어서 진창길이었다. 비좁고 더러운 길 위로 수많은 마차가 오갔다. 1630년대에는 시내에 마차가 4,000대쯤 운행되었으나 17세기 말에는 2만 대로 늘었다. 요즘 부자가 자동차에 집착하듯 당시 귀족과 부호는 마차에 집착했다. 절대 걸어다니지 않는 이분들에게 마차는 신분과 부의 상징 그 자체였다. 그렇지만 서민에게도 탈것이 있어야 하지 않겠는가. 1662년 공중 합승마차omnibus 제도가 도입되었다. 화려한 색의 마차 일곱 대가 운행되었으나 이용료가 너무 비싸서 서민이 타기에는 부담스러웠다. 그러니 선보인 날부터 사람들이 마차에 돌을 던졌고, 얼마 안 가 사라졌다. 합승마차는 1828년에야 다시 등장하게 된다.

서민 축에도 낄 수 없는 빈민과 걸인 또는 유랑민의 무리가 있다. 시의 구호를 받을 수 있으면 다행이지만, 그런 사람 수가 너무 많다는 게 문제다. 주변 농촌 지역에서 굶어 죽을 위기에 처한 사람들은 일단 파리 같은 큰 도시로 가면 살길이 있다고 믿었다. 시 당국은 감당할 수 없는 빈민들을 성 밖으로 내몰았다. 그렇지만 이들은 한쪽 문으로 쫓아내면 곧 다른 문으로 다시 들어왔다.

가난한 사람은 신의 특별한 아이들이라고 동정 어린 눈으로 보던 때도 있었다. 예수나 성인들은 이 세상에 계실 때 다 거지들 아니었던가. 부잣집 문을 두드리는 사람은 하느님이 보낸 사자이며, 한겨울 추위에 헐벗고 서 있는 이가 바로 예수라고 하지 않았던가. 그렇지만 도와주어야 할 사람이 급증하다 보면 그런 고상함이 더는 설 자리가 없다. 중세에서 근대로 넘어오며 부와 빈을 바라보는 시각이 크게 바뀌고, 빈민에 대해 부정적으로 인식했다. 빈민은 게으르고 더럽고 위험한 존재로, 공공 부조를 축내는 사람들로 취급되었다. 1596년 파리 고등법원은 파리로 몰려온 유랑민들에게 24시간 이내에 파리를 떠나지 않으면 재판 없이 교수형에 처한다는 조치를 발표했다.

구걸과 유랑은 그 자체가 범죄였다. 체포한 유랑민은 채찍질하거나 달군 쇠로 낙인을 찍었다. 다시 잡히면 재판 없이 바로 처형하거나 갤리선 노역수 또는 식민지 일꾼으로 보내버렸다. 유명한 의사 기 파탱Guy Patin의 증언에 따르면, 시외르 오브리Sieur Aubry라는 사람은 퐁뇌프에서 졸고 있는 걸인을 재미 삼아 살해한 스릴킬러thrill killer였다.

유랑민 중에는 순례자도 있었다. 중세부터 많은 순례자가 산티아고데콤포스텔라로 향했다. 파리에서 떠나는 순례자들은 길을 나서기 전에 순례자의 수호성인인 생자크를 모신 교회에 들렀다. 시내에 푸주한들이 모여 사는 지역에 생자크 교회Église Saint-Jacques-de-la-Boucherie가 있었다. 오늘날 교회 건물은 흔적만 있고 리볼리 거리에 생자크 탑만 남아 있다. 이 탑 위에는 자크 성인 동상이 있어서, 순례자들은 298개의 계단을 올라가 순례 지팡이bourdon에 축성을 받았다. 그런데 순례자라고 모두 신심이 깊은 건 아니어서, 실제로는 도둑질이나 구걸을 하는 사람도 많았다.

온갖 수를 다 써도 걸인은 줄어들지 않았다. 흉년이 든 시골에서 끊임없이 충원되기 때문이다. 1587년 7월 중순, 파리의 걸인은 1만 7,000명으로 집계되었다. 이들은 기적궁cour des miracles이라 불리는 시내의 일정 구역에 모여 살았다. 그런 이름이 붙은 이유는 이곳 주민이 시내에 나가서 불구인 척하며 구걸을 하다가 저녁에 돌아오는 순간 맹인이 눈을 뜨고, 절름발이가 뛰어다니는 기적이 일어나기 때문이다. 이들은 각자 주특기를 하나씩 가지고 있었다. 거리에서 기절하는 사람, 목발에 의지한 절름발이, 도움이 필요한 순례자, 간질 환자, 네발로 기어 다니는 사람, 상이군인 등등. 이곳 주민은 13세기 이래 경찰 통제에서 벗어나 숨어 살았다. 이들은 자신들만의 지도자는 물론이고, 관습법과 언어를 가지고 있었다. 주민은 매일 저녁 번 돈의 일부를 지도자에게 바치고 남은 돈으로 술을 마시며 놀았다. 내일을 위해 비축하는 일은 이곳 정서에 맞지 않았다.

빅토르 위고는 《파리의 노트르담》에서 이 지역을 문학적으로 표현했다. 작품에서 묘사한 곳은 오늘날의 케르('카이로') 거리Passage du Caire인데, 이 지역은 막다른 골목과 계단 등의 미로 위에 지어졌고, 이 끝이 기적궁으로 이어진다. 소설 속 인물 피에르 그랭구아르Pierre Gringoire는 이곳에 잘못 발을 들여놓았다가 붙잡혀 이곳 왕인 클로팽 트루유푸Clopin Trouillefou 앞에서 재판을 받는다. 거지나 소매치기 같은 부류가 아니면 무단침입죄가 된다. 자신이 시인이라고 정체를 밝힌 피에르는 유죄판결을 받아 교수형에 처할 위험에 빠진다. 그가 죽음을 면하기 위해 마지막으로 소매치기 시험에 응해보는데, 쉽지 않다. 기우뚱거리는 의자 위에서 오른발을 왼발에 감고 왼발 끝으로 서서 앞에 있는 허수아비의 호주머니를 뒤져 지갑을 꺼내는 일이다. 이때 허수아비에 달린 방울들 소리가 나면 탈락이다. 억지로 시도해보았지만 역시나 방울들이 일제히 쩔렁거린다. 이제 꼼짝없이 죽는 수밖에 없다. 마지막 희망은 이 구역 여인 중 누군가가 그를 불쌍히 여겨 결혼해주는 것이다. 이때 아름다운 집시 여인 에스메랄다가 연민을 느껴 그와 거짓 결혼을 해주어 목숨을 구한다. 결혼 의례도 간단하다. 원로인 이집트 공작이 단지 하나를 건네주며 던지라고 말한다. 단지가 네 조각으로 깨지자 공작은 피에르와 에스메랄다의 이마에 손을 얹고 말한다. "이 여자는 네 아내다. 누이여, 이 남자는 네 남편이다. 앞으로 4년 동안 같이 자!"

1560년 이곳 인구가 4만 명에 이르렀다고 하는데 확인할 길이 없다. 루이 14세 시대인 1667년, 주변 지역 주민의 청원으로 경찰청장 가브리엘 니콜라 드 라 레니Gabriel Nicolas de la Reynie가 나서서 이 지역을 철거했다고 한다.

20

루이 14세와
베르사유

생퇴스타슈 교회
(콜베르의 묘)
노트르담 대성당
베르사유
(베르사유 궁전)
맹시
(보르비콩트성)

루이 14세1638~1715, 재위 1643~1715는 프랑스 역사상 가장 유명한 왕일 것이다. 72년 동안 재위했으니, 프랑스 역사에서 가장 오래 왕권을 행사한 주인공이기도 하다.

부왕 루이 13세와 모후 안 도트리슈는 1615년에 결혼했는데 20여 년이 지나도록 아이가 생기지 않았다. 왕비는 아이를 갖게 해준다는 각지의 성당에 찾아가 기도를 드리고 기부를 했다. 오랜 기다림 끝에 얻은 아들이라 루이는 '디외도네(신이 주신 아이)'라 불렸다. 왕비는 특히 많은 도움을 주었다고 생각하는 파리의 노트르담 대성당 중앙 제단의 마리아상 왼쪽에 무릎을 꿇고 왕관과 왕홀을 바치는 루이 13세의 상을 설치했다. 나중에 마리아상의 오른쪽에 루이 14세가 심장이 있는 왼쪽 가슴에 손을 얹어 신심을 표시하는 상을 두어 짝을 이루게 했다.

병약한 부왕 루이 13세가 42세로 일찍 사망하는 바람에 루이 14세는 다섯 살에 왕위에 올랐고, 어머니 안 도트리슈와 마자랭이 섭정을 맡았다. 마자랭은 선왕 때 리슐리외의 자리를 이어받아 재상이 되었다가 어린 왕의 멘토가 된 것이다. 어린 루이는 부왕에게서 전쟁을 물려받았다. 역사가가 아니라면 30년전쟁(1618~1648년)이 익숙하지 않을지 모르겠으나, 상대적인 비율로 따지면 20세기의 제1, 2차 세계대전을 합친 것보다 피해가 더 크다고 할 정도의 대규모 국제전쟁이었다. 전쟁은 1648년에 끝나지만, 그 여파로 프랑스와 에스파냐 간 전쟁은 그 후로도 한참 더 이어졌다.

오랜 기간 전쟁을 하다 보면 결국 전쟁 자금을 확보하기 위해 더 많은 세금을 물리게 되고, 귀족, 부르주아, 서민 할 것 없이 모든 사람의 불만을 살 수밖에 없다. 왕권이 약해진 시기에 오랜 기간 쌓인 불만이 한꺼번에 터져 나왔다. 루이 14세의 치세 초기 약 6년 동안 그야말로 항의할 능력이 있는 사람이면 누구나 다 참여한 초대형 봉기가 일어났다. 이 사건을 '프롱드의 난La Fronde'이라 부른다. 먼저 법관이 들고일어났다. 파리 고등법원이 자신들의 정치적 결정권을 주장하고 나선 것이다. 곧이어 대귀족이 참여하고, 부르주아 역시 국가의 조세 부담에 항의하며 봉기에 나섰다. 그러자 소시민이나 하인도 길거리 투쟁에 참여했다.

정부의 대응이 중요한 변수일 터인데 마자랭은 더할 나위 없을 정도로 일을 그르쳤다. 고등법원 판사 두 명을 체포하자 봉기가 폭발했다. 시내에 바리케이드를 치는 것은 파리의 오랜 전통이라지만,

그래도 그렇지, 이 시기에는 바리케이드가 1,000개 이상 들어서서 시내를 완전히 봉쇄했다. 견디다 못한 안 도트리슈와 마자랭은 어린 국왕의 손목을 잡고 파리 외곽의 생제르맹앙레Saint-Germain-en-Laye로 야반도주했다. 루이는 이때 느낀 공포의 기억을 평생 간직했다. 그에게 파리는 무섭고 두려운 곳, 세상에서 가장 광포하게 날뛰는 군중이 모여 사는 곳이다(크게 틀린 생각도 아니다). 나중에 파리에서 20킬로미터 떨어진 베르사유에 성을 지어 궁정을 옮긴 것도 이런 기억과 무관치 않다.

극단적인 봉기는 극단적인 방식으로 마무리된다. 권력 다툼에 혈안이 된 대귀족이 서로 무장투쟁을 벌이는 내전 단계에까지 이르자 시민이 염증을 냈다. 가렴주구의 국왕도 나쁘지만, 국왕 없는 무정부 상태는 더욱 피곤하다는 사실을 깨달은 것이다. 차라리 젊은 국왕이 권력을 잡고 나라를 잘 다스리는 게 훨씬 낫다고 판단한 시민들이 국왕에게 파리로 돌아오라고 호소했다. 루이는 승리의 분위기에서 파리로 돌아와 곧바로 마자랭을 복귀시켰다. 프롱드의 난은 기이한 방향으로 끝났다. 처음에는 귀족부터 서민까지 모든 사람이 국왕에게 저항했다가 끝판에는 너나 할 것 없이 누구나 국왕에게 복종을 약속하는 이른바 '복종의 전염병' 사태가 벌어졌다. 모든 권위가 실추한 가운데 왕권만 홀로 강력해졌다! 이른바 절대주의는 루이 14세의 작품이기 이전에 국민이 원하는 바였다.

1661년, 지금까지 국왕을 보필하던 마자랭이 사망했다. 국왕은 새로운 재상이 필요했다. 니콜라 푸케와 장 바티스트 콜베르가 물망에 올랐다. 누가 보더라도 강한 권력과 엄청난 부를 가지고 있는 푸케가 재상으로 선발되리라고 예상했다. 푸케도 그렇게 생각했을 것이다. '내가 어디까지 오르지 못할까Quo non ascendam?'라는 그의 모토가 그의 자신감을 반영한다.

그렇지만 국왕은 푸케를 치려 했다. 강한 권력을 쥔 인물이 국왕을 조정하려는 건 피해야 한다. 이런 속사정을 모르는 푸케는 국왕에게 확실한 인상을 심어주기 위해 맹시에 있는 자기 저택 보르비콩트성Château de Vaux-le-Vicomte으로 국왕을 초대했다. 그러고는 '지상 최대의 쇼'를 준비했다. 국왕이 보르비콩트에 도착해보니 우선 건물의 화려함이 압도했다. 이 성에 비하면 왕궁인 루브르는 촌티가 난다. 파티 또한 압권이다. 음악 담당은 장 바티스트 륄리이고, 연극 담당이 몰리에르, 음식은 당대 최고 셰프인 프랑수아 바텔François Vatel이 맡았다. 국왕이 입장하자 불꽃놀이에 금가루가 쏟아지더니 음식이 금 그릇에 담겨 나왔다. 지나친 건 결국 역효과를 낸다. 국왕은 이런 놈을 그냥 두면 안 되겠다고 별렀을 것이다. 전적으로 이 파티 때문에 푸케가 실각했다는 건 과장이지만, 분명 국왕의 마음을 더 굳히게 만든 한 요소일 것이다.

국왕은 2인자인 콜베르를 조용히 불러 푸케를 뒷조사하도록 지시했다. 콜베르로서는 라이벌을 뒤에서 공격하라고 국왕이 지시를 내리시니 얼마나 신났겠는가. 그렇게 은밀히 조사하다가 어느 날 푸케를 전격 체포하고 바로 재판에 넘겼다. 부패와 독직은 그렇다 치고, 얼토당토않은 대역죄 혐의까지 뒤집어씌웠다. 푸케가 군사를 준비해 쿠데타로 국왕이 되려 했다는 것이다. 그러고는 그를 사형에 처하지 않고 알프스 지역의 피녜롤Pignerol 감옥에 가두었다. 푸케는 이 추운 감방에 18년이나 갇혔다가 정신병에 걸린 채 옥사했다. 이제 루이 14세가 자신의 권력을 올곧게 휘두를 준비를 마쳤다.

조만간 루이 14세는 자기 권력의 처소로서 베르사유 궁전을 짓는다. 건축가 루이 르보, 화가이자 장식가 샤를 르브룅, 정원사 앙드레 르노트르 등 당대 최고 인재들이 국왕의 부름을 받고 이 공사에 동원되었다. 이들은 원래 푸케가 보르비콩트성을 지을 때 고용했던 사람들이다. 국왕은 푸케를 처치하고는 그의 사람들을 빼내 자신의 성을 짓는 데에 사용한 것이다. 권력이란 얼마나 잔혹한가.

La Grande Capitale

21

수도의 위엄,
루브르와 튀일리

몰리에르 분수

튀일리 공원

루브르 박물관 남쪽 파사드

앵발리드

베르사유
(베르사유 궁전)

　루이 14세는 죽을 때 자신이 평생 너무 많은 전쟁을 벌이고 너무
많은 건물을 지은 걸 후회했다고 한다. 분명 전쟁은 큰 도움이 안 되
었으나, 베르사유 궁전을 비롯한 건축물들은 후손에게 관광 자원으
로 엄청난 이익을 안겨주고 있다. 사실 그는 파리를 증오했고 결국
베르사유 궁전을 지어 파리를 떠났지만, 그래도 파리시의 미화 작업
을 추진했다. 이 작업을 맡은 인물은 장 바티스트 콜베르였다. 콜베
르는 파리를 새 로마, 장대하고도 청결한 도시로 만들겠다는 꿈을
가지고 있었다. 콜베르의 지휘 아래 루이 르보, 쥘 아르두앙 망사르
등 주요 건축가들이 활약했다. 루이 14세 치세 초만 해도 중세도시
에 가까웠던 파리는 콜베르의 손을 거쳐 근대화되어 갔다.

　콜베르의 과제는 국왕이 거주하는 위대한 수도에 걸맞은 위엄을
갖춘다는 것이다. 우선 중심부의 궁성을 손보았다. 특히 앙리 4세 때
시작된 루브르 궁전 확장 사업을 지속했다. 콜베르는 루브르 정면

파사드를 새로 짓기 위해 당대 이탈리아 최고의 조각가이자 건축가인 잔 로렌초 베르니니를 모셔와서 그의 설계안을 받았다. 그렇지만 아무리 천재의 위대한 작품이라고 해도 건축은 현지의 분위기와 어울려야 한다. 파리의 분위기에 맞는 안이 아니라고 판단한 국왕 측은 베르니니의 안 대신 클로드 페로의 안을 채택하여 열주列柱가 있는 고전주의 파사드를 완성했다. 이는 프랑스 고전주의 건축의 시대를 연 중요한 작품으로 평가받는다. 또 튀일리 궁전Palais des Tuileries은 르보가 궁전을 확장하고, 르노트르가 멋진 공원을 꾸며놓아, 전 유럽에서 공원의 모델이 되었다.

병원 시설과 구호 시설도 지었다. 살페트리에르 병원Pitié-Salpêtrière Hôpital에는 빈민, 창녀, 정신질환자 등 다양한 사람을 수용했다. 날씨가 좋은 날에는 이 병원의 작은 방에 갇혀 있던 정신병 환자(또는 그런 취급을 받는 사람들)들을 데리고 나와 벽에 붙은 작은 의자에 앉혀 햇볕을 쬐게 했다. 다만 벽에 박힌 고리에 끈으로 묶어놓은 상태였다. 일요일이면 주변 지역 사람들이 아이들을 데리고 와서 이 환자들을 구경시켰다!

상이군인을 수용한 앵발리드 또한 중요한 시설이다. 부상병은 오랫동안 길거리나 퐁뇌프 같은 곳에서 지나는 사람들에게 자신의 상처를 보여주며 구걸하며 살아가고 있었다. 1670년 루이 14세는 건축가 리베랄 브뤼앙에게 앵발리드 건축을 맡기고 1671년에 초석을 놓았다. 이곳은 3,000명까지 수용할 수 있는 큰 건물이다. 이 시설을

유럽 공원의 모델이 된 튀일리 공원.

찾아온 사람들에게는 옷가지와 일거리를 제공했다. 프랑수아 루부아François de Louvois 장군은 이 사람들에게 일거리를 주기 위해 신발 제조 같은 여러 작업장을 만들었다. 전직 군인 대부분이 허구한 날 술 마시고 노는 옛 습관을 버리지 않아서 엄격한 군기가 필요했다. 종소리와 북소리로 일상을 규제하고, 미사 참여를 의무화했다. 미사에 참석했다는 증명서가 있어야 외출할 수 있었다. 규칙을 어긴 사람들에게는 포도주를 배급하지 않거나, 목마에 태워 전시하는 처벌이 내려졌다.

전쟁성 장관인 루부아는 자신감이 넘치다 못해 오만했다. 앵발리드의 국왕 문장 옆에 자기 문장을 새겨넣도록 했는데, 루이 14세가 이를 알고 분노하여 당장 치우게 했다. 그는 죽으면서 자기 시신을 앵발리드에 안치하라고 지시했으나 이 역시 국왕이 막아버렸다. 이런 일을 예상한 루부아는 지붕 가장자리에 눈을 부릅뜨고 아래를 내려다보는 늑대 조각상을 만들어 놓았다. 프랑스어로 '늑대가 본다'는 'Loup voit'의 음은 '루 부아', 즉 자기 이름과 같다. 이 사실을 알게 된 루이 14세는 "저 같은 일 했구먼" 하고 말했다고 한다.

루이 14세 시대에는 연극이 꽃을 피웠다. 당시 관객 분위기는 매우 험해서 경시청이 무기를 가지고 연극을 보러 가는 것을 금지할 정도였다. 객석에 있던 군인이 행패를 부리는가 하면, 귀족이 자신들을 조롱한다는 이유로 배우를 때리기도 했다. 외설적인 내용도 많아서 점잖은 여인은 극장 출입을 삼가기도 했다.

이 시기에 가장 유명한 연극인은 몰리에르다. 몰리에르는 유랑극단을 쫓아다니다가 1658년 극단을 만들어 큰 성공을 거두었고 왕실의 지원도 받았다. 그는 웃음으로 인간의 악덕을 비판했다. 《타르튀프》는 종교적 위선을, 《인간혐오자》는 반사회적 행태를, 《서민귀족》은 신분 상승 욕구를, 《재치를 뽐내는 아가씨들》은 귀족 여인의 잘난 척하는 태도를, 《상상병 환자》는 건강 염려증을 비판했다. 몰리에르는 이 마지막 작품을 연기한 후 집에 가서 피를 토하고—상상의 병이 아니라 진짜 병으로—사망했다. 생퇴스타슈 교회Église Saint-Eustache에서는 그가 배우라는 이유로 매장을 거부했다. 연극이란 하느님이 만든 질서를 흩뜨려놓고 희롱하는 작태이기 때문이라는 것이다. 몰리에르를 옹호하던 루이 14세가 개입한 후에야 겨우 몽마르트르 거리의 생조제프 묘지Cimetière Saint-Joseph에 묻힐 수 있었다. 일설에 따르면 바로 그날 밤 열렬 신자가 묘를 파내고 시신을 길거리에 던졌다고도 한다. 1844년, 그가 죽은 곳40 Rue de Richelieu 가까이에 몰리에르 분수를 설치했다. 분수 양쪽에서 몰리에르의 작품을 들고 있는 두 여인은 각각 비극과 희극을 상징한다. 이 분수는 왕이 아닌 인물을 기념한 첫 사례다.

콜베르는 국왕이 통치하는 수도를 고전적인 이상에 따라 장엄하게 꾸미고자 했다. 그런데 정작 국왕은 파리를 떠나려 한다. 당연히 비판이 따를 수밖에 없다. 중요한 국가기관과 산업기반이 모두 파리에 있지 않은가. 게다가 루이 14세로 인해 파리는 성벽이 없는 무방

진정한 연극인의 초상
몰리에르를 기리는 분수.

비 도시ville ouverte가 되었다. 1670년 6월 7일 칙령으로 북쪽의 샤를 5세 성벽을 해체했고, 그 자리에 대로Grand Boulevard들을 건설했다. 전쟁에서 승리를 거둔 후 넘치는 자신감에 안전에 문제가 없으리라고 판단한 것이다.

루이 14세는 평생 전쟁을 치렀고, 말년에는 그로 인해 국가가 큰 위기에 빠졌다. 국왕 자신도 슬픔과 고뇌의 연속이었다. 노년에 루이가 즐겨 찾은 곳은 베르사유에서 10킬로미터 떨어진 곳에 지은 마를리궁Château de Marly이었다. 이 궁은 베르사유와는 달리 사람들과 떨어져 예의 따위는 벗어던진 채 조용하고 편안하게 쉬는 곳이었다. 지금은 이 궁의 공원만 남고 건축물들은 거의 없어졌다. 루이 14세는 1715년 8월, 이곳에서 쉬다가 발에 격렬한 통증을 느꼈다. 급히 베르사유로 돌아왔는데, 이날 죽을 만큼 증세가 심했다. 이후 괴저 증상이 심해지면서 앓아눕는 일이 반복되었다. 죽는 순간이 가까웠음을 직감하고 사람들이 찾아와 작별 인사를 했다. 루이 14세는 8월 30일 의식을 잃었다가 31일 밤에 잠깐 의식이 돌아와 주변 사람과 함께 〈아베마리아〉와 〈크레도Credo〉를 외운 후 코마 상태에 들어갔고, 다음 날인 9월 1일 아침 8시에 운명했다.

22

파리 최초의 카페,
르 프로코프

코메디프랑세즈
푸알란
르 프로코프
푸알란
푸알란

1715년 루이 14세가 사망했을 때 이번에도 왕위계승자는 다섯 살짜리 어린아이였다. 오를레앙 공작 필리프가 섭정을 맡은 이른바 섭정시대는 적어도 겉으로는 평화와 안정의 시대였다. 이제 전쟁은 끝났고 한동안 유럽의 국제 정세는 평화로웠다. 이 시기에 파리는 오락과 환락의 중심지로 바뀌었다. 물론 이는 어제오늘의 일이 아니라 그동안 이어진 흐름이 더 활짝 꽃핀 것이었다. 연극과 오페라가 유행했고, 시민은 유유자적 산책을 즐겼다. 이 시대에 앞으로도 계속 서구인의 삶에 빼놓을 수 없는 음료인 커피가 등장한다. 특히 파리 사람들에게 카페는 삶에서 떼려야 뗄 수 없는 공간으로 떠오른다 (프랑스어 카페café는 음료인 커피와 커피 파는 가게 둘 다 의미한다).

17세기 중엽 파리에서 커피에 관한 기록들이 나타난다. 1643년에 처음 커피가 파리에 들어왔다고도 하고, 1669년 터키 대사 솔리만 무스타파 라카가 방문객에게 커피를 대접했다고도 한다. 분명 이 시기에 파리에서는 꽤 많은 사람이 커피를 마셨다. 17세기 말에 커피 행상이 등장했다. 터번을 두른 아르메니아인들이 커피 기계, 화로, 잔을 담은 광주리를 메고 다녔다. 그중 하타리운이라는 이름의 아르메니아 상인이 파스칼이라는 가명으로 1672년 생제르맹 시장에 커피 가게를 냈다. 그렇지만 장사가 잘 안 되어 우안으로 가게를 옮겼다가 결국 런던으로 이주했다. 이것이 파리 최초의 카페에 대한 기록이다. 또 다른 아르메니아인 말리반이 두 번째 카페를 열었지만, 그도 성공하지 못했다. 그리고 마침내 성공적으로 자리 잡은 카페가 생겼으니, 바로 르 프로코프 Le Procope 다.

예전 파스칼의 카페 점원으로 일했던 시실리아인 프란체스코 콜텔리 Francesco Coltelli가 생제르맹 시장과 투르농 거리를 거쳐 1686년에 포세-생제르맹데프레 거리에 가게를 열었다. 그는 자기 이름을 프로코프 쿠토라고 바꾸고 상호를 프로코프라고 정했다. 놀랍게도 이 카페는 오늘날까지도 영업 중이다(1987년 주인이 바뀌었지만). 이 카페가 성공을 거둔 데에는 경영의 남다른 감각이 작용했을 터이다. 당시는 아직 담배 연기 가득하고 어두컴컴한 카바레에 사람들이 모이던 때다. 그런데 그는 가림막을 없애 공간을 넓히고, 벽에는 태피스트리를 걸고 유리와 거울을 붙여 환하고 널찍한 느낌이 들게 했다. 천장에 샹들리에를 달고 대리석 테이블을 놓아 분위기가 한결 깨끗했다. 커피를 주문하면 주인이 아이스크림이나 설탕에 절인 과일, 리큐어도 권한다. 장사 수완이 보통이 아니었던 것 같다. 온도 따랐

파리 시민과 오랜 시간을 함께해온 카페 프로코프의 내부.

다. 개점 직후 국립극장인 코메디프랑세즈Comédie-Française가 문을 연 것이다. 그는 극장에서 판매대를 얻어 청량음료도 팔았다.

카페 프로코프에 드나든 유명인사로는 볼테르, 루소, 몽테스키외, 디드로, 달랑베르, 뷔퐁, 돌바크, 토머스 제퍼슨, 벤저민 프랭클린 등이 있다. 볼테르는 이곳에서 하루에 40잔의 커피를 마셨다고 한다. 프로코프는 할 일 없는 사람들, 수다스러운 사람들, 이야기꾼들, 재치 있는 말솜씨를 자랑하는 사람들과 함께 아름다운 여성들의 집합소로 이름을 날렸다. 나중에는 조르주 당통, 장 폴 마라, 막시밀리앙 로베스피에르 같은 혁명의 주역들과 알프레드 드 뮈세, 빅토르 위고, 오노레 드 발자크 같은 19세기 지식인들도 이곳에 자주 들렀다.

프로코프를 시작으로 수많은 카페가 들어섰다. 18세기의 한 지도에 따르면 파리에는 700~800곳의 카페가 있었다. 커피 소비량도 크게 늘었다. 18세기 후반으로 가면 "부르주아 집 가운데 커피를 대접하지 않는 집은 하나도 없다. 가게 여점원, 요리사, 하녀들 모두 아침에 카페오레를 마신다"라는 기록이 나온다. 거리에서 카페오레를 파는 사람도 등장했다. 하역 작업을 하는 일꾼 등이 지나다가 커피를 주문하면 양철통에 달린 꼭지를 돌려 커피를 질그릇 잔에 따라준다. 서서 마시는 사람도 있고, 매대 옆에 있는 나무 의자에 앉아서 마시기도 한다. 커피가 파리 시민의 일상에 깊이 스며들기 시작한 게 분명하다.

물론 모든 사람이 커피를 애용한 것은 아니다. 18세기에 파리와 주변 지역들을 크게 위협한 떼강도의 우두머리 루이 도미니크 카르투슈Louis Dominique Cartouche가 산 채로 능지처참당하는 날, 재판관이 카페오레를 마시다가 그에게도 한 잔을 권했다. 카르투슈는 그건 자신이 마시는 음료가 아니니, 차라리 빵과 포도주 한 잔을 먹고 싶다고 말했다. 하긴 죽기 직전에 커피를 마시고 맑은 정신으로 가기보다는 포도주를 마셔두는 게 나을 듯하다.

프랑스 음식에서 빠질 수 없는 게 바게트, 즉 막대기 빵이다. 루이 14세 시대부터 있었다는 설이 있지만, 19세기에 빈에서 스팀오븐이 들어온 후 본격적으로 개발되었다는 주장이 일리 있다. 프랑스에서 전통 바게트는 법적으로 길이(55~65센티미터)와 무게(250~300그램)가 규정되어 있다. 파리시에서는 1994년부터 매해 최고 바게트 선발대회를 열고 있는데, 1등을 차지한 바게트는 대통령궁에 납품된다.

20세기에 들어서 제빵사 리오넬 푸알란Lionel Poilâne이 전통 방식으로 되살린 빵도 세계적 명성을 얻었다. 회색 밀과 스펠트밀(현대 밀의 조상에 해당한다)을 섞은 재료를 돌로 갈아 장작을 때는 오븐에서 구워낸다. 이렇게 만든 2킬로그램짜리 빵 덩어리를 미슈Miche라 부르는데, 푸알란 공장에서는 하루 1만 5,000개의 미슈를 만들어 주요 레스토랑에 보급한다. 이 빵을 사용하는 레스토랑에서는 메뉴판에 '푸알란 빵을 사용합니다'라고 표시한다.

Panthéon
Cimetières

23

아름답고도 흉한
파리지앵의 안식처

　루이 15세 시대에도 여러 건물이 들어섰다. 특히 팡테옹이 중요한 사례다. 이곳은 원래 생트준비에브 성당이었는데, 이 시기에 이르면 너무 낡아서 루이 15세가 보수하기로 약속했다. 건축가 자크 제르맹 수플로는 로마 산피에트로 대성당과 런던 세인트폴 성당을 참조해서 디자인했다. 이 건물은 프랑스혁명 시기인 1790년에 완공된다. 혁명정부는 이 건물에 팡테옹(원래 로마에서는 모든 신을 모시는 신전이다)이라는 이름을 붙이고 국가의 위인에게 바치는 전당으로 삼았다.

　위인들의 묘지인 팡테옹의 첫 손님은 1791년에 사망한 정치가 오노레 미라보였다. 그런데 몇 달 후 튀일리 궁전에서 미라보가 프랑스 국왕과 오스트리아의 연합을 중재해서 혁명을 누르려는 음모를 꾸몄다는 사실이 드러나 팡테옹에서 퇴출당했다. 그 후 성당과 팡테옹 역할을 번갈아 하다가 1885년에 빅토르 위고의 유해를 안장하면서 팡테옹으로 기능이 완전히 굳어졌다. 팡테옹에 안치될 자격은 국가에서 결정한다. 그러다 보니 영령은 원치 않는 이웃을 만나기도 한다. 볼테르와 루소는 서로 증오했는데, 같은 해에 죽자(1778) 혁명 정부는 '혁명의 원천'인 두 사람이 서로 마주 보고 눕게 했다. 위고 역시 페르라셰즈 묘지의 부인 옆에 묻히고자 했으나, 팡테옹에서 그가 싫어하던 에밀 졸라와 같은 방에 누워 있다.

루이 15세 때 지은 또 하나의 중요한 건물이 군사학교다. 1751년, 국가에 봉사한 귀족의 자제 가운데 가난한 청년 500명을 받아 군인으로 교육하는 기관을 세우기로 했다. 그런데 이번에도 돈이 문제다. 국왕과 그의 연인 퐁파두르 부인도 열정적으로 찬성하여 사재를 털어 보탰지만, 자금 부족으로 고전하다 1782년에야 완공되었다. 나폴레옹 1세는 1784년 이 학교에 입학하여 군인의 길을 걷고, 결국 황제의 지위에까지 올랐다.

당시에는 상당히 많은 저택도 지어졌다. 귀족은 물론, 부르주아 역시 화려한 건물을 지어 올렸다. 사실 파리를 비롯해 유럽의 도시 대부분은 이 시기에 이르러서야 석재 도시가 되었다. 이런 점이 우리와 크게 다르다. 화강암 지대인 우리나라의 경우 그 단단한 돌을 다듬어 건물을 짓기 힘들다 보니 목조 주택이 대세일 수밖에 없었다. 그래서 우리나라를 비롯한 아시아 지역은 목재 문명, 유럽은 석재 문명이라 말하곤 한다. 틀렸다고 할 수는 없지만, 다만 한 가지 사실을 유념해야 한다. 유럽에서도 근대에 들어와서야 돌집이 많이 늘었지, 그 이전에는 중요한 건물들을 제외한 서민의 집은 대부분 목재로 지었다. 지금의 모습만 보고 속아서는 안 된다. 파리 또한 중세에는 목재로 지은 도시였다. 1718년 4월 27일 프티퐁Petit Pont의 화재 때만 해도 나무로 된 건물들은 가차 없이 불길에 싸여 거대한 불가마와 같았는데, 그 가운데에서도 얼마 안 되는 벽돌집들이 불길을 막아주는 역할을 했다.

그렇다면 그 많은 돌을 다 어디에서 캐왔을까? 파리 주변 지역에 사암, 석회암, 석고 등을 캐는 채석장이 워낙 많았다. 이 돌들은 캐낸 직후에는 톱으로 자를 정도로 물러서 다루기가 쉽지만 시간이 지나면서 공기 중에서 단단하게 굳는 특징이 있다. 제1차 세계대전까지도 파리 주변 지역에서 석회암을 채굴하여 톱으로 자른 후 큰 운반차를 이용해 파리로 실어왔다. 사실 파리 내에서도 석재를 많이 캐낼 수 있었다. 이 도시는 우선 자신의 발밑부터 파 들어갔다. 현재 파리는 거대한 공동空洞 위에 세워진 것이나 마찬가지다. 샤이오Chaillot, 파시Passy, 생자크 구역, 아르프 거리 등은 석재를 캐낸 곳이어서 그 아래가 텅텅 비어 있다.

석재를 캐던 지역 중 유명한 곳으로는 무자이아Mouzaïa가 있다(19구의 빌라 드 벨뷔Villa de Bellevue). 이곳은 13~19세기 동안 건축 석재를 캐던 채석장으로 서울의 창신동·성북동과 유사하다. 계속 지하를 파 들어갔으니 지반이 약해 큰 건물을 지을 수 없다. 다만 지표는 아주 단단해서 저층 건물을 세울 수 있다. 정원과 뒤뜰을 갖춘 이곳 건물들은 마치 미끄러지지 않으려고 서로 붙들고 있는 듯한 인상을 준다. 원래 이 집들은 서민 주택이었는데, 요즘에는 찾는 이들이 늘어나면서 고급 주택가로 바뀌었다.

거리의 조명도 훨씬 나아졌다. 예전의 도시는 해가 지면 캄캄한 암흑 세상이기 십상이다. 아마 토머스 에디슨 이후 인간의 삶이 근본적으로 바뀐 게 아닐까 싶다. 1318년 기록을 보면 파리 시내에 가로등이 고작 세 개였다. 1524년에는 칙령으로 부르주아들에게 창에 램프를 두고 불을 밝히라고 지시했지만 제대로 실행되지 않았다. 17세기에는 유명한 파리 경시청장 가브리엘 라 레니가 시의 질서 유지를 위해 조명 시스템을 마련했지만, 양초를 이용한 이 방식은 성공하지 못했다. 그러다가 1782년 동물 내장 기름을 이용한 가로등이 개발되면서 중요한 변화를 맞게 되었다. 이해에 1,200개의 가로등을 설치했는데, 밝기가 유지되어 한결 효과적이었을 것이다. 여기에서 한 단계 발전한 것이 가스등이고, 그다음 전기등으로 나아가게 된다. 그것은 19세기의 일이다.

통관세 성벽Mur des Fermiers Généraux도 매우 중요한 건조물이다. 높이 4~5미터, 길이 25킬로미터에 달하는 이 성벽은 1789년 완공되었는데, 방어용이라기보다는 세금 관리용이었다. 16세기 이래 국가 기관이 조세를 직접 걷는 게 힘들어서—실제 부농도 관리가 나타나면 며칠 굶은 척 행동한 것으로 유명하다—조세청부업자들에게 맡겼다. 이들은 약정된 금액을 국고에 선납한 후 제멋대로 세금을 걷었다. 자신들이 나라에 낸 돈보다 훨씬 많은 돈을 거두어서 엄청난 부를 얻었기에 시민에게는 증오의 대상이었다. 포도주, 짚, 나무, 석탄, 과일, 고기 등 시내로 들어오는 모든 물품에 입시세入市稅를 부과했다. 누군들 이 세금을 내고 싶겠는가. 18세기가 되면 탈세 문제가 심각해져서 조세청부업자들이 왕에게 파리시를 에워싸는 세금 관리용 성벽을 세우라고 요구했다. 이 성벽이 시내와 포부르의 구분선이다. 이 성벽은 1860년까지 파리시 경계였는데, 성벽 바깥으로 100미터 이내에는 건축이 금지되었다. 성문은 매일 밤 폐쇄하고 세관들이 감시했다. 오늘날 지하철 6호선과 12호선의 지상 노선이 이 성벽이 있던 자리고, 당페르로슈로Denfert-Rochereau역과 나시옹Nation역에서 이 성벽의 흔적을 볼 수 있다.

파리 지하에는 지상보다 세 배 많은 파리 시민이 있다. 그동안 죽은 사람들이 파리 여기저기에 있던 묘지에 묻히지 않았겠는가. 그런데 18세기가 되자 한계에 이르렀다. 사실 그 이전에 여러 문제가 발생했다. 묘지에서는 제대로 매장을 안 해서 악취가 풍기곤 했다. 클라마르 묘지Cimetière de Clamart는 17세기 가장 큰 묘지였는데, 병원Hôtel Dieu에서 나온 빈자나 행려병자의 시체는 이 묘지에 구덩이를 파서 한꺼번에 매장했다. 별다른 묘석 같은 것도 없었다. 시체 3,000구를 수용할 수 있는 클라마르 묘지에 1만 3,000구나 매장한 적도 있다.

파리 한복판에 있던 이노상 묘지Cimetière des Innocent에서는 시체가 부풀어 흙을 뚫고 솟아 나오다가 해골 무게 때문에 지하 벽이 내려

파리 지하 납골당.

않았다. 1785년 칙령으로 이 묘지를 비우도록 했고, 곧이어 파리 시내 30개소 묘지들도 같은 조처를 했다. 그 시신들은 옛 채석장 터인 이수아르 묘지Tombe-Issoire(오늘날의 파리 지하 납골당Les Catacombes de Paris)로 이장하기로 했다. 그리하여 1768~1814년 사이에 생미셸 거리를 따라 시신을 옮기는 기이한 행렬이 이어졌다. 이때 채석장 관리인의 아이디어가 빛을 발했다. 옮겨온 유해들을 그냥 쏟아붓지 말고 예술적으로 정리하자는 것이다. 그래서 유해들을 차곡차곡 쌓고 해골로 장식한 독특한 면모를 보인다(맨 앞쪽만 그렇고, 그 뒤로는 마구 쌓았다).

당시 파리는 엑스피이Expilly 수도원장이 보기에는 세상에서 가장 아름답고 번성하는 도시였고, 루소에게는 작고 더럽고 악취가 나며 시커먼 집들이 흉한, 냄새나는 걸인들과 가짜 차를 파는 여인들로 가득한 곳이었다. 아마 둘 다 맞을 것이다.

Voltaire

24

시대의 양심,
볼테르

アカデミプランセス
랑베르 호텔
(옛 랑베르 저택)
리세 루이르그랑
팡테옹

아카데미프랑세즈
랑베르 호텔
(옛 랑베르 저택)
리세 루이르그랑
팡테옹

사회가 바뀌어야 사람들의 의식이 바뀌고, 사람들의 의식이 바뀌어야 사회가 바뀐다. 다시 말해 사회와 의식은 함께 변화한다. 18세기 초만 해도 신성모독을 했다가는 화형당할 수 있었다. 그런데 18세기 중엽에는 분위기가 많이 바뀐다. 여전히 고리타분한 사고가 사람들을 사로잡고 있으나 다른 한편에서 분명 새로운 사고방식이 발전했다. 이를 계몽주의라 부른다. '계몽啓蒙'이란 몽매한 상태蒙에 빛을 비추어啓 어둠이 사라지게 한다는 뜻이다. 영어 'Enlightenment', 프랑스어 'Lumières', 독일어 'Aufklärung' 등 계몽주의를 가리키는 말들이 다 그런 의미다.

계몽주의 철학자들 가운데 가장 대표적인 인물로 볼테르1694~1778를 들 수 있다. 당대 사람들도 이미 볼테르를 자기 시대의 슈퍼스타 사상가로 보고 있었고, 자기들 시대를 '볼테르의 시대'라고 표현했을 정도다. 볼테르는 살아 있을 때 이미 숭배의 대상이었다.

볼테르는 파리의 좌안에 위치한 게네고 거리Rue Guénégaud에서 태어났다. 세 살 때부터 신동으로 알려진 그는 명문 리세 루이르그랑Lycée Louis-le-Grand을 다니며 문학에 대한 열정을 키웠다지만, 쾌락에 눈을 떴다고 하는 게 더 맞을 것 같다. 아버지의 강요로 법대에 진학했으나 이쪽 공부는 뒷전이고 밤마다 여배우들과 놀러 다니기 바빴다. 이런 행태를 보다 못한 아버지가 그를 네덜란드 주재 프랑스 대사의 비서관으로 취직시켜 네덜란드로 보냈다. 그런데 해외로 보냈다고 크게 달라지지는 않았다. 곧 더 골치 아픈 연애사건이 터졌다. 상대가 신교도 여성인 데다가 둘이 먼 나라로 도망치자고 작정했기 때문이다. 별수 없이 그를 도로 불러들였다.

프랑스에 돌아온 청년 볼테르는 루이 15세의 섭정을 맡고 있던 오를레앙 공작 필리프를 조롱하는 시를 써서 물의를 일으켰다. 그는 바스티유 감옥에 투옥되어 11개월 동안 창문도 없는 감방에서 글을 쓰며 시간을 보냈다. 타고난 문재文才에게 이런 시간이 주어졌으니, 앞으로 더욱 '못된 글들'을 쓸 자질을 키울 수밖에.

감옥에서 나오면서 그는 이름을 프랑수아 마리 아루에Francois-Marie Arouet에서 프랑수아 마리 드 볼테르Francois-Maris de Voltaire로 바꿨다. 프랑스인 이름에 'de'가 들어가면 귀족을 의미한다. 부르주아 출신 문사가 귀족을 지향하다니? 볼테르의 의도를 이해하려면 그가 생각하는 진정한 귀족성이 무엇인지 살펴보아야 한다. 서양 귀족의 기원은 전사戰士다. 무력을 통해 나라를 지키는 자다. 말하자면 '피의 세금'

을 내는 대가로 각종 특권을 누리는 것이다. 그런데 16세기에 국왕이 돈을 받는 대가로 법률가나 행정가에게도 귀족 작위를 내려주면서 이른바 법복귀족이 탄생했다. 볼테르가 보기에 이건 평범한 인간을 귀족으로 만든 것이다. 이제 귀족은 전반적으로 타락했으며, 지방의 군소 귀족은 무례하고 무식하며 족보만 따졌다. 이런 때에 자신처럼 뛰어나고 위대한 존재만이 존경받아야 한다. 다시 말해서 '진짜 귀족은 나!'라는 것이다.

그는 실로 엄청나게 많은 글을 썼다. 글을 쓰는 이유는 '행동하기 위해서'이다. 그는 홀로 깊은 사색에 빠지는 부류가 아니라, 문제 의식을 가진 현실참여적 지식인이었다. 그야말로 당대의 모든 문제에 대해 논쟁을 벌였고, 그것을 글로 남겼다. 모두 135권의 저서를 남겼으니, 거의 저널리즘 수준이라 할 만하다. 볼테르의 저서는 당시 큰 인기를 누렸다. 첫 작품인 희곡 〈오이디푸스〉부터 매진될 정도였다. 그의 글들은 완전히 질서 잡힌 체계를 이루는 게 아니라 서로 모순되는 것이 많다. 그는 쉽게 정리가 안 되는 인간이다. 이럴 때 모순은 오히려 탁월함의 표시일 수 있다.

볼테르는 급한 성질 때문에 문제를 일으키곤 했다. 어느 귀족과 결투를 벌여서 다시 바스티유에 갇힐 위험에 처했다. 당국은 이 골칫덩어리를 당분간 외국으로 내쫓기로 했다. 바스티유 대신 영국으로 가라니, 당연히 좋은 기회다. 영국 체류 경험은 그의 사고에 결정적 영향을 미쳤다. 그가 보기에 영국은 관용과 자유, 과학과 철학의 나라요, 작가와 예술가가 존경받는 나라였다. 석 달 만에 영어를 완전히 익힌 그는 수준 높은 신문화를 수용했다. 그래서 영미권 학자들은 볼테르가 영국에 와서 환골탈태하고 사고가 무르익었다고 주장한다. 반면, 프랑스 학자들은 영국에 건너가기 전에 이미 모든 게 준비되어 있었다고 주장한다. 당연히 두 가지 사정이 다 작용했다고 해야 옳을 것이다. 하여튼 볼테르는 영국에 정착할까도 생각했지만, 때가 되어 파리로 돌아갔다. 귀국 후《철학서간》(1733)을 써서 영국을 칭송했다. 그런데 프랑스고등법원은 이 책을 금지하고, 법원 앞에서 태워버리기까지 했다. 영국을 칭찬하는 건 프랑스를 비판하는 것이라는 이유인데, 실제 볼테르에게 그런 의도가 없지 않았다. 그는 또다시 체포될 위험에 처했다. 또 바스티유에 들어가려니 끔찍하지 않은가. 그래서 이번에는 프랑스 동부로 도주했다.

그는 샤틀레 부인, 즉 가브리엘 에밀1706~1749을 '여친'으로 삼고 그녀의 성에서 기거했다. 샤틀레 부인은 뉴턴의 역학을 독학하여 이해한 또 다른 천재였다. 두 사람은 10년 동안 물리학 공부를 하며 실험도 하고, 미식도 즐기고, 사랑을 나누었다. 가브리엘의 남편인 늙은 후작도 볼테르를 좋아해서 자기 부인과 이 작자가 어떻게 지내든 개의치 않았다. 1739년 그들은 파리 생루이섬 동쪽 끝에 있는 랑베르 저택Hôtel Lambert을 구입했다. 파리에 돌아와 보니 "모든 사람이 너무 바빠서 자신에게 헌신하는 순간이 없고, 쓰고 생각하고 자는 시간도 없었"다. 게다가 볼테르에게는 감시의 눈길이 따라다녔다. 아카데미프랑세즈Academie frncaise 회원이 될 듯도 한데, 반대 세력의 방해가 심했다. 리슐리외가 만든 이 기관은 '프랑스 최고 지성'이라 불리는 40명으로 구성되는데, 한 명이 사망하면 회원들의 추천을 받아 투표로 다음 회원을 뽑았기 때문에, 새 회원을 들이는 일은 고도의 정치적 행위였다. 볼테르도 이 기관의 회원이 되고 싶었던지 위원들에게 온갖 아첨 섞인 말을 해서 1746년에 입성할 수 있었다. 그런데 그는 곧 회원의 상징인 녹색 회원복과 칼을 챙겨서 프랑스 동부로 돌아갔다. 루이 15세가 퐁파두르 부인을 통해 볼테르에게 '궁정에서 당신은 영원히 환영받지 못한다'는 사실을 알려주었기 때문이다. 하긴 볼테르가 그동안 얼마나 심하게 궁정을 조롱하고 웃음거리로 만들었던가.

볼테르는 결코 모든 것을 원천적으로 부수고 새로운 세상을 만들자는 의미의 '혁명적인' 사상가는 아니다. 아마도 '개선'의 노력 정도가 그의 의도라고 보면 될 것 같다. 그를 비롯한 당대인은 인간의 이성을 통해 진보가 이루어지고 있다고 믿었다. 그의 모토는 '비열함을 분쇄하자Écrasez l'infâme'이다. 그것은 결코 가벼운 일이 아니다. 그는 교회와 국가의 불관용, 처벌, 무고한 사법살인에 강력히 항의했고, 그로 인해 귀족들로부터 엄청난 공격을 당했다. 《관용론》을 쓴 후 더욱 귀족의 공격 대상이 된 것도 그런 맥락이다. 시대의 양심으로 숭배 대상이 되어 1778년 파리에 돌아왔을 때 그는 이미 살아 있는 전설이었다. 코메디프랑세즈에 그의 흉상이 설치되었고, 그가 보는 앞에서 배우들이 흉상에 꽃을 걸었다.

볼테르는 파리에서 삶을 마쳤다. 그의 병세가 악화되자 신부가 찾아와서 병자성사를 받으라고 권했지만, 그는 끝내 거부했다. 그의 마지막 순간이 어떠했는가에 대해서는 여러 설이 있다. 완전히 미쳤다는 설, 죽는 순간 지옥 유황불 냄새가 방안에 가득했다는 설, 계속 지껄이는 사제에게 나가라고 말했다는 설 등. 그는 무신론자가 아니라 이신론자다. '시계를 보면 시계 제조공을 믿게 된다'는 식이다. 하느님이 있지만, 그분은 기도를 잘하면 복권에 당첨시켜준다던가 좋은 대학에 합격시켜주는 수염 난 할아버지가 아니다.

평생 그런 생각을 가지고 살았던 볼테르가 파리의 교회 묘지에 묻히기는 힘들었다. 그의 시신은 조카가 원장으로 있는 샹파뉴의 작은 수도원에 묻혔다. 1791년 혁명정부가 시신을 팡테옹으로 이장하면서, 관(왼쪽)에 "그는 우리를 위해 자유를 준비했다"라고 썼다. 그리고 기념으로 강변로 중 하나에 그의 이름을 붙여주었다Quai Voltaire. 그렇지만 볼테르가 살아서 매일같이 단두대의 칼날이 번쩍거리는 혁명 상황들을 보았다면 그 불관용, 부정의, 잔혹성에 치를 떨었을지 모른다.

AUX MANES
DE VOLTAIRE
L'ASSEMBLÉE
NATIONALE
A DÉCRÉTÉ LE 30 MAY
1791 QU'IL AVOIT MÉRITÉ
LES HONNEURS DUS AUX
GRANDS HOMMES.

VOLTAIRE

팡테옹에 안치된 볼테르의 관.

×

혁명의 도시

프랑스혁명 ~ 나폴레옹 1세 시대

La Révolution
française

25
혁명의 현장,
바스티유

콩코르드 광장·
콩코르드역

팔레루아얄

카르나발레 박물관

앙리칼리 광장

바스티유 광장·
바스티유역

베르사유
(베르사유 궁전)

프랑스혁명은 프랑스뿐 아니라 세계사에서 실로 의미 있는 사건
이다. 유럽 사회, 더 크게 보면 인류 사회가 공통으로 안고 있던 신
분의 문제, 불평등의 문제에 정면으로 도전하고 과감한 해결책을 찾
아보려 했기 때문이다. 18세기 프랑스는 가난한 사회가 아니라 불평
등한 사회였다. 이 문제가 결국 국가와 사회를 뿌리째 흔들었다.

혁명의 직접적인 발단은 세금 문제였다. 국가 운영에 필요한 재정
이 바닥난 상황에서 누가 얼마나 세금을 부담할 것인가? 전 국민의
의견을 다 들을 수는 없으니 신분별로 국민의 대표를 모아 의견을
듣고, 또 국왕이 도움을 요청할 생각이었다. 신분별 대표들 모임인
삼부회가 마지막으로 열린 것은 1614년이었다. 정말로 오래된 제도
를 기억해내고 재활용한 것이다.

1789년 5월 5일, 전국에서 신분별 대표 1,200명이 모여 세금 문
제에 대해 논의했다. 국왕 루이 16세는 신분에 따라 나누어 논의하

고 투표하라고 연설했다. 그렇다면 답은 정해져 있는 것이나 마찬가지다. 성직자와 귀족 등 지금까지 세금을 부담하지 않던 1신분과 2신분 사람들은 3신분 사람들, 즉 부르주아에게 '지금까지 당신들이 세금을 냈으니 앞으로 더 내라'고 요구할 것이다. 대표자 수로는 3신분이 더 많지만, 신분별로 투표하면 결과는 2 대 1이 될 게 뻔하다. 1·2신분 대표들은 신분별 투표를 고집하고, 3신분 대표들은 사람별 투표를 요구하며 한 달을 보냈다.

6월 17일, 3신분 대표들은 중대 발표를 했다. 1·2신분 대표들에게 뜻이 있으면 자신들에게 동참하라고 한 후, 에마뉘엘 조제프 시에예스의 제안에 따라 자신들이 더는 삼부회의 일부가 아니라 '국민의회'임을 선언했다. 사태가 이상하게 흘러간다고 생각한 국왕이 졸렬하게도 모임 장소를 폐쇄해버리자 의원들은 죄드폼jeu de paume(테니스의 원형에 해당하는 경기) 경기장으로 자리를 옮겨서, 자신들은 헌법 제정을 완수할 때까지 절대 해산하지 않겠다고 선언했다. 이제 이 모임은 헌법을 제정하겠다는 의미로 제헌의회가 되었다. 카르나발레 박물관에는 의원들이 선서하는 장면을 그린 자크 루이 다비드의 그림이 있다.

베르사유에서 의회를 중심으로 혁명 움직임이 진행되는 동안 파리에서는 상퀼로트sans-culotte라고 불리는 이들이 주축이 되어 더욱 격렬한 민중 운동이 일어났다. 상퀼로트란 귀족 의상인 짧은 바지culotte를 입지 않는다는 뜻으로, 민중은 짧은 바지를 입고 멋을 부리는 대신 긴 바지를 입고 일했기 때문이다. 이들 때문에 파리는 여름에서 가을까지 뜨거운 시절을 보냈다.

불온한 기운을 감지한 국왕이 파리 주변에 군대를 배치하고, 인기 높던 재무장관 자크 네케르를 해고하자 민중의 불만이 폭발했다. 이런 상황에서 흉작으로 인해 빵값이 오르자 시민 소요가 시작되었다. 소요는 곧 혁명의 움직임으로 번졌다. 폭발을 초래한 발화 지점을 찾으려면 팔레루아얄이 유력한 후보 가운데 한 곳이다. 이곳에는 가게도 많고, 엄청나게 큰 도박장과 사창가가 있었다. 파리 시민이 많이 모여 놀면서 이런저런 소식도 듣던 이곳에서 연설가들이 웅변을 토하고, 시에예스의《제3신분이란 무엇인가》, 장 폴 마라의《민중의 친구》, 자크 르네 에베르의《페르 뒤셴Le Père Duchesne》 같은 혁명 인쇄물이 유포되었다. 샤를로트 코르데가 마라를 살해하기 위해 칼을 구입한 곳도 이 아케이드에 있는 철물상이다. 영국의 농학자 아서 영은 이런 봉기의 온상을 그냥 내버려두는 당국이 흥미롭다고 지적했다. 1789년 7월 12일, 혁명적인 저널리스트 카미유 데물랭이 이곳의 카페 푸아Café Foy에서 의자 위에 올라가 네케르 해임을 주제로 연설하다가 시민들에게 무기를 들라고 촉구했다. 바스티유 요새가 함락되기 이틀 전이다.

7월 14일, 시민들이 앵발리드를 공격해 2만 8,000정의 소총을 약탈했다. 총만 있으면 소용없지 않은가. 화약이 필요하다. 화약은 어디 있는가? 바스티유다! 요새이자 정치범을 주로 수용하는 감옥인 바스티유는 그동안 왕정의 악랄한 탄압을 상징했다. 이곳을 습격해 파괴하고 탄약을 구하자는 생각이 자연스럽게 퍼졌다. 열혈 시민과 앵발리드에서 탈영한 군인까지 합세한 군중이 대포를 끌고 바스티유로 몰려갔다. 이들과 바스티유 수비대는 총과 대포를 쏘며 교전을 벌였다. 수비대는 항복하면 살려주겠다는 말을 믿고 항복했지만, 곧 여섯 명의 병사가 살해되었다. 수비대장 베르나르 드 로네Bernard-René Jourdan de Launay도 죽이고 목을 잘랐다. 이게 시작이다. 이제 파리에서는 수많은 사람의 목이 떨어지게 된다.

바스티유 함락은 상징적인 의미가 컸다. 봉건적 절대주의의 희생자 영웅들을 구하겠다고 감옥을 부수고 봤더니, 거기에는 위폐범, 음탕한 귀족 등 일곱 명이 갇혀 있었다. 혁명이 일어나기 얼마 전까지 사드 백작이 갇혀 있었는데, 조금 더 있다가 혁명군에게 구조되었다면 더 의미심장한 사건이 될 뻔했다. 이날 국왕은 무엇을 하고 있었을까? 멀리 베르사유에 기거하던 루이 16세는 일기에 'rien'한 단어를 썼다. 영어로는 'nothing'인데, 이 말은 원래 사냥을 나가서 한 마리도 못 잡았다는 뜻으로 썼다고 한다. 조만간 왕정이 무너지고 그 자신의 목숨이 날아가게 될 큰 사건이 터졌다는 사실을 알 턱이 없다.

17일에 국왕이 파리를 방문해보니, 파리는 이미 독자적인 길을 가고 있었다. 장 실뱅 바이이Jean-Sylvain Bailly가 국왕을 맞이했는데, 그는 이제 프레보가 아니라 최초의 '시장maire' 직책을 맡아서 수행하고 있었다. 바이이 시장은 국왕에게 열쇠들을 건네며, 이것이 과거에 앙리 4세가 건네받았던 열쇠라고 설명했다. 그때 앙리 4세는 백성을 되찾았고 백성은 국왕을 되찾았다는 의미심장한 말도 덧붙였다. 국왕은 열쇠를 받고 혁명을 상징하는 삼색휘장(파란색과 빨간색은 파리를, 흰색은 왕실을 상징한다)을 둘렀고, 파리시는 바스티유에 국왕의 동상을 세우기로 했다. 그렇다면 국왕과 혁명적인 파리 시민 양측이 화해할 길이 아직은 열려 있었던 것일까? 그런데 웬걸, 7월 22일에는 파리 시민 일부가 국왕 측 인사인 경찰 총감 베르티에 소비니Bertier de Sauvigny를 체포하여 몸을 조각내며 처형했다! 이 시기에는 왕정을 타도하자는 소리부터 국왕 만세까지 다양한 목소리가 혼재했다.

점령한 바스티유 요새는 어떻게 할 것인가? 파리 시민은 7월 16일부터 바스티유 요새를 해체했고, 요새에서 나온 돌로 바스티유 요새 모형 83개를 만들어 전국의 각 주로 보냈다. 카르나발레 박물관에 그중 하나가 보존되어 있다. 남은 돌들로는 콩코르드 다리 윗부분을 만들었다. 오늘날 바스티유 광장에는 색색깔의 자갈돌로 예전의 건물이 있던 자리를 바닥에 표시해놓았다. 그 표시를 보면 과거 바스티유 요새는 66×30미터로 생각보다 작았다는 사실을 알 수 있다. 생탕투안 거리 시작 지점이 요새의 안뜰이었으며, 시민군이 공격을 시작한 곳이다.

1898년 파리 지하철 1호선 공사를 시작할 때 생탕투안 거리 지하에서 자유의 탑Tour de la Liberté의 기초가 발견되었다. 감옥에서 무슨

바스티유역에 그려진 프랑스혁명 벽화.

자유란 말인가? 수감자 가운데 특권층 인사들은 이 탑에 올라가 신선한 공기를 마시고 시내를 구경하고 지인들에게 손짓할 수 있는 자유를 누렸다(이 돌은 현재 앙리갈리 공원Square Henri-Galli으로 옮겨놓았다). 파리 지하철 1호선 바스티유역에서는 요새 하부 기초를 볼 수 있는 데다가, 바스티유 습격 사건 등 혁명의 주요 장면들이 벽화로 그려져 있다. 지하철 콩코르드역 플랫폼 벽면은 글자 타일로 인권선언이 표현되어 있다.

Louis XVI et
Marie-Antoinette

26

탕플에 갇힌
혁명 포로 국왕

뛰일리 공원

탕플-엘리 위젤 광장
(옛 탕플탑 터)

샹드마르스

콩시에르주리

베르사유
(베르사유 궁전)

    1789년 10월 4일, 파리 시민이 베르사유 궁전으로 행진해가서 국왕 가족을 파리로 '모셔오는' 사건이 일어났다. 시민들이 빵 무게를 속인 빵집 주인을 그레브 광장에서 처형하려던 것이 발단이었다. 빵집 주인을 죽인다고 식량 부족 문제가 해결된단 말인가? 문제의 빵집 주인은 국민방위대가 구출해냈다. 그런데 많은 여성이 모이고 분위기가 달아오르자 광장 옆의 시청 건물을 불태우자는 목소리가 터져 나왔다. 이때 바스티유 함락 당시 활약한 영웅 스타니슬라스 마리 마야르Stanislas-Marie Maillard가 등장해, 차라리 베르사유에 가서 왕과 의회에 탄원하자고 설득했다.

    여자들과 여장한 남자들이 베르사유로 쳐들어가서 국왕에게 면담을 요청했다. 수비대와 시민의 충돌로 사망자가 발생했다. 시민이 국왕에게 파리로 가자고 압박하자 국왕은 '나의 사랑하는 파리시'로 가겠다고 동의할 수밖에 없었다. 국왕 일가는 '빵집 주인, 빵집 여주인, 빵집 조수boulanger, boulangère, le petit mitron'라고 놀림을 받으며 파리로 잡혀와, 튀일리 궁전에 거주하게 되었다. 국왕 일가가 포로가 되고 말았다. 의회도 파리로 옮겨왔다. 이제 파리는 혁명의 수도가 되었다. 1790년 5월 21일 칙령으로 파리의 지위는 왕권에서 해방되었노라고 스스로 선언하고, 선거단이 시 정부를 선출했다.

1790년 7월 14일, 바스티유 함락 1주년이 되는 날, 샹드마르스에서 연맹축제가 열렸다. 헌법을 중심으로 국왕과 국민이 뭉치자는 의미의 축제였다. 일주일 만에 준비한 축제에 30만 명이 몰려들었다. 당시 조직된 국민군Garde Nationale 대장 라파예트가 흰말을 타고 와서 왕에게 엎드리고 국가와 헌법에 충성을 바친다는 선서를 했다. 이 기념비적인 날에 하필 온종일 비가 왔다. 이를 고소하게 여긴 반혁명파 귀족들은 비를 반기며 기뻐했다. 국민군과 의원, 민중은 실망을 넘어 충격을 받고 침묵을 지켰다. 그런데 곧 시민과 병사들이 춤을 추기 시작했다. 비가 쏟아지는 가운데 수만 명이 함께 추는 춤은 그 무엇도 혁명을 막을 수 없다는 느낌을 주기에 충분했다. 저녁 6시경에 비가 그치고 축제 분위기는 절정에 이르렀다.

그런데 국왕의 심경도 그들과 똑같았을까? 이날 국왕은 겉으로는 헌법을 유지하겠다고 선언했지만, 마음속으로는 하루바삐 이 야만적인 파리에서 도망가고 싶었을 법하다. 왕은 자기 권위를 깎아내리는 이 체제를 결코 받아들일 수 없었다. 하긴 어느 왕인들 그러지 않겠는가. 루이 16세는 사촌인 에스파냐의 왕 카를로스 4세에게 보낸 비밀 편지에서 국왕의 권위를 빼앗긴 데에 불만을 드러냈고, 마리 앙투아네트 역시 오빠인 신성로마제국 황제 레오폴트 2세와 유사한 내용의 편지를 교환했다. 국왕은 특히 사제 탄압에 몹시 분노했다. 종교를 건드리면 일이 커지게 마련이다. 혁명의회는 교회 재산을 빼앗고 사제들은 국가에 충성하겠다는 맹세를 하고 혁명을 지지하는 설교를 하도록 강요해서 일종의 국가공무원으로 만들었다. 무엇보다 결혼을 강제했다(사제 중에는 강제 결혼을 피하려고 90세 노파와 결혼한 것처럼 꾸미는 사람도 있었다). 국가가 가톨릭교회를 완전히 재편성해서 장악하려 했으니 큰 반발을 불러올 수밖에 없었다.

이제 어떻게 할 것인가. 루이 16세는 외국으로 도주하여 군대를 동원하자는 왕비 마리 앙투아네트의 제안에 따르기로 했다. 6월 20일 밤 11시, 국왕 가족은 튀일리 궁전을 빠져나와 준비해둔 베를린 마차(말 여덟 마리가 끄는 대형 마차)를 타고 도주했다. 이런 허황한 시도가 성공할 리 없다. 프랑스 북동쪽의 바렌Varennes까지 갔다가 발각되어 파리로 잡혀 왔다. 국민을 버리고 도망갔다가 잡혀 온 국왕을 어찌할 것인가? 당시 혁명의회는 입헌군주정을 주장하던 때이므로, 말하자면 아직 국왕이 필요하던 시기다. 그래서 국왕이 도주한 게 아니라 '유괴'되었다고 말도 안 되는 주장을 했다. 사람들이 속을 리 없었다. 국왕의 권위는 치명상을 입었다.

혁명 분위기가 더욱 격렬해졌다. 오스트리아와 프로이센이 혁명의 불길이 자국으로 번져오는 것을 막기 위해 전쟁을 선포했다. 위험에 빠진 조국을 지키겠노라고 사방에서 의용군이 파리로 모여들었다. 특히 마르세유에서 올라온 6,000명의 병사가 몇 주 전 스트라스부르에서 루제 드 릴이라는 장교가 지은 노래에 발맞추어 행진해 왔다. 힘찬 멜로디와 살벌한 가사가 그 이상 잘 맞아떨어질 수 없다. "조국의 아이들이여, 가자, 혁명의 날이 왔도다"로 시작하여 "적들의 더러운 피로 우리의 땅을 적시자"로 끝나는 이 노래는 프랑스 국가가 되었다. 아마도 세계에서 가장 살벌한 국가일 것이다. 경기장에서 프랑스 팀은 따로 응원가를 만들 필요도 없이 국가만 힘차게 부르면 된다. 1992년 알베르빌 동계올림픽 입장식에서 어린 소녀가 평화의 비둘기를 날리더니 아주 맑고 청아한 목소리로 "적들이 우리 처자식의 목을 베기 위해 다가오고 있다"라고 노래 불렀을 때 다소 당황스럽긴 했지만……

파리는 288명의 위원으로 코뮌commune(국가의 권위에서 벗어난 자치체)을 결성했다. 군중은 왕이 8월 10일까지 물러나지 않으면 튀일리 궁전을 공격하겠다고 위협했다. 왕은 물러나지 않았고, 최후통첩의 날에 '조국의 아이들'이 공격을 개시했다. 충실한 스위스 근위대는 용감하게 맞서다가 모조리 학살당했다. 국왕 일가는 의회로 도망쳤다. 의회는 이들을 '보호'하기로 했다. 문제는 이들을 안전하게 잡아둘 수 있는 장소다. 뤽상부르 궁전도 생각했지만, 도망가기 좋은 곳이다. 결국 탕플로 결정했다. 8월 13일, 국왕 일가를 태운 마차가 파리 시내를 가로질러 탕플탑Grande tour du Temple으로 향했다. 가는 도중 방돔 광장Place Vendôme에서 루이 14세 동상이 처참하게 부서진 것을 보았을 터이다. 12세기에 지어진 신전기사단 요새 건물들은 낡고 음침했다. 어두운색 돌, 쇠못이 박힌 큰 문, 낮은 창문, 쇠창살이 쳐진 창, 몇 미터 두께의 벽, 이건 딱 봐도 감옥이다. 루이 16세와 마리 앙투아네트, 두 아이, 왕의 여동생 엘리자베트가 이곳에 갇혀 지냈다.

그 후 혁명의회는 논쟁 끝에 배신자 왕실 사람들을 처형하기로 결정했다. 1793년 1월 21일 국왕 루이 16세가 탕플에서 나와 처형장으로 향했다. 이해 8월 2일에 마리 앙투아네트가 콩시에르주리Conciergerie로 이감된 후 처형되었고, 1794년 5월 10일에는 엘리자베트가 참수되었다. 아들 루이(왕이 되었다면 루이 17세가 되었을 터이다)는 1795년 6월 8일 결핵으로 이곳에서 사망했다. 유일하게 살아서 나간 사람은 딸 마리 테레즈뿐이다. 공주는 1795년 12월 17일 오스트리아와 '포로교환' 방식으로 석방되어 오스트리아로 갔다.

18세기 초 왕정복고 바람이 불어 탕플이 왕당파의 성지순례 장소가 되자 나폴레옹 1세가 1808년 이 지역을 해체하기로 했다. 오늘날 파리 3구 구청 근처 공원으로 바뀐 현지에 가보면 작은 표지판만 있을 뿐 실물은 하나도 남아 있지 않다. 화창한 날, 꽃으로 가득한 공원의 벤치에 앉아 한가롭게 샌드위치를 먹고 있는 시민을 보노라면 이 사람들이 그 열혈 혁명분자의 후손이 맞는지 의아한 느낌이 든다.

혁명기 파리는 모든 것이 바뀌었다. 과거 왕정이나 봉건제도를 떠올리게 하는 것들은 모조리 없애려 했다. 그레고리우스력 대신 혁명

콩시에르주리. 파리 최초의 궁전으로, 왕실이 루브르 궁전으로 옮겨간 후부터 감옥으로 사용되었다.

력을 사용했다. 한 주가 열흘이고 3주가 한 달이며, 열두 달이 1년이다. 그렇게 하면 360일이 되므로, 남은 5일은 혁명축제일로 정했다. '1월', '2월'이라는 표현 대신 '꽃의 달', '열의 달', '포도 수확의 달' 식으로 새 이름을 붙였다. '마담Madame', '무슈Monsieur'라는 봉건적 호칭은 없애고 '시민Citoyen,' '여시민Citoyenne'으로 불렀다. 튀일리 궁전은 국민전당Palais National으로, 시청은 코뮌 하우스로, 팔레루아얄은 평등 팔레로, 왕관 광장Place du Trône(나시옹 광장)은 전복된 왕관 광장Place du Trône Renversé으로 개명했다.

거리 이름도 크게 바뀌었다. 1792년 8월 14일에 국민공회가 '봉건제와 미신의 흔적을 제거하는' 법안을 통과시켜서 국왕과 성인들 흔적을 지웠다. 거리 장식물에서 왕권을 상징하는 백합 문양도 없앴다. 벽에 새겨져 있던 'Saint'이라는 글자들은 모두 석공이 쪼아서 지웠다가, 1802년 4월 나폴레옹 1세가 성인 이름 사용을 허용하자 다시 새겨 넣었다. 교회는 파괴하고 성물들을 약탈했다. 생트샤펠은 밀가루 창고로, 일부 수도원은 감옥으로 사용되었고, 생제르맹데프레 성당은 화약공장이 되었다. 노트르담 대성당은 '이성의 전당'이 되어 오페라의 발레단이 '이성의 댄스'를 공연했다. 파리는 혁명에 취해 있었다.

La Terreur

27

혁명과 죽음,
콩코르드 광장

콩코르드 광장

콩시에르주리

파리에 혁명의 불길이 넘실댔다.

1792년 9월 초, 적군이 파리 근처에 다다르자 흥분 상태가 더욱 고조되었다. 9월 2일, 감옥 안에서부터 혁명을 뒤집으려는 음모가 벌어지고 있다는 소문이 돌았다. 곧 민중이 파리의 감옥마다 돌아 다니며 수감자들을 학살했다. 9월 20일, 프로이센-오스트리아 연합 군에 대항하여 싸운 발미Valmy 전투에서 기적적으로 승리를 거둔 후 혁명은 더욱 달아올랐다. 비교적 온건한 입헌군주정 단계를 넘어서 서 평등주의적 급진 혁명이 시작됐다. 부르주아혁명에서 민중혁명 으로 넘어갔다고도 할 수 있다. 왕정이 폐지되고 공화정(제1공화정) 이 성립되면서 의회 또한 국민공회Convention Nationale로 바뀌었다. 국 민공회는 혁명의 적들을 분쇄하기 위해 혁명재판소를 설치했고, 이 를 이끄는 기관으로 공안위원회를 두었다.

이 시기 혁명의 주역으로 가난한 지방 출신 변호사 로베스피에르가 등장한다. '부패할 수 없는 사람'이라는 별명을 가진 로베스피에르는 피에 굶주린 폭군 스타일이 결코 아니다. 정직하고 굳세고 타협을 모르며 단지 냉철하게 도덕적 권위를 내세우는, 정치 감각이 뛰어난 인물이었다. 로베스피에르를 비롯해 열두 명으로 구성된 공안위원회가 정적을 제거해갔다. 인민의 면도날, 과부제조기 등의 별칭으로 불린 단두대(기요틴)가 매일 덜컹거리며 작동했다.

1793년 8월 10일 새 헌법을 만들지만, 이행은 미루었다. 헌법을 만들어놓고 대신 테러로 통치한 것이다(이 헌법은 결국 폐기되었다). 혁명은 자기 자식들을 잡아먹기 시작했다. 죽은 사람들의 면면을 보면 실로 다양하다. 국왕 루이 16세, 왕비 마리 앙투아네트, 지롱드파 의원 21명, 당통과 데물랭 등 정치 권력에서 밀려난 혁명가들, 앙드레셰니에 같은 시인들, 앙투안 라부아지에 같은 과학자들, 마라를 암살한 샤를로트 코르데, 롤랑 부인("자유의 여신이여, 당신의 이름으로 얼마나 큰 범죄들이 저질러졌는가!"라는 유명한 말을 남겼다), 루이 15세의 연인 바리 백작 부인(몸부림을 치고 소리를 지르며 처형대 위로 끌려 올라갔다) 등 수도 없이 많다. 혁명에 저항하는 행위는 물론, '미온적인' 행위까지 엄벌했다.

열성적으로 사형 판결을 얻어낸 검사 앙투안 캉탱 푸키에 탱빌은 '단두대 재료 공급자'라 불렸다. 그가 기소한 사람 중에는 몽마르트르 수녀원의 마지막 수녀원장 몽모랑시-라발Montmorency-Laval도 있다. 탱빌은 늙고 눈도 어둡고 귀도 들리지 않아 혁명에 전혀 위협이 되지 않는 수녀원장을 공화국에 대해 '귀 막고 눈 감고' 음모를 꾸몄다며 사형에 처했다. 1793년부터 1794년까지 421일 동안 로베스피에르의 명령으로 사형된 사람은 2,800명에 달한다. 콩시에르주리 건물 안쪽 벽에 그들의 이름이 새겨져 있다.

혁명에 찬성했으나 정치 노선이 달라서 처형된 사람도 많다. 여성 중에는 올랭프 드 구주Olympe de Gouges, 1748~1793가 대표적이다. 그녀는 사후 오랫동안 잊혔다가 20세기 후반에 가서야 재조명되었다. 국립문서보관소에 있던 기록들이 공개되고, 그녀의 저작물들이 출판되면서 그녀의 면모가 알려졌다. 마레 지구에는 구주의 이름을 딴 광장이 있고, 의회에 흉상을 건립했으며, 2015년에 유해를 팡테옹으로 이장했다.

구주는 1770년 남서부의 몽토방에서 아들을 데리고 파리로 왔다. 당시 스물두 살의 젊은 과부였던 그녀는 정치인, 언론인, 예술가 들과 가깝게 지냈는데, 특히 콩도르세와 그의 부인 소피가 주관하는 살롱에서 환대를 받으며 계몽주의 사조를 한껏 흡입했다. 자신의 이름도 마리 구주Marie Gouge에서 올랭프 드 구주로 바꿨다. 사형 폐지, 흑인 노예 해방, 남녀평등, 이혼 권리 등 급진적 주장으로 명성이 자자했다. 가톨릭 국가에서 결혼은 성사聖事의 하나로 신 앞에서 맺어진 관계이기 때문에 이혼이 인정되지 않았는데, 혁명기에는 결혼이 민사계약으로 규정되었다. 계약은 해지할 수 있으므로 이혼도 가능해진 것이다. 구주는 연극을 통해 사람들에게 영향을 줄 수 있다고 믿었기에《흑인 노예제》라는 희곡을 쓰기도 했다.

혁명이 일어나자 그녀는 지롱드파를 지지했다. 지롱드파는 법률가, 지식인, 기업인 등 부르주아 계층이 다수였고, 입헌군주제를 주장하여 자코뱅파보다 덜 급진적이었다. 그런데 혁명이 과격해지면서 지롱드파가 권력투쟁에서 패배한다. 권력에서 밀려나는 건 사형을 의미하던 때다. 구주 역시 1793년 6월에 체포되어 콩시에르주리에 갇혔다.

그녀는 왕과 왕비의 처형에 반대하는 과거의 글 때문에 '왕당파'로 몰렸다. 또 1789년에 나온 인권선언(정확히 말하면 〈인간과 시민의 권리 선언〉)의 형식을 빌려 여성 차별을 지적하는 〈여성과 여성 시민의 권리 선언〉(1791)을 썼는데, 이것이 로베스피에르를 자극한 것 같다. 그녀의 글은 영국 작가 메리 울스턴크래프트의《여성의 권리 옹호》(1792)에도 큰 영향을 끼쳤다. 구주는 여성과 흑인 등의 권리 평등에는 눈 감고 있는 프랑스혁명을 비판했다. 쉽게 말해 현재 진행 중인 혁명은 사기다! 당시 그녀의 글들은 널리 알려져 있었다. 특히 옥중에서 쓴 마지막 글 〈박해받는 여성 애국자〉가 로베스피에르의 심기를 건드렸다. 혁명재판소는 그녀에게 사형을 선고하고 상고도 허락하지 않았다. 1793년 11월 3일, 그녀를 실은 수레가 파리 시내를 가로질러 혁명광장(오늘날의 콩코르드 광장)으로 향했다.

역사가는 구주를 어떻게 평가할까? 쥘 미슐레만 해도 그녀를 폄훼했다. 그녀의 미약한 머리로는 이해할 수 없는 일들에 대해 행동하고 글을 썼다는 것이다. '아낙네가 뭘 알아!' 하는 식이다. 혁명 당시에도 여성 운동가에 대한 평가는 야박했다. 1793년 10월 혁명정부는 일부 혁명클럽의 질의에 대답하면서 이렇게 설명했다.

여성은 고등의 관념과 진지한 성찰의 능력이 없으며…… 공공의 업무에 해로운 광희狂喜에 빠지는 경향이 있다.

로베스피에르도 죽음을 피하지는 못했다. 때는 혁명의 열기가 들끓던 시절, 정치판에서 패하면 바로 단두대가 해결하던 시기다. 1794년 여름이 정점이었다. 말이 한창 달리고 있을 때 고삐를 놓으면 위험하다. 그는 일주일 동안이나 집에 틀어박혀서 권력을 놓아버리는 결정적 실수를 저질렀다. 이 기간에 그를 반대하는 음모가 꾸며지고 있었다. 혁명력 2년 테르미도르 9일에 로베스피에르는 다시 의회에 나가 혁명의 적들을 분쇄해야 한다고 연설했다. 그게 누구란 말인가? 질문이 빗발쳤다. 그러나 로베스피에르는 그게 누구인지 곧바로 대답하지 않았다. 이건 또 뭐란 말인가? 상대가 죽지 않으면 내가 죽는 시절, 우리 안에 적이 있다는 이야기를 하는데, 그게 누구인지 말하지 않으니 모두 불안을 감출 수 없다. 내가 죽지 않으려면 로베스피에르를 제거하는 수밖에.

다음 날 로베스피에르가 등원하여 연설을 하려는데 사람들이 그를 제지하며 사형을 요구했다. 테르미도르 10일(7월 28일) 막시밀리

프랑스혁명 당시 수많은 사람이 처형된 콩코르드 광장.

앙 로베스피에르, 루이 앙투안 드 생쥐스트, 조르주 쿠통, 필리프 르 바Philippe-François-Joseph Le Bas 등이 반혁명 혐의로 처형되었다. 군중은 루이 16세, 마리 앙투아네트, 당통을 죽일 때와 똑같이 환호했다. 상 퀼로트 출신의 한 여인이 처형장으로 가는 로베스피에르에게 소리 쳤다. "당신이 처형된다는 생각에 기쁨이 넘친다!" 다음 날 파리의 한 신문은 '이제 괴물은 없다'고 선언했다. 물론 로베스피에르 혼자 수많은 사람을 죽음으로 몰아간 건 아니다. 어쩌면 살아남은 자들이 더했을 수도 있지만, 죽은 이에게 오명을 뒤집어씌우는 게 제일 간 편하다.

로베스피에르의 처형으로 혁명은 다음 단계로 넘어갔다. 이제 혁 명광장은 화합을 의미하는 콩코르드 광장Place de la Concorde으로 불렸 다(1795년 7월 14일). 파리는 굶주렸고, 정치 갈등도 격심했다. 왕당파 와 공화파의 갈등이 점점 커지고, 반혁명파가 상퀼로트를 공격했다. 1795년 4월 1일부터 5월 20일까지 국민공회는 '굶주림에 지친 지역 들les ventres creux'의 폭동을 가혹하게 진압했다. 민중혁명이 정점을 지 나기까지 다양한 세력이 기회가 있을 때마다 폭력 사태를 일으켰다. 혁명 주체들은 권력을 쥐고 있긴 했지만 질서를 잡지도, 혁명 방향 을 제시하지도 못했다. 이들은 5년 후 로베스피에르의 동생에게 발 탁되었던 장군 나폴레옹에 의해 제거된다.

Napoléon I

28
나폴레옹의
영웅적 등장

생로슈 성당

루브르 박물관

앵발리드

노트르담 대성당

나폴레옹 1세는 1769년 8월 15일 코르시카의 아작시오에서 태어났다. 성모승천일인 이날 레티치아는 성당에서 미사를 드리던 중 산통이 오자 집으로 달려가서 소파에 누운 후 곧바로 아이를 낳았다. 코르시카의 나폴레옹 생가에는 이 소파가 보존되어 있다.

나폴레옹이 프랑스의 장군이 되고 황제로 등극하여 역사의 큰 흐름을 바꾸게 된 것은 코르시카섬의 운명과 관련이 있다. 그가 태어나기 1년 전인 1768년, 원래 이탈리아 제노바 공화국 영토였던 코르시카가 프랑스 영토로 넘어갔다. 아버지 카를로 마리아 디 부오나파르테가 코르시카 독립파였다가 프랑스 편으로 돌아선 후 귀족 작위를 얻은 덕분에 나폴레옹은 파리의 사관학교를 졸업하고 군인이 될 수 있었고, 결국 장군을 거쳐 황제에까지 오르게 되었다.

혁명이 절정에 이르렀던 1793년, 반혁명 왕당파가 툴롱항을 차지하고 영국군을 끌어들였다. 이때 툴롱항을 되찾는 것이 나폴레옹 보나파르트가 맡은 첫 번째 임무였는데, 이를 훌륭하게 수행했다. 군인으로서 나폴레옹의 능력은 출중했다.

두 번째 임무는 1795년 9월(혁명력 3년 방데미에르), 파리에서 왕당파의 반란을 진압하는 일이었다. 왕당파 수만 명이 튀일리 궁전을 공격해올 가능성이 컸다. 국민공회는 군 책임자인 폴 바라스Paul Barras에게 이를 막으라는 임무를 주었다. 그는 툴롱에서 탁월한 성과를 거둔 젊은 장군 나폴레옹을 떠올렸다. 그런데 이자가 자주 다니던 곳들을 다 뒤져도 통 찾을 수 없었다.

사실 나폴레옹은 이때 적진에 가 있었다. 왕당파와 만나 출세 기회를 엿보고 있던 것이다. 그런데 협상이 잘 안 되었다. 나폴레옹은 성공 보수로 중요 직책을 요구했지만, 상대는 돈으로 끝내려고 했다. 거래가 채 끝나지 않은 저녁, 나폴레옹은 "파리에 급한 일이 있으니 이 이야기는 밤중에 다시 합시다" 하고 일어섰다. 급한 일이란 쉬잔이라는 여성과 극장에 가는 것이었다. 두 사람이 극장에서 데이트를 즐기고 있을 때 마침내 폴 바라스의 부하들이 그를 찾아내서 이야기를 전했다. 사태를 파악한 그는 쉬잔을 남겨두고 튀일리로 달려가서 혁명의회 측에 붙었다. 역사는 정말 우연의 결과가 아닐까 하는 느낌을 지울 수 없는 때가 있다. 나폴레옹이 왕당파에 붙었다가 죽었다면 그 후 역사는 과연 어떻게 흘러갔을까? 물론 이런 건 다 부질없는 질문이다.

9월 13일, 이미 파리의 절반을 차지한 왕당파는 생토노레 거리에 모여 공격을 시작했다. 그들은 얼마 전 자신들과 고용조건을 놓고 협상하던 사람이 자신들을 공격할 준비를 하고 있다는 걸 몰랐을 것이다. 나폴레옹은 대포를 모아 생토노레 거리의 생로슈 성당Église Saint-Roch 앞에 설치해놓고는, 봉기 군중이 몰려오자 바로 공격하여 진압했다. 무자비한 공격으로 왕당파 반군 1,400여 명이 무참히 죽었다. 혁명기에는 하도 많은 사람이 죽어서 이런 사태를 마치 아무 일도 아니라는 듯 무심하게 서술하지만, 생각해보면 시내에서 포를 쏴서 1,400여 명을 죽이는 건 실로 끔찍한 일이다. 하여튼 이것이 혁명 중 마지막 봉기라 할 수 있다. 시가지 전투가 벌어진 생로슈 성당의 계단에는 당시의 총탄 흔적이 아직도 남아 있다.

공을 독차지하고 싶었던 바라스는 그냥 넘어가려 했으나 이 사건을 본 사람이 나폴레옹의 공을 알렸다. 무명에 가까웠던 나폴레옹은 이번 일로 돌연 영웅이 되었다. 10월 16일 그는 공화파 장군으로 임명되었다. 이제 그는 정치에 입문했고, 클럽, 당, 살롱, 언론 등과도 관계를 맺기 시작했다.

나폴레옹은 1796~1797년 이탈리아 원정에서 여러 번 승리하면서 점점 인기가 높아졌다. 그 때문에 이 실력 있는 장군을 멀리 두고 싶어진 총재정부는 이집트 정복이라는 불가능한 임무를 주었다. 나폴레옹은 이집트와 중동에서 복무하면서도 늘 파리 정세에 촉각을 세우고 있었다. 돌변하는 혁명 상황이 결국 장군을 파리 정치계로 끌어들였다. 1799년 10월 11일 나폴레옹이 마음대로 이집트를 떠나 파리로 돌아왔다. 말하자면 명령 불복종, 탈영인 셈인데, 결과가 좋으면 그런 건 문제가 안 된다.

혁명정부가 위기에 빠지자 권력을 장악하고 있던 에마뉘엘 조제프 시에예스가 쿠데타를 일으켰다. 나폴레옹은 이 거사에 참여했고 (브뤼메르 18일의 쿠데타, 1799년 11월 9일), 곧 실권자가 되었다. 이때부터 대외적으로는 전쟁과 정복을 확대해가는 한편 대내적으로 개혁을 추진했다. 혁명 당시 교회를 공격해서 민중이 크게 반발했기 때문에 이 문제를 해결하기 위해 교황 피우스 7세와 정교화약政教和約, concordat을 맺어 로마가톨릭을 부활시켰다. 프랑스은행을 설립하고 법전도 정비했다. 다른 한편 의회의 권한을 줄이고, 자신의 권력을 대폭 강화하여 사실상 국왕으로 올라섰다. 실제로 그의 가족은 과거 왕궁이었던 튀일리 궁전에 거처를 정했다. 나폴레옹이 지방 여행을 갈 때도 과거 왕들의 의상이나 전례를 따랐다.

나폴레옹은 내친김에 아예 황제로 올라섰다. 왕실 부활 음모가 발각되자 이를 계기로 권력을 항구화하고자 한 것이다. 자신을 세습 황제로 만들면 부르봉 왕실의 등장을 원천봉쇄할 수 있다는 논리다. 남이 갓길로 운전하는 걸 막기 위해 내가 갓길로 운전한다는 말과 비슷하다. 이때 국민투표를 요긴하게 써먹었다. 투표 결과 99퍼센트의 찬성표를 얻어 나폴레옹은 합법적으로 황제가 되었다. 혁명과 내전, 전쟁에 지친 국민은 차라리 강력한 인물이 권력을 잡고 안정을 찾아주기를 바랐던 것이다.

1804년 12월 2일 일요일, 노트르담 대성당에서 황제 대관식을 거행했다. 이렇게 큰 행사를 치르려면 넓은 공간이 필요했으므로 교회를 몇 개 부수고 시청 일부를 옮겨서 약 80미터에 달하는 노트르담 광장을 만들었다. 대관식을 위해 교황 피우스 7세가 파리로 왔다. 교황의 요구에 따라 황제 부부는 그 전날 추기경의 주례로 튀일리 소성당에서 가톨릭 의식인 혼배성사를 치렀다. 아이가 없어서 이혼당할까 봐 두려워하던 조제핀은 나폴레옹을 종교적으로 묶어두려고 생각했을 터이다.

대관식 당일 나폴레옹 부부는 튀일리 궁전에서 노트르담 대성당으로 행진하고, 그곳에서 미사 형식으로 의식을 치렀다. 나폴레옹 1세는 교황 앞에 무릎을 꿇고서 머리, 팔, 손에 기름 부음을 받는 의식을 치렀다. 과거 왕들이 그랬듯이 황제도 '기름 부음 받은 자(그리스도)'로서 신의 뜻을 이 땅에 펼치는 신성한 통치자가 되었다. 황제의 관을 쓰는 절차는 실로 파격적이었다. 교황이 관을 씌어주는 게 아니라 나폴레옹 1세가 관을 들어 스스로 머리 위에 썼다. 유럽사에서 자주 벌어진 갈등이 교황과 황제 중 누가 최고 권력자인가 하는 문제였는데, 이때는 교황이 황제를 임명하는 게 아니라 나폴레옹 1세가 스스로 황제가 되는 의식을 치러 이 문제를 깔끔하게 처리했다. 그러고 나서 나폴레옹 1세가 조제핀에게 황후의 관을 씌어주었다. 이것은 조제핀의 아이디어였다고 한다. 신께 참배하는 자세를 취한 조제핀에게 황후관을 씌우는 이 장면을 다비드가 포착해서 〈나폴레

루브르 박물관에 전시되어 있는 자크 루이 다비드의 〈나폴레옹의 대관식〉.

옹의 대관식〉을 그렸다. 나폴레옹 1세의 어머니는 파리에 늦게 도착하는 바람에 대관식을 보지 못했지만, 화가는 화폭 한가운데에 어머니를 그려 넣었다. 여러 사람이 아드님의 영광 운운하며 아첨하자 그녀는 이렇게 답했다. "글쎄, 그게 지속되기만 한다면……."

조제핀은 나폴레옹 1세와 끝까지 함께하지 못했다. 제국 체제를 유지할 계승자, 즉 아들을 낳는 일은 중요한 문제다. 나폴레옹 1세는 조제핀을 여전히 사랑했으나 후손을 얻지 못하자 이혼을 결심했다. 1809년 조제핀과 이혼하고 1810년 4월 1일 오스트리아 황실의 마리 루이즈와 재혼했다. 다만 조제핀에게 넓은 저택과 상당한 재산을 주어 풍족한 삶을 살도록 배려했다. 새 황후는 기대를 저버리지 않고 1811년 남편을 똑 닮은 아들을 낳았다. 나폴레옹 2세는 곧 '로마의 왕' 칭호를 얻었는데, 다음 황위 계승자라는 뜻이다. 그렇지만 나폴레옹 1세가 전쟁에서 지는 바람에 어린 아들은 아주 잠깐 나폴레옹 2세로 불리다가 결국 오스트리아에 가서 살게 되었고, 이름도 프란츠로 고쳤다. 훗날 나폴레옹 1세가 쓸쓸히 죽어갈 때 황후 마리 루이즈는 다른 사람과 재혼하고, 자기 아들은 오스트리아인 프란츠가 되었다는 사실을 알았다면 기절했을 것이다.

Ville impériale

29

개선문,
제국 도시의 위엄

라데팡스 개선문

에투알 개선문
방돔 광장

카루젤 개선문
루브르 박물관

　나폴레옹 1세는 혁명기를 경험하며 파리가 프랑스에서 얼마나 큰 의미를 가지는지 절실히 깨달았다. 그래서 한편으로는 '혁명의 수도'로서 언제 반란에 나설지 모르는 파리를 잘 감시하고, 다른 한편으로는 혁명기에 크게 망가진 시내를 복구하고 아름답게 꾸몄다. 이때 건축 분야에서 큰 성과를 거두었다. 그 이전 혁명기에는 새로운 건축물이 거의 없다. 짓기보다는 오히려 부수는 일이 더 많았고, 국외로 달아난 귀족이 남긴 대저택이나 종교 건축물 등 빈 곳이 많았다. 따라서 나폴레옹 1세가 권력을 잡은 후에는 새롭게 건축할 좋은 기회를 맞았다. 파리 인구도 혁명기 동안 줄어들어서 1804년에는 58만 명이었다가 1814년에는 70만 명으로 늘었다. 건축 사업은 빈민에게 일자리를 제공하는 기회이기도 하므로 시민 또한 전폭적으로 지지했다. 센강에 멋진 다리들을 만들고, 곳곳에 분수를 설치하고, 거리 장식도 개선했다. 나폴레옹은 새벽에 말을 타고 돌아다니며 건축 현장을 살펴보곤 했다.

이 시대에 조성된 건축물이나 광장은 모두 장대한 균형미가 특징
이다. 방돔 광장이 대표적이다. 이 광장과 그 한복판에 있는 방돔 기
념상은 역사의 흐름에 따라 극적인 변화를 거듭했다. 이 광장이 처
음 조성된 것은 루이 14세 시대인 1702년이다. 루이 14세의 승전을
기념하며 '정복 광장Place des Conquêtes'이라 불렸다가 곧 루이 14세 기
마 동상을 설치하며 '루이 대왕 광장Place Louis le Grand'으로 이름이 바
뀌었다. 이 동상은 원래 루이 14세 주변에 네 명의 노예가 무릎을 꿇
고 있는 모습이었다. 노예들은 각각 에스파냐, 네덜란드, 독일, 터키
를 상징한다. 이 노예상은 현재 루브르 박물관에 보관되어 있다. 박
물관에 옮겨놓는 게 낫지, 원래 자리에 놓아두었다면 파리를 찾는
그 나라 사람들은 꽤나 심란했을 것 같다. 프랑스혁명이 터지자 민
중이 달려들어 루이 14세 동상을 파괴했다. 1792년, 열성 혁명분자
테루아뉴 메리쿠르Théroigne Méricourt가 이끄는 한 떼의 여성이 왕당파
죄수들을 칼로 죽이고 머리를 잘라 창끝에 꿰고 이 광장에서 행진해
서 잠시 '창 광장Place des Piques'이라는 섬뜩한 이름으로 불렸다.

나폴레옹은 자신을 고대 로마 황제와 같은 격으로 드높이려는 마
음에서 이 광장에 트라야누스 황제 기념 원주圓柱와 유사한 기둥을
세우고자 했다. 트라야누스는 다키아 전투 승리를 기념하여 로마의
포럼에 약 30미터 높이의 기둥을 세웠는데, 나폴레옹은 이게 부러웠
던 모양이다. 기둥은 1806년에 공사를 시작하여 1810년에 완공되

었다. 공사 시작 직전인 1805년 나폴레옹의 대군이 오스테를리츠에서 러시아-오스트리아 연합군에 승리를 거두었는데, 이때 러시아군에게서 뺏은 대포 1,200개를 녹여서 승전 기념 기둥을 만들었다. 원래는 기둥 위에 카롤루스 대제 동상을 세우려 했는데, 계획을 바꾸어 나폴레옹 동상을 만들어 올렸다. 살아 있는 사람의 동상을 버젓이 시내에 세우는 것은 암만해도 오만한 일이긴 하다. 당시에는 고대 의상을 입고 손에 지구를 들고 있는 나폴레옹과 날개를 편 승리의 여신이 함께 있는 모습이었다고 한다.

나폴레옹이 권좌에서 쫓겨나고 부르봉 왕실이 복귀한 1814년, 이 동상을 부수고 녹여서 퐁뇌프의 앙리 4세 동상을 다시 만들었다. 동상으로 복수를 한 것이다. 그런데 다시 정권이 바뀌어 권력을 잡은 루이 필리프는 나폴레옹 숭배 열기를 정치적으로 이용하기 위해 1833년 나폴레옹 동상을 또다시 만들어 설치했다. 이때 나폴레옹은 프록코트를 입고 이각모를 쓴 우리에게 익숙한 모습이었다. 그 후 나폴레옹 3세가 권력을 잡자 동상을 교체했는데, 이것이 오늘날 우리가 보는 고대 의상을 입고 월계관을 쓴 나폴레옹 동상이다.

여기에서 이야기가 그치는 게 아니다. 1871년 파리 코뮌 혁명정부가 들어서자 이 기둥 자체를 없애버렸다. 화가 귀스타브 쿠르베가 앞장섰다. 예술가동맹의 의장이자 코뮌 멤버인 쿠르베는 이 기념물에 부정적이었다. 예술적 가치도 없는 데다 단지 전쟁과 지난 제국의 가치만 표현하고 있어서 공화주의 감성과 어울리지 않는다는

방돔 광장의 기둥 위에
설치된 나폴레옹 동상.

이유에서였다. 평화의 거리에 어찌 전쟁기념물을 둔단 말인가. 그런데 다시 시간이 흘러 제3공화정이 들어선 이후 새 정권은 이 기념물을 복원하기로 했다. 비용은 쿠르베에게 떠넘겼다. 자그마치 32만 3,000프랑이라는 거액! 쿠르베는 스위스로 도망갔고, 정부는 쿠르베의 작품들을 압수했다. 정부는 이전에 해체한 것과 같은 모양으로 원주와 동상을 다시 설치했다. 기념물이라는 것이 얼마나 정치 흐름에 크게 좌우되는지 알 수 있다.

나폴레옹은 센강에 다리들을 만든 다음, 자신이 승리를 거둔 전투를 기리는 이름을 붙였다. 오스테를리츠 다리Pont d'Austerlitz, 예나 다리Pont d'Iéna 등이 그러하다. 1806년 예나 전투에서 나폴레옹의 군대에 완패한 프로이센은 프랑스의 속국이 되었다. 프로이센으로서는 국치國恥의 기억을 간직한 다리가 파리 한복판에 있으니 마음이 편치는 않을 것이다. 나중에 나폴레옹이 패배했을 때 파리로 진군한 프로이센군의 게프하르트 블뤼허 장군은 예나 다리를 파괴하겠다고 흥분을 감추지 못했는데, 동맹국 지도자들이 겨우 말렸다.

나폴레옹은 파리에 자주 머물지는 않았지만, 승리 기념 행진 같은 행사를 자주 열었다. 군사 행진을 위해서는 넓은 공간이 필요하므로 루브르 궁전과 튀일리 궁전 사이에 있는 몇 개의 대저택을 부수어 공간을 마련했다. 무엇보다 가장 큰 의미를 두고 만든 것이 두 개의 개선문이다. 하나는 튀일리 궁전과 루브르 궁전 가운데에 자리 잡은 카루젤 개선문Arc de Triomphe du Carrousel이고, 다른 하나는 샹젤리제 끝에 있는 에투알 개선문Arc de Triomphe de l'Etoile이다. 이 역시 원래는 오스테를리츠 승전을 기념하기 위해 세운 것이다.

설치 장소로는 콩코르드 광장, 바스티유 광장 등이 거론되었지만 샹젤리제 끝 지점으로 결정했다. 1806년 8월 15일 공사를 시작했는데, 나폴레옹이 몰락한 1814년에 아직 20미터밖에 올라가지 않았다(전체 높이 50미터). 마침내 1836년 7월왕정 때 완공되자, 혁명과 제국의 프랑스군에 바치는 기념물로 삼았다. 오늘날에는 단순히 '개선문'이라고 부르기도 하지만, 정확하게는 별을 뜻하는 에투알étoile 개선문이다. 여기에는 지난 시대 프랑스군이 승리한 전쟁들이 부조浮彫로 표현되어 있다. 가장 유명한 조각은 '1792년 의용군의 출발'로, 흔히 '라마르세예즈'라 부른다. 제1차 세계대전이 끝난 후 1923년에는 개선문 아래에 무명용사의 묘와 그들을 기리는 영원한 불꽃을 설치했다.

오늘날 루브르 박물관의 피라미드 입구 앞에서 볼 수 있는 카루젤 개선문은 고대 로마의 콘스탄티누스 아치를 모델로 만들었는데, 황제의 거처인 튀일리 궁전으로 들어가는 대문 역할을 했다. 처음에 이 개선문 위에는 베네치아의 산마르코 성당을 장식하던 청동 사두마차상의 말 조각들을 올려놓았다(베네치아에서는 '산마르코의 말들Cavalli di San Marco'이라고 부른다). 1797년 나폴레옹이 이탈리아 원정에서 승리를 거둔 후 약탈해온 것이다. 원래 이 조각품은 콘스탄티노플(오늘날의 이스탄불)의 경기장 유적에 있던 것인데, 말썽 많은

파리에서 가장 먼저 세워진 카루젤 개선문.

1204년의 제4차 십자군 때 베네치아인이 '모셔온' 것이 아니던가. 그런데 이 귀중한 보물을 나폴레옹이 '훔쳐 간' 데 대해 베네치아인 은 분개했다. 나폴레옹이 몰락한 후 1815년 빈 회의에서 베네치아 가 오스트리아령이 되었을 때 프랑스는 이 보물을 오스트리아에 반 환했고, 오스트리아는 즉각 베네치아에 되돌려주었다. 말 조각상들 을 돌려보낸 후 허전해진 개선문 위에 새 조각품을 제작해 올렸다. 그때는 왕정복고 시기였던지라 평화의 신이 사두마차를 탄 청동 조 각상과 그 양쪽에 승리의 여신 금제 조각상 들을 두었다.

튀일리 궁전에서 보면 동쪽에 카루젤 개선문, 서쪽 멀리 에투알 개선문이 자리 잡고 있었다. 그런데 1870~1871년 파리 코뮌 당시 튀일리 궁전이 완전히 파괴되자 두 개선문이 샹젤리제 거리의 양쪽 에서 마주 보게 되었다. 20세기에 들어와서는 카루젤-에투알 축의 서쪽에 훨씬 더 큰 규모의 라데팡스 개선문La Grande Arche de la Défense을 만들어 오늘날에는 세 개의 큰 기념비가 연결되었다.

루브르 궁전도 손보았다. 나폴레옹은 루브르 궁전을 일반인에게 공개하는 박물관으로 만든 장본인이다. 그동안 왕실이 소장하고 있 던 작품들에다가 자신이 전쟁 중에 훔쳐 온 '장물들'을 더해 엄청난 컬렉션을 만들었다.

전반적으로 나폴레옹 시대에 파리의 모습이 크게 변했다. 아직 남아 있는 중세의 잔재를 치우고 공간을 넓혔다. 그랑샤틀레Grand Châtelet(원래 파리를 지키는 요새였다가 몇 차례 재건축되어 왕궁, 법원, 행정 건물 용도로 쓰여왔다)를 없애고 지금의 샤틀레 광장으로 조성하니 교통이 훨씬 편해졌다. 팡테옹 앞에도 수플로 거리를 뚫어 공간을 넓혔다. 센강 양안에는 강변로quay를 조성했다. 무엇보다 오늘날의 리볼리 거리Rue de Rivoli(나폴레옹 때는 콩코르드에서 루브르까지, 나폴레옹 3세 때 더 연장해 바스티유 광장까지 이어진다), 페 거리Rue de la Paix 등이 이 시기에 만들어지거나 넓혀졌다.

번지수를 한쪽은 홀수, 다른 쪽은 짝수로 매긴 것도 나폴레옹의 아이디어였다. 1779년 번지수 제도를 도입했는데, 이때에는 거리 한쪽에서부터 번지수를 매겨 반대편으로 돌아오면서 계속 숫자가 커지는 식이었다. 1805년에 거리의 한쪽은 홀수, 다른 쪽은 짝수 번호를 매기는 방식을 채택했다.

최초의 철교인 퐁데자르Pont des Arts도 건립했다. 산 사람뿐 아니라 죽은 사람이 누울 장소도 재정비했다. 페르라셰즈 묘지를 1804년에 개방하고, 몽파르나스 묘지는 1824년에 폐쇄했다.

COMEDIE FRANCAISE

Comédie F

Le Romantisme

30
혁명적 낭만주의,
그리고 쇼팽

나폴레옹 1세는 1812년에 러시아를 침공했다가 크게 패배한다. 이후 지중해의 엘바섬에 유폐되었다가 탈출하여 재기를 노렸지만 워털루 전투에서 다시 패배해서 대서양 남쪽 앙골라 앞바다에 있는 세인트헬레나섬에서 삶을 마쳤다. 15년 동안의 전쟁 후 평화가 찾아왔다. 그렇지만 진정한 평화는 아니다. 루이 16세의 동생인 루이 18세가 왕위에 올랐으나 아직 러시아군이 튀일리 궁전 정원에 진을 치고 있고, 왕당파와 공화파가 서로 살해하는 사건이 벌어졌다.

파리는 나폴레옹과 혁명 시대 이전으로 돌아가는 듯했다. 나폴레옹 거리는 페 거리로, 콩코르드 다리는 루이 16세 다리로 원래 이름을 되찾았다. 방돔 기둥 위에는 흰색 기가 휘날리고, 보주 광장, 빅투아르 광장에 부르봉 왕족의 동상들을 다시 세웠다. 퐁뇌프에도 앙리 4세 동상을 다시 세웠는데, 전하는 말에 따르면 이 청동상을 만든 노동자들이 나폴레옹 지지자들이어서 말 안에 부르봉 왕실을 비난하는 내용의 팸플릿을 잔뜩 넣었다고 한다. 동상을 깨볼 수는 없으니 확인하기는 힘들다.

70만 명이 넘는 인구는 여전히 비좁고 더러운 시내에서 살아갔다. 그나마 약간의 변화가 있다면 주거 건물을 더 짓고, 가스등을 더 많이 밝혔다는 것이다. 시민들은 비교적 평온하게 살아가는 듯했다. 외식 문화도 발전하면서 '프로방스 형제', '황금의 집' 같은 유명 레스토랑들이 문을 열었다.

겉으로는 큰 변화가 없는 듯하면서도 안으로 다시 변화의 저류가 흐르기 시작했다. 문학과 예술이 그 변화를 포착해냈다. 오노레 발자크의 소설 《우아한 삶에 대하여Traité de la vie élégante》는 시골에서 파리로 올라온 사람의 옷 이야기를 통해 당시 파리의 변화를 묘사한다. 주인공은 파리의 엘리트 계층에 들어가기 위해 자신이 알고 있는 엘리트 차림을 하고 오페라 극장으로 향한다. 하지만 그 옷차림은 엘리트들 사이에서 이미 유행이 끝나고 이제는 노동계급의 옷차림이 되었기 때문에 극장 출입을 거부당한다. 패션 문화가 시작된 것이다.

그동안 억눌려 있던 연극은 혁명 전 수준으로 돌아갔다. 연극 무대에서는 국민군, 보헤미안, 농민, 졸부, 옛 귀족, 극좌파 등 다양한 이들이 풍자 대상이 되었다. 누구나 욕먹을 권리와 의무를 누리는 것 같았다. 정부도 제한적이나마 풍자를 용인해주었다. 극작가 오귀스탱 외젠 스크리브는 사회 비판적 작품을 썼는데, 그 방향은 당대 낭만주의에 대한 공격이었다. '아무리 봐도 행복은 사랑보다 유산에 좌우되더라' 하는 주장이었는데, 알렉상드르 뒤마나 테오필 고티에 같은 작가들은 스크리브를 속물이라 비판했다. 극장에서는 간혹 물리적 충돌도 일어났는데, 1817년 코메디프랑세즈에서 많은 시민이 다쳤다. 이후 극장 문간에서 지팡이, 우산 등 무기가 될 수 있는 물품을 보관해주는 서비스가 생겼다. 물품 보관소가 탄생한 것이다.

문예사조로서 낭만주의가 발전했다. 낭만주의 작가들이 왕정을 대놓고 비판하지는 않지만, 자유를 주장하는 이들의 목소리는 결국 정치 권력을 잠식해가는 효과를 냈다. 낭만주의와 혁명 움직임은 서서히 융합해갔다.

낭만주의 시대이자 혁명의 시대였던 이 시기 파리의 분위기를 잘 보여주는 부문이 음악이다. 예컨대 루이 엑토르 베를리오즈의 〈환상 교향곡〉 4악장 '단두대로 가는 행진'을 들어보라. 꿈속에서 연인을 죽이고 자신도 단두대로 불려가 죽는다는 내용의 이 곡이 7월혁명의 해인 1830년 12월 5일 파리음악원Conservatoire de Paris에서 초연되었을 때 관객은 탄성을 질렀다. '네 장례식에서 마음껏 소리 질러봐'라고 말하는 듯한 이 작품은 당시 낭만주의의 분위기를 대변해 준다.

이 시대의 대표적인 음악가로는 폴란드 출신의 프레데리크 쇼팽1810~1849을 들 수 있다. 쇼팽은 1831년 스물한 살 때 파리로 왔다. 그의 공식적인 연주회는 30회에 불과했고, 대개 살롱에서 연주하거나 작곡한 작품을 팔거나 피아노 교습을 하며 살아갔다. 그는 프란츠 리스트와 친했고, 로베르트 슈만의 찬탄을 받았다.

이 시대 예술가의 이야기는 실로 세심하고 다정다감하다. 쇼팽과 리스트 사이의 이야기가 그렇다. 헝가리 출신인 리스트는 1827년 파리에 와서 활동을 시작했는데, 연주 활동을 하는 한편으로 빅토르 위고, 알퐁스 라마르틴 같은 작가들과도 교분을 쌓았다. 얼마 후 쇼팽이 파리에 도착했다. 쇼팽과 리스트의 첫 만남에 대해서는 흥미로운 이야기가 있다. 어느 날 살롱에서 리스트가 연주하고 있을 때, 하인이 악보를 들고 와서 외국에서 온 촌뜨기가 자신이 작곡한 곡이라며 연주를 부탁했다고 전한다. 리스트가 그 곡을 연주하는데 쇼팽이 다가왔다. 그러자 리스트가 그에게 이렇게 말했다.

"이 곡을 자네가 작곡했나? 옆에 앉아서 왼손을 연주하게. 나는 오른손을 연주할 테니. 자, 악수하세."

두 사람이 언제 처음 만났는지, 과연 그런 일이 실제 있었는지는 확실하지 않지만, 두 사람이 가까이 지내면서 서로 찬미하며 경쟁한 것은 분명하다.

쇼팽의 삶에 매우 큰 영향을 끼친 사람은 아망틴 뒤팽Amantine Dupin, 1804~1876인데, 필명인 조르주 상드로 더 잘 알려져 있다. 두 사람이 고통을 동반한 사랑의 관계를 유지하며 살던 때가 쇼팽으로서는 가장 생산적인 시기였다. 상드는 폴란드에서 온 젊은 음악인을 '천사'로 맞이했다. 그녀는 쇼팽의 연주에 완전히 매료되었다. 그녀는 편지에서 쇼팽의 감수성은 너무나 섬세하고 예민하고 완벽해서 이 거친 세상에서 오래도록 머무르지 못할 것 같다고 썼다. 상드는 쇼팽의 뮤즈이자 연인이자 매니저였으며, 간호사와 엄마처럼 그를 돌봐주었다. 쇼팽 역시 상드에게 무한한 연민과 사랑을 느꼈던 것 같다. 이 시기에 쇼팽이 작곡한 마주르카, 발라드, 스케르초, 프렐류드, 에튀드는 모두 '오로라(상드를 가리킨다)'를 위한 작품이었다.

이 섬세한 인간들의 삶은 슬프고 아름답지만, 다른 한편으로 너무나도 피곤해 보인다. 이들의 삶에는 많은 비용이 들었다. 파티, 콘서트, 마차……. 게다가 쇼팽은 늘 고가의 셔츠와 가죽장갑을 사들였다. 음악회 수입과 피아노 교습 수입, 상드의 소설 원고 수입으로는 점차 감당이 되지 않았다. 그리고 상드의 두 아이와의 관계가 너무나 미묘했다. 상드의 아들 모리스는 쇼팽을 싫어했다. 반대로 딸 솔랑주는 쇼팽을 좋아했는데, 상드는 그 아이를 증오했다. 결국 솔랑주 문제로 이들은 헤어진다. 모녀간 갈등에서 쇼팽이 솔랑주를 편들자 상드는 두 사람이 바람피우고 있다고 비난한 것이다. 1847년 쇼팽이 떠나자 상드는 곧 새 연인을 만났다.

쇼팽의 친구들이 방돔 광장에 있는 아파트에 그의 거처를 마련해주었다. 결핵으로 고생하던 쇼팽은 이곳에서 39세로 사망했다. 쇼팽의 친구들은 뱀파이어 같은 여자 때문에 쇼팽이 죽었다고 비난을 퍼부었으나, 반대로 상드의 친구들은 8년 동안 보살펴준 덕에 그나마 쇼팽이 그때까지 살았다고 주장했다.

흔히 이야기하는 것과 달리 쇼팽은 홀로 죽은 게 아니다. 그의 누

페르라셰즈 묘지에
있는 쇼팽의 묘.

나 루트비카가 폴란드에서 찾아와 동생의 마지막 시간을 함께했다. 마들렌 교회에서 거행된 쇼팽의 장례식은 사망 후 거의 2주나 지난 10월 30일에 치러졌다. 초대장을 가진 사람만 입장할 수 있었지만, 초대받지 않은 사람이 3,000명이나 더 찾아왔다. 그중에는 런던, 빈, 베를린에서 온 사람들도 있었는데, 모두 입장하지 못했다. 장례식에서는 모차르트의 레퀴엠이 연주되었다. 쇼팽의 묘는 페르라셰즈 묘지에서 가장 많은 사람이 찾는 곳이다. 폴란드 국기가 꽂혀 있고, 늘 많은 꽃이 놓여 있으니, 분명 죽어서 외롭지는 않아 보인다. 루트비카는 장례식 후 쇼팽의 심장을 알코올에 담가 고국으로 가져갔다. 쇼팽이 상드에게 쓴 200여 통의 편지도 함께 가지고 갔다. 후일 이 편지들을 상드에게 보냈는데, 상드가 다 없애버린 듯하다.

예술은 분명 그 시대의 역동적 흐름과 맞닿아 있었다. 낭만주의 파리는 '문명의 수도'로 떠올랐다. 이에 비해 런던은 단지 '산업의 도시'에 불과하다고 파리지앵들은 치부했다.

Monarchie de Juillet

31

7월혁명의 유산,
7월기둥

콩코르드 광장

파리 시청

앵발리드

바스티유 광장·
7월기둥

　나폴레옹 1세가 몰락한 이후 들어선 왕정은 사회와 문화의 흐름을 전혀 좇아가지 못하고 보수화되어갔다. 그나마 루이 18세재위 1815~1824가 극단적 왕당파의 과격함을 제어하는 역할을 했다. 그러던 그가 1824년 9월 16일 사망하고, 동생 아르투아 백작이 샤를 10세재위 1824~1830로 즉위했다. 그는 형만 한 정치 감각마저도 없었다. 사실 그는 프랑스혁명 때 제일 먼저 국외로 도주한 인물이며 복수의 화신과 같았다. 혁명 때 재산을 잃은 사람에게 배상하고, 신성모독은 사형에 처하고자 할 정도로 시대착오적이었다. 심지어 랭스에서 대관식을 하면서 연주창 환자를 만지는 과거 왕실 의식까지 거행할 정도로 생각이 꽉 막혀 있었다. 구체제로 돌아가려는 그의 반동정책은 자유주의적 왕당파부터 공화파까지 많은 사람의 저항을 불러 일으켰다.

　이 시기에 샤를 10세보다 이집트 파샤 무함마드 알리가 선물한 기린과 오벨리스크가 더 인기가 있었을 것이다. 현재 콩코르드 광장 한복판에 서 있는 오벨리스크는 파리에서 가장 오래된 기념물이다. 무함마드 알리는 기원전 1250년 람세스 2세 묘 앞에 세운 두 개의 오벨리스크를 선물했다. 프랑스가 강요해서 받아낸 것이라고도 하고, 1822년 장 프랑수아 샹폴리옹이 세계 최초로 이집트 상형문자를 해독한 데 대해 감사 표시로 주었다고도 한다.

프랑스 정부는 둘 중 작은 것부터 옮겨오기로 했다. 작다고 해도 무게가 230톤이다. 이를 옮기기 위해 룩소르Le Luxor라고 명명한 배를 새로 건조했다. 이 거대한 돌덩어리를 이집트의 육로를 경유해 배에 실은 뒤 지브롤터 해협과 르아브르를 거쳐 센강을 거슬러 파리로 옮겨왔다. 이것을 세우는 일만 해도 보통 힘든 게 아니었다. 고대 이집트 사람들은 그런 엄청난 일들을 어떻게 다 했는지 모를 일이다. 작업이 어찌나 힘들었던지 수송을 담당했던 사람들은 "나머지 하나도 가져오라고 해, 그렇지만 난 못해!" 하고 난색을 보였다. 그리하여 남은 오벨리스크에 대해서는 아무런 언급도 없다가 1994년에 형식적으로나마 이집트에 되돌려준다. 당시 프랑스 대통령 프랑수아 미테랑이 "프랑스가 소유한 오벨리스크의 소유권을 이집트에 넘긴다"라고 선언하는 기이한 형식이었다.

파리 분위기가 점차 심상치 않게 돌아갔다. 샤를 10세는 사람들의 반발을 힘으로 찍어 누르려 했다. 특히 극단적 왕당파 오귀스트 쥘 드 폴리냐크Auguste Jules de Polignac를 재상으로 등용해 반동적인 정책을 펴서 시민의 분노를 샀다. 1830년 선거가 있었는데 국왕 정책에 반대하는 의원이 대거 당선되었다. 그러자 7월 25일 국왕은 네 개의 칙령으로 의회를 해산하고, 비판적인 언론에 재갈을 물린 다음, 선거법을 개악해서 부자에게 유리하도록 선거권을 조정하려 했다. 파리는 활화산 상태였다.

　7월 26일 5,000명의 인쇄공과 언론 노동자들이 거리에서 "장관들 물러가라", "(선왕 루이 18세가 인정한) 자유헌장 만세"를 외쳤다. 폴리냐크는 문맹들이 거리에서 언론 자유를 외친다고 비아냥거렸고, 국왕 샤를 10세는 아예 무시하고 사냥을 나갔다. 그러는 동안 사태가 더욱 나빠졌다. 경찰이 개입하여 진압하려 하자 노동자들이 분기하여, 전체 노동계급으로 운동이 퍼져갔다. 7월 27일자 《르 탕Le Temps》에 국왕의 승인 없이 언론인의 항의문이 실리자 경찰은 신문사 인쇄기를 압수하려 했다. 이제 언론 문제와 노동 문제가 결합했다. 대지주와 상층 부르주아 정권 아래 실업과 저임금, 장시간 노동과 고물가에 시달리던 사람들이 분기한 것이다. 28일, 파리 전역으로 시위가 번지고, 바리케이드가 등장했다. 삼색기를 흔드는 군중이 시청과 노트르담 대성당 등을 장악했고, 해산되었던 국민군이 등장했다. 공화파 봉기위원회가 결성되고 밤에는 거의 전투 수준에 이르렀다. 아직 정신 못 차린 국왕은 이때 생클루성에서 휘스트 카드게임을 하고 있었다. 다음 날은 파리에서 봉기가 일어났다. 샤를 10세가 칙령을 철회하려 했으나 이미 때는 늦었다.

뜨거웠던 사흘이 지난 후, 샤를 10세는 후계자에게 왕위를 물려주려고 했지만, 부르봉 가문에는 도대체 인기 있는 인사가 없었다. 왕과 왕자는 모든 걸 포기하고 망명을 떠났다. 7월 30일, 늙은 라파예트가 시청 발코니에 나타나 루이 필리프1830~1848를 국왕으로 천거했다. 그의 아버지는—이름이 똑같이 루이 필리프인데, 흔히 평등공이라는 의미의 별칭 필리프 에갈리테Philippe l'Egalité로 불린다—프랑스혁명에 찬성했지만 결국은 투옥되었다가 처형당했다. 아들 루이 필리프는 국외로 도주했다가 왕정복고 때 귀국했다. 이런 점들을 놓고 볼 때 그가 왕이 된다는 것은 혁명의 성과를 인정하면서도 왕정을 유지한다는 의미가 있다지만 시민들의 반응은 뜨뜻미지근했다. 이럴 때 필요한 게 연극적인 선동이다. 다음 날 루이 필리프가 몸에 삼색기를 두르고 나타나자 그 뒤에서 라파예트가 포옹하며 "루이 필리프는 최상의 공화국을 만들 것이오" 하고 선언하니 군중이 환호했다.

이렇게 해서 7월왕정이 탄생했다. 새 정권은 의회와 협력하는 입헌군주제를 표방했다. 그러나 새 왕은 파리 시민 가운데에서 통치하는 게 쉽지 않다는 사실을 곧 알게 될 것이다. 1835년 주세페 피에스키Giuseppe Marco Fieschi가 자신이 만든 총기로 국왕을 살해하려다가 애먼 18명이 사망했다. 이런 식으로 루이 필리프는 여덟 번이나 암살 대상이 되었다. 1835년 7월 26일자 《르 샤리바리Le Charivari》에는 이런 기사가 실렸다. "국왕 전하가 암살당하시지 않고 가족과 함께 파리에 도착하셨다."

시민왕Roi Citoyen이라는 별명에 걸맞게 루이 필리프는 어떻게든 민중을 자기편으로 끌어오고 싶어 했다. 그런 시도 중 하나가 나폴레옹 1세의 시신을 파리로 옮겨오는 일이다. 국민의 나폴레옹 추모 열기에 편승하고 싶었던 것이다. 나폴레옹은 유서에 "내가 그토록 사랑했던 프랑스인들 사이에 묻히고 싶다"라고 썼지만, 루이 18세는 이를 거부했었다. 그런데 루이 필리프는 정치적 목적을 위해 시신 이송을 결정했다. 1840년, 국왕의 아들인 주앵빌 왕자가 운구 책임을 맡았다. 오랜 항해 끝에 배가 셰르부르 항구에 입항할 때 10만 명이 모였다. 배가 파리에 도착할 때까지 가는 곳마다 사람들이 모여들고 교회마다 종을 울렸다. 나폴레옹의 시신을 어디에 안장할지 논란이 일었다. 개선문, 팡테옹, 바스티유, 방돔 광장 등이 거론되었지만, 최종적으로는 앵발리드로 정해졌다. 말하자면 나폴레옹을 국왕이나 황제가 아니라 군 총사령관 자격으로 모신 셈이다. 앵발리드에 안장할 때 주앵빌 왕자가 왕에게 "전하, 나폴레옹의 시신을 전합니다" 하고 보고하니 국왕은 "프랑스의 이름으로 받노라" 하고 응답하며 인수 절차를 밟았다.

바스티유 광장에는 7월혁명 기념물로 7월기둥을 세웠다. 그것이 오늘날 바스티유 광장에 있는 기둥이다. 사흘간 희생된 504명의 이름을 기둥에 새기고 시신을 그 아래 지하에 묻었다. 1840년 7월 28일 루이 필리프가 이 기념물의 제막식을 할 때 8년 뒤에 새 체제가

앵발리드에 안치된 나폴레옹 1세의 관.

들어서고, 자신의 정권에 맞서 싸우다 희생된 사람들의 이름도 거기에 덧붙여 새기게 되리라고는 생각하지 못했을 것이다.

낭만적 분위기에서 권력을 잡고 그 힘을 이용하려 한다지만, 루이 필리프는 그리 낭만적인 인물이 아니었다. 알렉시 토크빌의 평가에 따르면, 그는 불타는 정열도, 치명적 약점도, 눈에 띄는 악덕도 없다. 그는 문학과 예술보다 산업을 열정적으로 사랑했으며, 은행가 출신 답게 은행가, 산업인과 가까이 지냈다. 그리고 가끔 튀일리 정원에서 프록코트와 해트 그리고 녹색 우산을 들고 부르주아 차림으로 산책하는 모습을 보여주었다. 그의 정치철학은 프랑수아 기조가 파리 비즈니스맨들에게 한 말 그대로 "부자 되세요Enrichissez-vous"였다.

Napoléon III

32

나폴레옹 3세,
다시 왕정으로

엘리제 궁전

바스티유 광장·
7월기둥

　자칭 시민왕 루이 필리프의 시대는 번영을 이루었지만, 정치적으
로는 수구반동의 시대였다. 대혁명의 원칙과 왕정을 결합한다는 아
이디어는 그럴듯하게 들릴지는 모르나 애초부터 실현 가능성이 없었
다. 무엇보다 전체 국민 중 15만 명만 선거권을 갖는 불합리하고 비
민주적인 제도를 바꾸자는 요구가 거셌지만 일절 대응하지 않았다.

　파리 인구는 1832~1849년 사이에 25퍼센트나 늘었고, 1844년경
에는 100만 명에 이르렀을 것으로 추정된다. 주변 지역에서 인구가
유입된 때문이다. 그런데 이들을 먹여 살릴 고용 기회가 충분치 않
았다. 1848년 파리 시내에는 6만 5,000개의 업체가 있었는데, 그중
10명 이상 고용한 업체는 7,000개에 불과했다. 대부호가 생겨나는
한편 서민층의 경제 사정은 나빠져서 빈부격차가 크게 벌어졌다. 공
중위생 상태도 안 좋아 이 시기에 6만 명이 콜레라로 사망했다. 희
생자는 대개 가난한 사람들이었다. 계속되는 인플레이션, 부패, 실

253

업, 저임금 등의 문제로 서민층의 분노가 극에 달했다.

신문들은 정부를 비판하고 나섰다. 1847년 가을부터 선거권 개정을 요구하는 목소리가 커졌다. 항의 방식은 특이하게도 연회banquet였다. 참으로 프랑스적인 발상이라 할 만하다. 이 역시 프랑스혁명 시기부터 시작된 전통이다. 대개 야외에서 큰 연회를 열어 많은 사람이 평등하게 참여했으며, 당시 중요한 정치적 대의를 위해 건배하며 의사를 표현했다. 이런 연회는 곧 지방으로 퍼져갔다.

1848년 2월 19일, 파리에서 대규모 연회가 열릴 예정이었다. 그런데 프랑수아 기조 정부가 이를 금지하자 봉기가 일어났다. 좌안의 학생들부터 시작해서 시민이 항의 시위에 동참했다. 다음 날, 바리케이드가 설치되고 경찰과 군대가 동원되었다. 카퓌신 거리Boulevard des Capucines에서 이들이 쏜 총에 52명의 시민이 사망했다. 사람들은 마차에 시체를 싣고 다니며 "저들이 민중의 목을 베었다!" 하고 소리쳤다. 파리 동쪽에서 중앙부 방향으로 바리케이드가 늘어났다. 이제 사태는 돌이킬 수 없는 지경이 되었다. 2월 24일, 루이 필리프는 왕위에서 물러나 변장한 채 영국으로 망명했다. 사람들이 주인 없는 튀일리 궁전에 난입하여 왕관을 가지고 놀다가 바스티유 광장의 7월기둥 앞에서 불태웠다. 공화파와 낭만주의자들이 파리 시청에서 임시 정부를 구성해 2월 27일에 공화정을 선포했다.

파리는 다시금 혁명의 수도가 되었다. 이후 몇 달 동안 파리는 본격적으로 시위와 봉기, 혁명의 모든 것을 보여준다. 아래로부터는 민중이 들고일어나서 압박하고, 위로는 공화정 정부를 구성해가는 복잡다기한 상황이 펼쳐졌다. 대규모 봉기가 일어나고 가혹한 탄압이 있었다. 이 모든 혼란은 어디로 향해 갔던가? 놀랍게도 그 끝은 루이 나폴레옹Louis Napoléon이라는 기이한 인물의 대통령 당선이었다.

루이 나폴레옹 보나파르트는 나폴레옹 1세의 동생 루이 보나파르트와 나폴레옹 1세의 의붓딸 오르탕스 드 보아르네Hortense de Beauharnais 사이에 태어난 아들이다. 촌수를 따지면 나폴레옹 1세의 조카뻘이다(DNA 조사 결과 황제 1세와 3세 사이에 생물학적으로 아무런 관련이 없음이 밝혀졌다). 그는 1808년생으로 스물세 살에 보나파르트 가문의 권리에 따라 자신이 프랑스를 통치해야 한다고 주장했다. 1840년 8월에는 불로뉴에 상륙하여 수비대를 파리로 보내 권력을 탈취하려다가 체포되었다. 종신형을 선고받은 그는 솜강 유역에 있는 암Ham 요새에 수감되었다. 이 교도소는 제1차 세계대전 말인 1917년 독일군이 후퇴하면서 폭파하여 이제는 흔적만 남아 있다. 1846년 한 석공의 도움으로 이곳에서 탈주한 루이 나폴레옹은 벨기에를 거쳐 영국으로 망명했다. 이때 화가 바댕게Badinguet라는 가명으로 위장했는데, 후일 그를 비난하는 사람들이 그를 바댕게라고 놀리곤 했다. 외국으로 도망갔던 바댕게 씨가 2년 뒤 프랑스에 돌아와 정권을 잡으리라고 누가 상상이나 했겠는가.

1848년의 어지러운 정국에서 루이 나폴레옹이 돌아와 의회에 입성했고, 9월에는 의회 연설에서 대통령 선거에 출마하겠다고 선언했다. 더듬거리는 데다 독일 억양으로! 토크빌은 그를 '불가사의하고 침울하고 대수롭지 않은 돌대가리'라고 표현했다. 그런데 이 돌대가리가 12월 대선에서 여유 있게 승리를 거두었다. 승리 요인은 단 하나, '나폴레옹'이라는 이름 덕분이었다. 19세기 전반기를 지낸 사람들은 대개 나폴레옹에 대한 향수를 간직하고 있었다. 한때 전 유럽을 지배하며 프랑스의 영광을 드높인 영웅이 아니던가. 게다가 루이 필리프도 정치적 목적으로 보나파르티즘을 조장하지 않았던가. 방돔 광장에 나폴레옹 동상을 세우고, 개선문을 완공하고, 나폴레옹의 시신을 가져와서 앵발리드에 안치하지 않았던가.

제2공화정은 남성으로 제한된 보편선거를 치렀다. 새 헌법은 단원제 의회, 4년 임기 대통령 등 미국 제도를 많이 따랐다. 다만 대통령은 연임을 할 수 없고, 퇴임 후 4년이 지나야 피선거권이 주어진다는 규정을 두었다. 이 규정이 결국 문제를 일으킨다.

1848년 12월 21일 선거에서 70퍼센트가 넘는 표를 얻은 루이 나폴레옹은 대통령이 되어 엘리제 궁전에 입성했다. 그후 2년 동안 그는 정치에 거의 관여하지 않았다. 그러더니 1850년 들어 헌법 개정을 요구하는 운동을 부추겼다. 재선을 노린 의도였다. 그렇지만 의회는 이 안을 부결했다. 남은 방법은 친위 쿠데타였다. 그의 심복들이 12월 1일에서 2일로 넘어가는 밤, 국립인쇄소에서 의회 해산, 보편선거, 새 헌법을 위한 국민투표를 제안하는 선언문을 비밀리에 인쇄했다.

12월 2일 아침, 벽보가 나붙었다. 쿠데타 예고까지 한 것이다. 곧 5만 명의 군 병력을 동원해 부르봉 궁전을 점거하고 시내 주요 거점과 신문사를 장악했다. 주요 정적은 체포하여 암 교도소에(!) 수감했다. 대법원은 그의 행위가 불법이라고 판단했고, 일부 의원이 항의하다 체포되었으나, 시민 대부분은 평소처럼 일하러 갔다. 빈민 거주지였던 생탕투안 포부르와 일부 거리에서는 거세게 저항하는 노동자들과 군이 충돌했다. 노동자들과 군 병력이 바리케이드를 놓고 대치한 상황에서 일부 공화파 의원이 나섰다. 그러자 노동자들이 의원들에게 야유를 퍼부었다. "당신네는 하루 25프랑이나 받지 않소. 우리가 당신들을 위해 죽을 줄 아시오?" 그러자 알퐁스 보댕Alphonse Baudin 의원이 한 손에 깃발을 들고 바리케이드 위로 올라가서 노동자들을 노려보며 말했다. "25프랑으로 사람이 어떻게 죽는지 보여주겠소." 그때 어디선가 날아온 총탄에 보댕 의원이 즉사했다.

루이 나폴레옹은 처음부터 종신 집권 황제를 꿈꾸었다. 다음 해 11월에 자신이 황제가 될 수 있는지 묻는 국민투표를 실시해 97퍼센트의 찬성표(찬성 780만 표, 반대 25만 표)를 얻어 나폴레옹 3세로 즉위했다. 많은 문인이 반발했는데, 특히 빅토르 위고는 아예 해외로 망명을 떠났다. 제2제정이 시작되었다. 이에 대해 카를 마르크스는 유명한 말을 남겼다. "역사는 두 번 반복되는 경향이 있다. 한 번은 비극, 한 번은 코미디!"

33

근대 파리를
디자인한 오스만

몽소 공원

시테 나폴레옹

뷔트쇼몽 공원

에투알 광장

몽수리 공원

나폴레옹 3세 시대에 파리는 근본적인 변화를 겪었다. 쉽게 말해 현재 우리가 보는 파리의 모습은 이 시기에 만들어졌다고 할 수 있다. 그 일을 맡은 주인공이 조르주 외젠 오스만1809~1891 남작이다. 그렇지만 오스만 이전에 준비 과정을 거쳐야 했다.

우선 새로운 성벽을 건설했다. 통관세 성벽 바깥으로 대략 1.5킬로미터 떨어진 곳에 티에르 성벽L'enceinte de Thiers을 쌓으면서 그 사이의 38제곱킬로미터가 새로 파리에 흡수되어, 파리 면적은 총 71제곱킬로미터로 늘었다. 이렇게 확대된 파리를 기존 12개 구아롱디스망, arrondissement에서 20개 구로 재편했다. 이처럼 단순해 보이는 행정 문제에서도 갈등이 벌어진다. 어느 지역이 불길한 숫자인 '13'구를 좋아하겠는가? 원래 구 번호를 정하는 방식은 왼쪽에서 오른쪽으로, 위에서 아래로 번호를 매겨가는 것이었다. 그러면 오늘날의 16구가 13구가 된다. 파시Passy 지역은 힘 있고 부유한 사람들이 모여 사는 곳인데, 주민들의 항의가 빗발쳤다. 그러자 구청장 장 프레데리크 포소Jean-Frédéric Possoz가 기가 막힌 아이디어를 내서 문제를 풀었다. 그는 시내 중심부부터 달팽이 모양으로 번호를 매겨가자고 오스만 남작을 구워삶았다. 그 결과 현재와 같은 구 번호가 확정되었고, 파시 지역은 13구가 아니라 16구가 되었다. 포소는 달팽이 요리를 먹으며 이 아이디어를 생각해냈다고 한다.

오스만 남작의 전임자인 파리 지사 랑뷔토Rambuteau 백작이 이미 많은 일을 했다. 그의 지휘 아래 시청 건물을 확장하고, 방돔 광장에 나폴레옹 동상을 세웠으며, 개선문을 완공하고 바스티유 광장에 7월 기둥과 콩코르드 광장에 룩소르의 오벨리스크를 세웠다. 다리도 여섯 개를 더 건설했고, 몇몇 큰 성당도 완공했다. 그러고 보면 오늘날 파리의 주요 풍광은 랑뷔토가 밑그림을 그린 셈이다. 그는 또 너무나도 빽빽한 파리 공간이 '숨 쉴 수 있도록' 기존 도로를 넓히고 110개의 작은 길을 더 만들었다. 예컨대 그의 이름을 딴 랑뷔토 거리는 폭이 13미터이며 미레와 레알 지구를 연결했다. 진창길을 포장하고, 가로수 수천 그루를 심고, 가로등도 더 많이 설치했다. 그로 인해 파리 모습이 한결 달라졌다.

길에 소변소urinoir를 설치한 것도 하찮은 일이 아니다. 짐작하는 대로 공중화장실이 없으면 급할 때 골목길에서 실례하는 경우가 많다. 공중화장실 설치는 시 위생 개선에 적지 않은 기여를 했다. 그 후 1830년대에 개선된 소변기들을 설치해서 오랫동안 널리 사용되다가 1990년대부터 자동 캐빈으로 대체되었다. 그래도 파리에서 여행할 때 용변 보는 문제가 가장 힘들고 아쉬운 부분이다. 급할 때는 일단 카페로 가면 약간의 돈을 내긴 하지만 어쨌든 해결할 수 있다. 이에 비하면 서울 지하철의 깔끔한 개방형 화장실은 세계 최고 수준일 것이다.

랑뷔토가 시작한 파리의 근대화 기획을 이어받아 파격적으로 개선한 인물이 오스만 남작이다. 나폴레옹 3세 스스로가 로마를 대리석의 도시로 만든 아우구스투스처럼 되고 싶다고 말했는데, 오스만 남작이 그 계획의 집행인이 되었다. 알자스 출신 개신교도인 오스만 남작은 파리의 앙리 4세 콜레주를 나와 라탱 지구에 머물며 법학 공부를 했기 때문에 파리의 속사정을 잘 알고 있었다. 그러던 차에 1853년 지사로 임명되면서 파리 정비사업을 맡게 되자 이를 자신의 사명으로 받아들였다.

나폴레옹 3세는 런던에 머물 때 오래된 구역을 정비해 넓은 길을 내는 것을 보고 감탄한 바 있다. 파리 역시 도로를 시원하게 뚫어서 사람과 마차가 편하게 오가도록 하는 게 급선무였다. 사실 파리의 교통 사정은 끔찍했다. 1850년 카퓌신 거리에는 마차 2만 3,000대가 운영되었다고 한다. 정체 정도가 아니라 아예 마차들이 오도 가도 못 하고 서 있었을 것 같다. 늙고 병든 말이 끄는 낡은 마차가 앞에서 느릿느릿 가고 있으면 제아무리 으리으리한 최신 마차라 해도 별다른 도리가 없다.

이런 상황이니 오스만 남작의 첫 사업이 낡은 옛집들을 철거하고 도로를 건설하는 것이었다. 그런데 이 기획은 단지 일부 구역을 없애고 도로를 몇 개 새로 내는 정도가 아닌, 총체적인 도시계획 수준으로 격상되었다. 시 전체의 교통을 원활하게 하려고 도시의 틀 자체를 새롭게 짜기로 한 것이다. 기본 아이디어는 중요한 기념물이나 광장 등 몇 개의 중심점을 만들고 여기에서 큰길들이 죽죽 뻗어 나가는 새로운 축들을 만드는 것이다. 샤틀레 광장, 생미셸 광장, 콩코르드 광장, 바스티유 광장, 이탈리 광장 등이 중심점이고, 리볼리 거리, 스트라스부르 거리, 세바스토폴 거리Boulevard de Sébastopol, 페 거리, 12월 10일 거리(훗날 9월 4일 거리가 된다), 오스만 거리, 생제르맹 거리 같은 큰길들이 사통팔달 뻗어 나가도록 했다. 그중 특히 큰 중심점은 개선문이 있는 에투알 광장이다. 이곳에는 기존 도로들에 더해 바그람 거리Avenue de Wagram, 클레베르 거리Avenue Kléber 같은 몇 개의 도로를 더 내어 모두 열두 개의 큰길이 사방으로 퍼져나가서, 그야말로 별 모양을 이룬다.

오늘날 에투알 광장의 원형 교차로는 열두 곳에서 차들이 들어오고 빠져나가서 마치 소용돌이처럼 보인다. 초보 운전자가 이곳에 잘못 들어가면 심장이 쪼그라드는 경험을 할 것이다. 이곳에 들어오면 자신의 왼쪽에 있는 차량에만 양보하면서 요령껏 돌다가 원하는 방향으로 빠져나가면 되는데, 글쎄 그게 말만큼 쉬운 게 아니라서, 여기에서 성공하면 프랑스 어디에서나 운전할 수 있다.

에투알 광장의 원형 교차로.

도로 표면을 무엇으로 포장할 것인가? 사암은 부서지고, 매캐덤Macadam은 마르면 먼지가 나고 젖으면 냄새나는 진흙이 나오며, 아스팔트는 미끄러운 단점이 있다. 그나마 아스팔트가 가장 낫다고 판단하여 1867년 이후 아스팔트 포장을 시작했다. 도로를 낼 때마다 나무를 심은 것도 좋은 아이디어였다. 이 시기에 8만 2,000그루의 가로수를 심었다. 여기에 더해 시내에 공원도 만들었다. 나폴레옹 3세가 런던에 머물 때 시내 녹지에 특히 감탄하여 이를 따라 했다. 공원에는 꽃밭과 정자, 작은 숲, 숲속의 작은 길 등이 조성되었다. 뷔트 쇼몽 공원Parc des Buttes-Chaumont, 몽수리 공원Parc Montsouris, 몽소 공원Parc Monceau 등은 파리 시민이 부러울 정도로 감탄하게 되는 곳들이다. 또한 파리 양쪽에서 도시의 허파 역할을 하는 엄청난 크기의 불로뉴 숲과 뱅센 숲도 공원으로 꾸몄다. 이로써 파리 시민은 숨 쉴 공간을 얻었다.

이런 결과를 얻기까지 대가가 없을 수 없다. 바로 그 숨 쉴 공간에 살던 사람들이 숨 막히는 곳으로 쫓겨난 것이다. 서민이 살던 터전을 무자비하게 파괴하여 길을 내고 공원을 만들었으니, 많은 사람이 변두리로 밀려났다.

도시계획에서 실로 중요한 문제는 상하수도 체계다. 파리에는 돈을 받고 강물을 길어 집집이 배달해주는 물장수가 많았다. 과거 우리나라에서 북청 물장수가 유명했듯이 파리에서는 오베르뉴 사람들이 물장사로 유명했다. 점차 이정표 모양의 분수전borne-fontaine 설치를 늘려서 물 문제가 상당히 해결되었다. 파리는 지하 4~6미터에 대수층帶水層이 있어서 샘을 파서 분수전을 만들 수 있었다. 15세기 시내에 17개의 공공 급수용 분수가 있었다는 기록이 있는데, 19세기에 분수전으로 공공 급수를 더 많이 늘린 것이다. 기술의 발전으로 지하 600미터의 물을 퍼올릴 수 있었는데, 이 경우 더 좋은 물을 더 많이 공급할 수 있었다.

그 밖에도 먼 곳의 수원지와 강에서 물을 끌어오는 수로 시설을 정비하거나 각 건물에 상수도 시설을 설치했다. 그 결과 물 소비량이 늘어났다. 다만 모든 개인에게 혜택이 돌아가는 게 아니라 건물주의 판단에 달린 문제다. 상수도 시설에 돈을 내는 게 아까운 건물주들이 그런 사치는 필요 없다고 판단하면 끝이다. 그래서 초기에는 수도 설비가 된 집은 다섯 집 가운데 한 집꼴이고, 2층까지 수도 파이프가 연결된 집은 아주 적었다. 하지만 수도 시설이 확대되면서 1865년 좌안, 1875년 우안의 모든 건물 그리고 모든 층에 수도가 연결되었다. 건물주는 벽에 '모든 층에 수원지와 센강의 물 공급EAUX DE SOURCE ET DE SEINE TOUS LES ÉTAGES'이라는 표시판을 붙여 자랑했다.

상수도도 문제지만 하수도 또한 큰 문제다. 전통적으로 센강은 취수원이자 하수구 역할을 했다. 말하자면 강에 쓰레기와 오물을 버리고 다시 그 물을 먹는 것이다. 특히 센강으로 흘러 들어가는 지류인 비에브르강은 온갖 오물이 가득했다. 19세기에 전 세계를 강타한 수

인성 전염병인 콜레라가 창궐하기에 딱 좋은 환경이었다. 파리에서는 1832, 1848, 1849, 1853, 1865년에 콜레라가 발생했다. 이제 위생 문제, 그와 연관된 전염병 문제 때문에 하수 처리 시설을 만들어갔다. 오스만 시기 이후 적어도 파리 시내에서는 강에 직접 쓰레기와 하수를 버리지 않고 따로 모아서 처리하게 되었다. 오늘날에는 하수를 모으는 시설도 관광 상품으로 만들었는데,《레미제라블》에 나오는 그 더럽고 복잡한 지하 미로를 염두에 두고 가면 실망하기 쉽다. 깨끗이 정비된 초입만 보여주기 때문이다. 도시가스도 더 많은 지역에 공급되었고, 더불어 가스등도 더 많이 설치했다. 파리의 별명인 '빛의 도시Villé lumière'의 원래 의미는 '가스등으로 밝아진 도시'였다.

그러나 이 모든 발전으로 여전히 중상층의 사람들만 혜택을 보았다. 서민과 빈민 계층에게는 아직 요원한 일이었다. 이런 문제를 해결해보려는 실험적 시도가 있긴 하다. 1851년, 나폴레옹 3세는 현재의 르슈슈아르 거리에 가스공사 노동자를 위한 최초의 노동자 주택 단지를 만들었다(오늘날의 시테 나폴레옹). 유토피아 사회주의자인 샤를 푸리에Charles Fourier의 팔랑스테르phalanstère(이상적인 집단주거) 개념에서 영감을 받은 것인데, 당시로는 정말로 혁신적인 주택이었다. 통풍이 잘 되고, 정원도 있었으며 공동시설로 세탁장, 주간 보호소, 목욕탕까지 갖춘 데다 임대료도 저렴했다. 문제는 엄청 까다로운 규칙이 무려 100가지에 달한다는 것이다! 특히 밤 10시 이후에는 출입이 금지되었고, 정기적으로 조사원이 집의 상태를 점검했다. 이 주택은 '로슈슈아르의 막사'라 불리며 노동자들이 기피하는 곳이 되었다.

랑뷔토와 오스만의 파리 개조로 파리는 중세, 바로크, 네오클래식 도시에서 벗어나 19세기 도시가 되었다. 그리고 새로운 파리 건설은 20세기 초까지 이어진다.

4부

빛의 도시

파리 코뮌 ~ 현재

Commune de
Paris

34

좌파의 성지,
파리 코뮌의 벽

파리 시청　페르라셰즈 묘지

파리 코뮌의 벽

1870년 나폴레옹 3세는 프로이센의 철혈재상 오토 비스마르크의 외교·군사 전략에 놀아나서 프랑스-프로이센 전쟁에 휩쓸렸다가 패전의 멍에를 썼다. 반대로 이야기하자면, 비스마르크는 능란한 정치 술수로 프랑스를 희생시켜 독일 통일의 위업을 이루었다. 군사적 명예에 근거를 둔 나폴레옹 3세의 제정에 이 패배는 치명적이었다. 9월 3일, 황제가 포로로 잡히고 프랑스군이 패배했다는 소식이 파리 시민에게 전해졌다. 4일 밤 새벽 1시, 의회가 긴급 소집되었다. 공화파는 황제를 폐위하고 국민방위정부를 구성하라고 요청했고, 시위 군중도 의회에 난입해 황제 폐위를 요구했다.

프랑스혁명 이후 중요한 정치 선언은 파리 시청 발코니에서 하는 것이 전통이 되었다. 이날 "시청으로À l'Hôtel de Ville"라고 적힌 종이가 총검에 꽂혀 군중에게 전해졌다. 얼마나 극적인 장면인가! 그런데 가끔 오역이 문제다. 한국에서 개봉한 영화에서 시청을 의미하는 'Hôtel de Ville(오텔 드 빌)'을 숙박시설로 착각하여 "드빌 호텔로 가자!"라고 옮겼다. 어쨌든 공화파 의원들이 선두에 선 군중이 시청으로 행진해가서 국민방위정부 구성을 가결했다. 이렇게 9월 4일은 '공화국의 날'이 되었다.

파리 시청이 공화정 중심부가 되었다. 이들에게 닥친 문제는 심각했다. 곧 프로이센군이 파리로 밀어닥칠 것이다. 그런데 정작 임시정부 내에서는 온건파와 혁명파 사이에 갈등이 커졌다. 누가 권력을 쥐고 어떻게 난국을 타개할 것인가? 이런 상황에서는 흔히 강경할수록 권력을 잡는 경향이 있다. 조만간 파리 코뮌이 선포되고, 피비린내 나는 아마겟돈이 펼쳐질 것이다. 이런 와중에 황후 외제니 드 몽티조는 친구인 미국인 치과의사 토머스 에반스의 도움으로 국외로 탈출했다. 얼마 후 프로이센 정부가 나폴레옹 3세를 석방함으로써 이들 부부는 런던에서 만나게 된다.

사방에서 프랑스군이 패배했다. 9월 19일 헬무트 몰트케가 지휘하는 프로이센군 30만 명이 파리를 포위했다. 파리는 고립되었지만 파리 시민은 끝까지 싸우기로 결의했다. 당시 에티엔 아라고Étien Arago 시장은 파리의 역사를 이야기하며 혁명과 전쟁을 강조했다. "과거 우리 조상이 외쳤듯 나도 외칩니다, 조국이 위험에 처했노라고. 공화국의 노병들이 지키는 파리시 정부에 모두 모입시다!"

파리는 다섯 달 동안 외부와 단절된 채 세기 중 최악의 추위를 견디며 저항했다. 식량, 가스, 나무, 석탄 등 모든 것이 부족했다. 이런 상황에서도 파리는 분명 영웅적이었다. 1840년 이래 지은 성벽도 방위에 도움이 되었다. 훈련이 부족하다고는 하지만 35만 명의 병력도 유지하고 있었다. 이를 뚫고 들어가기가 힘들다고 판단한 비스마르크는 포위해서 파리 시민을 굶겨 죽이는 전략을 택했다.

포위된 파리에 11월부터 눈이 내렸다. 영하 10도의 추위에 기근이 심각해졌다. 샹젤리제의 나무를 베어 연료로 쓰고, 빈민들은 인육을 섞어 만든 빵을 먹었다. 시민 중 일부는 성 바깥으로 몰래 나가 풀 뿌리를 캤다. 이런 상황에서도 부자들은 비축한 식량으로 포위 내내 잘 먹었고, 심지어 고급 레스토랑도 계속 영업했다. 가장 심각한 문제는 물 부족이었다. 그동안 비축한 포도주가 많아서 물값보다 포도주값이 싸지자 부자들은 아예 취해버렸다. 서민은 어찌한단 말인가? 이 시기에 프랑스 애호가이며 불로뉴 숲의 바가텔성Château de Bagatelle 소유주인 리처드 월리스 경이 급수전 50개를 만들어 제공했다. 그가 디자인하고 주철로 대량생산한 네 가지 모델의 급수전이 오랫동안 파리를 오가는 이들의 갈증을 풀어주었다.

파리 시민의 저항이 계속되자 비스마르크는 전략을 바꾸어 위협 포격을 가했다. 1871년 1월 5일부터 23일까지 밤마다 시내를 향해 포를 쏘았다. 1만 2,000발의 포탄이 떨어져 400명가량이 죽거나 다치고, 건물들이 파괴되었다. 1월 26일, 파리 국민방위정부는 굶주림에 시달리다 못해 휴전 협상에 나섰다. 이틀 전 프랑스 외무부 장관 쥘 파브르가 베르사유로 가서 비스마르크를 만나 긴급 식량 구호를 받되, 그 대신 파리 외곽의 요새들을 프로이센군에 내주기로 했다. 곧 루이 쥘 트로슈 대통령이 사임하고 파브르가 대통령 직책을 이어받아 항복 문서에 조인했다. 보르도에서 끝까지 저항하려던 레옹 강베타 역시 이 소식을 듣고 휴전에 들어갔다.

그러나 파리 시민은 패배를 받아들이려 하지 않았다. 이후 파리와 프랑스의 다른 지역들이 서로 대립했다. 2월 8일 총선을 시행한 결과 전국적으로 보수파가 압도적 승리를 거두고 왕당파도 많이 당선되었지만, 파리만 혁명적 투사들을 선출했다. 3월 2일 프랑스와 프로이센의 평화안이 조인되었는데, 예상대로 항복 조건이 가혹했다. 프랑스는 거액의 배상금을 물고, 알자스-로렌을 양도하고, 파리는 3만 명의 독일군 지배 아래 들어가며, 그러기 위해 독일군이 샹젤리제로 행진한다는 내용이다. 결국 이는 파리 시민의 적개심만 키웠다.

파리에 아직 남아 있는 대포가 문제가 되었다. 정부는 평화와 질서를 되찾겠다며 대포를 빨리 회수하려 했지만, 반대로 파리시는 대포를 노동자 계급이 통제하는 곳으로 옮겨 만일 파리를 공격한다면 이것으로 반격하겠다는 의지를 보였다. 3월 18일 급진파 병사들이 몽마르트르로 가서 대포를 차지하려다가 파리 시민과 충돌이 일어나 시민이 정규군을 내쫓고 두 명의 장군을 체포해서 총살했다. 다시 봉기가 시작되었다. 이제 군은 퇴각하고, 정부 인사와 부자 들도 파리 바깥으로 탈출했다. 결국 파리는 봉기 군중 수중으로 넘어갔다. 시민은 시청을 점거하고 중앙위원회를 결성했다. 중앙위원회는 코뮌(인민의회) 선거를 시행했고, 3월 28일에 코뮌의 성립을 선포했다. 민중이 자치적으로 통치하는 '코뮌 정부'가 구성되었다.

파리에는 온갖 신구 극단파가 모였다. 마르크시스트, 자코뱅, 반성직자, 공화파 방위군 분자……. 이런 사람들이 모여 정권을 만든다면 어떻게 될까? 난리가 날 것 같지만 오히려 질서가 유지되었다. 3월 18일부터 5월 28일까지 72일간 파리 코뮌이 이어지는 동안 새로운 개혁 조치들을 실험했다. 삼색기 대신 적기赤旗를, 일반 달력 대신 혁명력을 다시 사용했으며, 교회와 국가 분리, 민병대 창설, 무상 의무 초등교육 실시, 야간 근무(특히 제빵공) 금지, 집세와 채무 연장 등 혁신적인 조치들을 시행했다.

그러나 이런 상태가 오래 이어지지는 못했다. 5월 21일, 파리 코뮌이 공격받기 시작했다. 베르사유군은 수비대가 없던 생클루를 통해 파리에 진입했다. 서부 지역은 곧 점령당했다. 이곳에서부터 동쪽으로 전진해가는 1주일은 그야말로 '피의 주간Semaine sanglante'이었다. 오스만의 도시 개조 이후 과거처럼 밀집 지구에서 시가전을 벌이는 것은 불가능해졌다. 뻥 뚫린 대로로 군대가 밀려오는 형국이다. 코뮌은 진압군의 전진을 막기 위해 건물들에 불을 지르고 거리마다 바리케이드를 쳤다. 튀일리 궁전, 시청, 회계청, 재무청, 레지옹도뇌르(오늘날의 레지옹도뇌르 박물관) 등이 전부 또는 부분 불탔다. 시청 건물이 불타며 코뮌주의자 600명이 사망했다. 다만 노트르담 대성당과 생트샤펠, 루브르 등은 마음 약한 인간이 불을 지르지 못해

"1871년 5월 21~28일 파리 코뮌 시 죽은 자들에게"라고 적힌 파리 코뮌의 벽.

살아남았다.

시가전은 과격하다는 말이 무색할 정도였다. 양측 모두 인간의 잔인함이 어디까지 이를 수 있는지 보여주는 듯했다. 코뮌의 여걸 루이즈 미셸Louise Michel은 "야만인이라 그런지 나는 대포, 화약 냄새, 공중을 날아가는 기관총알을 사랑한다"라며 전투에 임했다. 진압군에 의해 2만 명 혹은 3만 명이 목숨을 잃었을 정도로 희생자 수를 계산하기도 힘들다. 코뮌도 파리 대주교를 포함한 47명의 인질을 총살하며 보복했다. 최후의 전투는 페르라셰즈 묘지에서 벌어졌다. 200기의 무덤 사이에서 최후의 결사항전을 벌였다. 마지막까지 살아남은 147명이 지금의 파리 코뮌의 벽Mur des Fédérés 앞에서 총살된 후 구덩이에 묻혔다. 이후 이 벽은 좌파의 성지순례 장소가 되었다. 정치인 모리스 토레즈, 시인 폴 엘뤼아르 등이 이 벽을 보며 묻혀 있다.

진압 후 몇 주 동안 4만 명 넘게 체포되어 3만 명이 처형되었고, 1만 3,000명이 구금 또는 악마의 섬(프랑스령 기아나에 있는 수용소)으로 보내졌다. 정부는 이 기회에 반대파의 뿌리를 뽑으려 했고, 정부와 파리 시민 사이는 더욱 멀어졌다. 감미로운 샹송 〈버찌의 계절Le temps des cerises〉은 내용과 시기가 절묘하게 겹쳐 파리 코뮌에 대한 노래처럼 되었다. 듣는 이에 따라 이 노래는 사랑의 상처와 고통으로 들리기도 하고, 혁명의 좌절과 유혈로 들리기도 한다.

35

비즈니스가
점령한 파리

프랑스-프로이센 전쟁과 파리 코뮌 이후 제3공화정이 시작되었다. 이 시대에는 온갖 정치 스캔들이 난무하는 속에서도 많은 작가와 예술가가 활발하게 활동했다.

파리 또한 전쟁의 아픔에서 서서히 벗어나며 변화를 꾀했다. 파리 코뮌 때 불탔던 시청은 1882년 재건축이 완공되었다. 방돔 광장에 새 기둥도 설치했다. 파리-오를레앙 노선의 철도역인 오르세역(오늘날의 오르세 미술관)이 완공되었다. 슬럼가를 없애고, 위생시설도 설치해갔다. 코뮌 당시 불타버린 튀일리 궁전을 어떻게 할 것인가가 마지막 큰 논란이었다. 지난 왕정을 생각나게 한다는 것이 거슬렸기 때문이다. 논란 끝에 마르상Marsan과 플로르Flore 두 파비용만 재건하고 나머지 잔해는 완전히 부수어서(1882), 오늘날 이 터는 파리 시민을 위한 아름다운 공원이 되었다.

파리는 다시 금빛 도시로 거듭나고 있었다. 그렇지만 지난 시대의 끔찍한 기억들은 어떻게 지울 것인가? 가톨릭교회는 몽마르트르 언덕에 사크레쾨르 대성당을 짓기로 했다. 파리 코뮌 당시 급진 좌파의 파괴에 대해 속죄하는 의미라고 한다. 이 사원은 다음 세기에야 완공되었다. 사크레쾨르 대성당은 파리에서 유일하게 항상 성체성사를 지속하는 곳이다. 즉, 밤이나 낮이나 끊임없이 누군가가 성체 앞에서 기도하는 것을 의미한다. 1885년 시작한 후 제2차 세계대전 공습 때 한두 차례 끊어진 적이 있을 뿐, 지금도 계속 시행 중이다.

사회·경제적으로도 변화의 바람이 불었다.

1870년 프로이센군이 쳐들어오는 것처럼 비즈니스가 파리 시내를 점령한다.

당대 사람들은 이 시대의 변화를 이렇게 표현했다. 고급 상점과 양장점, 양복점 등이 거리에 들어서는데, 이 가게들은 영국식 디자인을 선보였다. 전통주의자들의 눈에는 실로 천박하기 짝이 없는 물건들이다. 그들에게 더 나쁜 것이 있었으니, 바로 백화점이다.

백화점의 시조는 1852년 11월 18일에 개장한 봉마르셰Le Bon Marché였다. 1838년 폴 비도Paul Videau와 쥐스탱 비도Justin Videau 형제가 세브르 거리와 바빌론 거리 모퉁이에 자리 잡은 너비 300제곱미터의 작은 수예 재료 가게mercerie를 열고 가게 이름을 오봉마르셰Au Bon Marché('좋은 시장'과 '싸다'라는 두 가지 의미가 있다)라고 했다. 1852년 아리스티드 부시코Aristide Boucicaut가 파트너로 합류했다가 1863년 이 가게를 홀로 인수해서 확장과 혁신을 단행했다. 우선 건축가 구스타브 에펠—에펠탑을 건축한 바로 그 에펠이다—의 도움을 받아 건물을 근대적으로 혁신했다. 철제 골격을 이용해 만든 넓은 공간에는 유리 지붕을 얹고, 여러 층의 갤러리가 화려한 계단으로 연결된 혁신적인 디자인이었다. 47개의 가게에서는 다양한 상품이 판매되었다.

백화점의 운영 방식은 일반 가게와는 완전히 달랐다. 물건을 사든 안 사든 사람들이 자유롭게 출입하고, 정가제에 따라 상품에는 가격표가 붙었다. 백화점에는 쇼핑하다가 쉴 수 있는 카페와 아이들을 위한 놀이방, 옷을 입어보는 피팅룸도 있었다. 마네킹과 잡지 형식의 팸플릿 광고가 등장했다. 가격 할인 기간도 있고, 상품 카탈로그만 보고 물건을 구매할 수도 있었다. 지금 우리가 보기에 하나도 이상할 것이 없다는 사실 자체가 이 백화점이 얼마나 혁신적인지 말해준다. 백화점은 오늘날의 소비사회를 연 시발점이라고 해도 과언이 아니다. 300제곱미터였던 매장이 5만 제곱미터로 커졌고, 고용인은 12명에서 1,788명으로 늘었으며, 판매고는 1877년 6,700만 프랑에서 1893년 1억 5천만 프랑으로 상승했다. 조만간 이 백화점을 모방한 상점들이 나온다. 봉마르셰에서 일하던 점원 에르네스 코냐크Ernest Cognacq가 사마르텐La Samaritaine을 여는 식이다.

지식인들은 백화점을 심연, 바벨탑, 거미줄 등으로 표현하며, 이곳에 드나드는 사람들을 두고 "이브의 딸들은 쥐덫에 들어가는 쥐처

럼 이곳으로 들어간다"라고 조롱했다. 기 드 모파상은 돈을 움켜쥐
려는 유대인들의 가게라고 표현했지만, 실제 유대인이 운영하는 경
우는 많지 않았다. 에밀 졸라는 이 백화점을 모델로 하여《여인들의
행복 백화점Au Bonheur des Dames》이라는 소설을 썼다. 작가는 여성이 정
신을 잃고 돈을 쓰게 하는 것이 백화점의 목적이라고 썼다. 그 말이
틀린 것도 아니어서, 전시된 상품들을 보고 그야말로 정신을 잃어
자기도 모르게 물건을 훔치는 사건이 자주 일어났다.

　1890년대에는 자전거가 등장했다. 여성에게 자전거는 억압에서
벗어나 해방감을 느끼는 수단이 되었다. 기차에 자전거를 싣고 먼
곳으로 가서 자전거를 타고 돌아다니는 것은 이전에는 생각도 할 수
없는 즐거움이다. 물론 보수적인 사람들이 볼 때는 이만저만한 꼴불
견이 아니다. 더구나 여성이 자전거 의상으로 바지를 입고 모자를
쓰는 것이 부도덕 하다며 비난하는 일도 있었다. 1895년 일부 여성
이 자전거를 타지 않고도 이런 복장으로 거리를 활보했는데, 경찰이
이를 제지하기도 했다.

　비슷한 시기에 자동차도 개발되었다. 1860년 내연기관이 발명되
고, 1883년 휘발유를 사용하는 차가 선보였으며, 존 던롭과 앙드레
미슐랭이 타이어를 개선했다. 자동차 산업이 빠르게 발전해서, 1895
년에는 보르도-파리 자동차 경주 대회가 개최되었고, 샹드마르스에
자동차 살롱이 열렸으며, 쥘 알베르 드 디옹Jules Albert de Dion 후작 주
도로 프랑스 자동차 클럽이 만들어졌다.

다음에는 지하철의 시대가 왔다. 사실 지하철 건설은 파리가 다른 대도시에 비해 늦은 편이다. 런던은 이미 1863년, 뉴욕은 1868년, 베를린은 1877년, 부다페스트는 1896년에 지하철이 개통되었다. 파리에서는 1896~1897년에 지하철 건설 여부를 놓고 논쟁이 벌어졌다. 옛 파리를 유지하자는 측은 파리를 죽이는 일이라며 반대했고, 소상점주들은 손님이 멀리 다른 곳으로 가버린다며 반대했다. 사회주의자들은 이 모든 것이 자본가의 음모라고 비난했다. 이런 반대를 무릅쓰고 지하철을 건설하기로 했다. 몇 달 동안 파리 시내는 공사로 마비되었다. 1호선은 1900년 7월 19일에 개통되었다. 뱅센 성문Porte de Vincennes에서 마요 성문Porte de Maillot까지 18개 역을 25분에 주파했다. 그 후 1914년까지 12개 노선이 건설되어 많은 시민이 이용했다. 프랑스에서는 지하철을 '메트로Métro'라 부르는데, 이는 '수도 철도Chemin de fer métropolitain'라는 말에서 나왔다.

1895년에는 뤼미에르 형제가 첫 번째 영화를 선보였다. 〈라시오타역으로 들어오는 기차〉, 〈리옹 공장의 퇴근〉 같은 작품들이 그랑 카페 카퓌신Grand café Capucines에서 처음 공개되었다. 이 시대에는 정말 너무나 많은 것이 쏟아져 나와 사람들이 눈이 어지럽다고 느꼈을 법하다.

과연 세상 전체가 빠르게 변했을까? 꼭 그렇지도 않다는 점을 보여주는 것이 바로 말이다. 19세기 말 20세기 초만 해도 파리 시내에서는 말이 교통수단으로 아주 많이 이용되었다(1961년도 영화 〈마부〉

를 보면 서울 시내에서도 말과 마차가 일상적으로 사용되었음을 알 수 있다).
자동차와 지하철의 시대가 시작되었다지만 여전히 말이 중요한 역
할을 했다. 1900년경 파리에서는 말·노새·당나귀 등 8만 마리가 교
통수단으로 이용되었다. 사실 제1차 세계대전은 탱크와 기차가 주
역일 것 같지만, 많은 연구자는 말 전쟁이라고 한다. 실제 전투가 벌
어지는 산과 들판에 군수품을 나르는 일은 다 말이 맡아서 했고, 그
결과 애꿎은 말이 무수히 죽었다.

　시내에서 마차를 많이 이용하다 보니 말과 마차를 두는 장소가
필요하다. 파리의 오래된 건물들은 안뜰 한쪽에 그런 공간이 있다.
지금은 다른 용도로 쓰여서 잘 인식하지 못할 따름이다.

　시내에는 합승마차 회사들이 운영하는 노선이 있었다. 그중 일반
합승마차 회사Compagnie générale des omnibus는 매일 수천 명 승객의 발이
되었을 만큼 규모가 컸다. 1875~1895년 이 회사에 소속된 말이 1만
6,500마리에 달했다. 말들은 하루 평균 서너 시간 동안 18킬로미터
정도 달렸다. 옛날 합승마차 사진을 보면 상당히 큰 차량을 말 두 마
리가 끌고 있다. 여기에 사람들이 가득 타고 있으니 말들이 정말 노
고가 컸을 것이다. 이렇게 많은 말이 있었으니 말똥이 얼마나 넘쳐
났겠는가. 사실 말똥은 아주 좋은 비료이기도 해서 합승마차 회사들
은 차고에서 말똥을 모아 비료로 팔았다. 파리에서 말이 끄는 합승
마차를 마지막으로 운행한 1913년 1월 11일에는 수많은 시민이 모
여들어 마차의 종언을 아쉬워했다.

1900년 몽마르트르와 생제르맹데프레를 왕복 운행한 합승마차.

시내에서 마차를 모는 것은 쉬운 일이 아니다. 좁은 골목에서 코너링하거나 유턴하는 일은 자동차를 몰기보다 훨씬 어렵다. 더군다나 사두마차는 여간 기술이 필요한 게 아니다. 그래서 사두마차를 운전하려면 면허가 필요했다. 생제르맹데프레 성당 가까운 사보 거리Rue du Sabot에서 옆길로 돌아서는 건 어렵기로 악명 높았다. 바로 이곳이 사두마차 마부의 면허시험 장소였다!

당연히 말 시장도 있었다. 시내 중심지에 있던 말 시장이 1687년 생빅토르Saint-Victor 포부르로 옮겨갔는데, 이곳은 원래 돼지 시장이 있던 곳이다. 이곳에서는 수요일과 토요일 오전에는 돼지를, 오후에는 말과 나귀를 매매하고, 일요일에는 마차와 개를 매매했다. 말 시장 바로 옆길은 이름이 '에세Essai', 즉 '테스트' 길이다. 말을 사는 사람이 말 상태를 점검하기 위해 한번 달려보는 길이었다.

1907년 말 시장이 브랑시옹 거리Rue Brancion로 옮겨갔는데, 이곳에서는 말고기 시장도 열렸다(지금은 공원으로 조성되었다). 사실 말고기는 법적·종교적으로 금지된 음식이었으나 19세기부터 먹기 시작했다. 처음에는 수감된 범죄자나 빈민들이 먹는 음식이었는데, 몸에 좋다는 말이 퍼지더니 곧 미식美食 재료가 되었다. 말고기 소비가 늘어나자 도살과 고기 판매 등에 관한 안전규정을 마련하고, 1866년에는 공식 허가증도 발행했다. 이후에 정식으로 말고기를 파는 가게가 문을 열었다. 곧이어 프랑스-프로이센 전쟁과 코뮌 시기를 거치며 금기가 완전히 깨졌다. 말고기는 대체로 쇠고기의 절반 값에 팔렸다.

말 이용이 늘면 마구 가게도 많아야 한다. 대표적인 가게가 에르메스사Hermès였다. 지금은 세계적인 명품 브랜드로 유명하지만, 1837년 창업 때는 마구 및 말 관련 제품을 만들어 팔던 회사다. 이 회사 로고가 마차인 것이 이런 이유다. 19세기 후반부터 이 회사는 '고급스러운' 상품들을 개발했다. 말 타는 사람이 입는 실크 의복, 안장용 가죽 가방, 부츠 같은 것도 생산했는데, 이 안장용 가방이 놀랄 만한 가격의 가방으로 진화한 것이다.

1899년 루이 푸케Louis Fouquet가 샹젤리제 거리에 문을 연 레스토랑 푸케Fouquet's는 원래 말과 마차를 타는 사람들을 위한 식당이었다. 오늘날 이곳은 정통 프랑스 요리를 내놓는 최고급 레스토랑으로 바뀌었다. 1990년에 이 레스토랑의 메인 홀은 프랑스 역사 유적으로 등록되었다. 2007년에는 니콜라 사르코지 프랑스 대통령이 이 식당에서 당선 기념 연회를 열기도 했다. 부유층이 애용하는 식당 이미지 때문에 2019년 '노란 조끼' 시위대가 이 식당을 콕 찍어서 공격해서 상당 기간 문을 닫고 수리해야 했다.

Exposition Universelle Tour Eiffel

36

만국박람회와
에펠탑

에펠탑
상드마르스

만국박람회는 19세기의 창안물이다. 선진국들이 자국의 산업 발전을 과시하려고 만든 것이다. 최초의 박람회는 1851년 영국에서 열렸다. 이 박람회가 끝나자 곧 파리가 도전해서, 제2회 만국박람회는 샹젤리제에서 열렸다. 런던을 이기기 위해서는 특색 있는 내용이 필요했던 터라 현대 예술을 함께 전시하기로 했다. 이런 식으로 1851~1900년 동안 20회의 만국박람회가 열렸는데, 대개 가건물에 전시장을 꾸몄다가, 폐장 후 철거하곤 했다.

1867년 박람회는 나폴레옹 3세가 결정했다. 샹드마르스에 거대한 철제 구조물을 세우고 '타원Ellipse'이라는 별명이 붙은 산업 공공관Palais de l'industrie을 지었다. 이때 페르디낭 드 레셉스Ferdinand de Lesseps의 수에즈 운하 모형을 선보이고, 최초의 잠수함 계획과 수족관도 등장했다. 관람객이 심해에 들어선 것처럼 느끼도록 기획한 이 박람회에서 깊은 인상을 받은 쥘 베른이 《해저 2만 리》라는 작품을 썼다.

미래 기술을 선보인다는 기획의 전시물들이 호평을 받아 1,100만 명의 관람객이 찾았다. 그러나 반대도 심했다. 공쿠르 형제에 따르면 "만국박람회는 프랑스의 미국화의 마지막 한 방이다. 산업이 예술을 넘어서고 증기기관이 그림 위에 군림하게 되었다."

1878년 만국박람회에서는 전기등이 처음 선보였다. 토머스 에디슨의 전구를 본 시민은 열광했다. 이로써 전기의 시대가 다가왔다. 당시 전기등은 엄청나게 비싸서 중요한 곳에만 제한적으로 설치했다. 오페라 거리Avenue de l'Opéra에 전기 가로등 32개를 설치한 것이 대표적이다. 그리고 점차 아주 잘사는 가정에서 전기등을 설치하기 시작했다. 1887년 극장 오페라 코미크Opéra Comique 화재 이후 안전을 위해 조명을 전기로 대체하는 흐름이 빨라졌다. 1914년 1월 1일에는 전기 배급을 담당하는 회사가 창설되었다. 전화는 아직 소수만 누리는 귀한 물품이었다. 1914년까지도 PTTPostes-Télégraphes-Téléphones 가입자는 6만 명에 불과했다. 그래도 신문물은 점차 일상으로 들어오기 시작했다. 1910년 대홍수로 지하철과 전기와 전화가 끊기자 사람들은 그동안 이런 것들이 얼마나 큰 역할을 했는지 깨닫기 시작했다.

가장 영향이 컸던 것은 1889년 박람회다. 파리로서는 네 번째 개최였다. 프랑스혁명 100주년이 되는 해인 데다 공화정 15년 차로서 파리 코뮌 이후 달라진 근대적 프랑스를 과시하기 위해 특별한 것을 보여줄 필요가 있었다. 주최 측은 하늘 높이 솟아오르는 철탑을 짓기로 하고, 1886년 설계 공모전을 열었다. 조건은 샹드마르스에 사방 125미터 넓이에 300미터 높이의 철탑을 세우는 것이다. 700건의 응모 중 최종 선발된 것이 구스타브 에펠의 안이었다. 그 밖에도 거대한 물뿌리개 탑으로 더위를 식히자는 안, 거대한 단두대 모양 탑을 세워 희생자의 명예를 회복시키자는 안 등 기발한 아이디어가 많았다(높이 300미터의 단두대도 독특한 멋이 있었을 것 같긴 하다).

에펠탑은 19세기 엔지니어링의 걸작이자 계산의 성공 사례였으며, 과학기술 발전의 개가였다. 1887년에 시작한 공사를 1889년 박람회 개막에 맞추어 끝낸 것도 실로 대단한 위업이다. 에펠탑의 전체 무게는 7,300톤이고 대갈못 200만 개를 사용했다. 박람회는 5월 6일 개막했고, 15일부터 일반인에게 에펠탑이 공개되었다. 단 이때는 1,600개 계단을 걸어서 올라가야 했다(엘리베이터는 26일에야 가동되었다). 박람회 기간 중 에펠탑을 방문한 사람만 200만 명이었는데, 그중에는 페르시아 샤, 그리스 국왕, 웨일스 공(훗날 에드워드 7세), 차레비치Tsarevich(훗날 니콜라이 2세), 에디슨 같은 유명 인사도 있다.

하지만 에펠탑이 파리 시민에게 처음부터 환영을 받은 것은 아니다. 공사 전부터 반대하는 목소리가 적지 않았으며, 완공 후에도 여전히 반대가 극심했다. 샤를 구노와 알렉상드르 뒤마 등은 문명의 이름으로 '괴물 같은 발명'에 항의했고, 기 드 모파상은 이 탑을 안 보려고 파리를 떠났다. 많은 작가와 예술가가 〈예술가들의 항의서La Protestation des artistes〉에 이름을 올렸다.

에펠탑.

지금까지 손대지 않은 파리의 아름다움을 열정적으로 사랑하는 우리 작가, 화가, 조각가, 건축가 등은 파리 한복판에 무익하고 괴물 같은 에펠탑을 세우려는 데 대해 프랑스의 취향의 이름으로, 위협받는 프랑스의 예술과 역사의 이름으로 전력을 다해, 우리의 분개심을 담아 항의하는 바이다. 에펠탑은 상식과 정의가 더해진 악의를 통해 이미 바벨탑으로 명명되었다.

물론 찬성하는 예술가도 많았다. 장 콕토, 로베르 들로네 등은 이 근대적인 건축물을 찬미했다.

결과적으로 이 탑은 엄청난 성공을 거두었다. 원래는 공사비 보전을 위해 에펠에게 20년 사용권을 주고, 1909년에 철거할 계획이었다. 그러나 무선전신 연구를 위해 해체를 연기했고, 제1차 세계대전이 일어나자 군 통신용으로 사용되었다. 실제로 1917년 독일 통신을 감청해서 중요 정보를 얻었다. 과감한 공연으로 한 시대를 풍미했던 댄서 마타 하리가 독일 스파이라는 사실을 밝혀내서―진위 논란이 있다고는 하지만―처형했다. 1921년에는 라디오 방송용으로 사용되었고, 1937년에는 TV 송신을 시험했다. 2000년에는 지상 최대의 불꽃놀이가 펼쳐졌다. 구스타브 에펠에게 이 탑이 어느 정도 오래가리라고 보느냐고 묻자, 잘 유지하면 영원히 갈 것 같다고 대답했다는데, 지금 사정으로는 그럴 가능성도 없지 않다. 매년 평균 700만 명의 관광객이 찾아오는데, 왜 굳이 철거하겠는가.

Affaire Dreyfus

37

드레퓌스 사건과
분열된 파리

물랭 루주
샤 누아
옛 오로르 신문사 건물
유대 역사 미술관

19세기 말 20세기 초에 사회·정치적으로 혼란스러웠다. 파리 내
외의 지역들이 산업화하면서 노동자가 늘고 조직화했다. 여러 노동
조직 가운데 노동총동맹Confédération Générale du Travail, CGT이 가장 큰데,
이 조직은 국제노동자동맹 프랑스지부Section Française de l'Internationale Ou-
vrière, SFIO(사회당의 전신)와 연결되어 있었다. 쥘 게드, 에두아르 바양,
장 조레스 같은 지도자들이 활동했다. 처음에는 단발적 반응이나 일
시적인 항의 시위였으나, 점차 조직화하고 체계적인 운동을 펼쳤다.
1906년에 하루 8시간 노동을 요구하며 대규모 시위를 한 것이 그런
사례다.

그렇지만 이 시대에는 본격적인 노동운동보다 소상점주를 주축
으로 한 포퓰리스트 운동이 더 드셌다. 이들은 가장 강렬한 옛 파리
옹호자들이었다. 한편으로 권력과 자본이 연합한 강력한 힘이, 다른
한편으로는 실업자 무리 등이 자신들을 위협한다고 판단했다. 이들

은 이탈리아 노동자가 와서 일한다는 이유로 에펠탑 건설에 반대하고, 돈을 벌려는 유대인의 음모라는 이유로 백화점이나 지하철 건설에 반대했다. 이 운동은 공화주의, 민주주의, 사회주의의 기묘한 혼종인데, 그 밑에는 반동적, 인종차별적, 외국인 혐오 성향이 깔려 있었다. 이런 요소들이 한 세대가 지나면서 파시스트로 자란다.

몽마르트르에는 포퓰리스트 카바레가 많았다. 이곳에서는 특이한 정치 색채를 드러내며, 파리를 망치는 자들, '유대인이 조종하는 속물과 졸부'를 비난하는 노래를 부르곤 했다. 1881년 문을 연 검은 고양이라는 뜻의 '샤 누아Chat noir'는 화가 로돌프 살리Rodolphe Salis가 운영했는데, 불손함과 독립성이라는 철학을 표방했다. 웨이터들은 아카데미프랑세즈 회원처럼 녹색 옷을 입었다. 이곳이 외국의 영향에 저항하는 마지막 장소라고 우기며, 과거를 낭만적으로 미화하는 쇼를 했다. 나폴레옹 승전을 그린 쇼가 대표적이다. 1889년에 문을 연 붉은 풍차라는 뜻의 '물랭 루주Moulin Rouge'는 정치보다는 오락 위주였다. 죽은 쥐를 뜻하는 '라 모르Rat Mort'에서는 남장 여성이 춤추는 퇴폐 분위기가 물씬했다.

이 시기 사회 갈등에서 가장 폭발력이 컸던 것은 드레퓌스 사건이다. 이 사건으로 한동안 프랑스는 둘로 쪼개진다. 사건의 발단은 파리 주재 독일 대사관에서 일하는 청소부에게서 시작되었다. 청소부가 쓰레기통에서 종이를 모아 프랑스의 반反 스파이 요원에게 넘기는 것은 일상적 일이었다. 그런데 여기에서 프랑스군 참모본부 장교가 팔아넘긴 군사정보가 튀어나왔다. 의심스러운 인물로 알프레드 드레퓌스가 떠올랐다. 넘겨진 서류의 필적이 그의 것인지 아닌지 감정사도 확신하지 못했지만, 알자스 출신 유대인인 드레퓌스는 이상적인 희생양이었다.

1894년 드레퓌스를 체포해 군사재판에 넘겼다. 변호사는 증거가 불충분하므로 피고가 석방되리라고 확신했는데, 결과는 종신형이었다. 반유대주의 분위기에서 거의 모든 언론은 환영 일색이었다. 다음 해 1월 5일, 드레퓌스를 연병장에 세워놓고 "드레퓌스, 당신은 무기를 들 자격이 없다. 프랑스 국민의 이름으로 당신을 강등시킨다"라고 선언한 후 계급장을 떼고 그의 칼을 무릎으로 두 동강 낸 다음 그의 발아래 던지는 의식을 치렀다(프랑스 칼이 그렇게 약한지 몰랐다). 드레퓌스는 "나는 무죄다! 프랑스 만세, 프랑스군 만세!" 하고 외치면서 끌려갔다.

1895~1899년 그는 프랑스령 기아나의 악명 높은 수용소 '악마의 섬'에 갇혔다. 1,200×400미터의 이 바위섬은 풀도 자라지 않는 악령이 사는 섬이라고 알려졌다. 후일 앙리 샤리에르가 이곳에서 보낸 실제 경험을 바탕으로 자서전《빠삐용》을 썼고, 이것이 영화로 만들어져 더욱 유명해졌다. 이 수용소는 1946년에 폐쇄되었다. 덥고 습한 좁은 방에서 모기, 개미, 거미, 기생충과 열병에 시달리던 드레퓌스는 아내에게 자신은 여기에서 죽을 것 같다는 편지를 보냈다.

그동안 고국에서는 그의 무죄를 확신하고 명예를 되찾아주려는 사람이 있었다. 참모본부에서 자료를 본 장교 조르주 피카르Georges Picquart는 드레퓌스의 무죄를 확신하고, 페르디낭 에스테라지Ferdinand Esterhazy를 의심했다. 그런데 상부에 보고하자 오히려 피카르를 멀리 튀니지 남부로 보내버렸다. 설사 드레퓌스가 무죄라 하더라도 이를 인정하면 군의 실수를 인정하는 꼴이 된다. 심지어 혹시라도 재심이 열릴 때를 대비해 위조문건도 만들어놓았다. 피카르는 이 사실을 드레퓌스의 동생과 좌파 신문에 알렸다. 이제 좌파 신문과 민족주의 신문 사이에 대결이 벌어졌다.

1898년, 군부는 에스테라지를 군사재판에 세우더니 무죄를 선고했다. 선제 조치를 한 것이다. 작가 에밀 졸라는 에스테라지의 재판 소식을 듣고 분노했다. 그는 정치인 조르주 클레망소의 지지를 받으며 좌파 신문 《오로르L'Aurore》에 펠릭스 포르 대통령에게 보내는 공개서한을 실었다. 자칫 국가공무원 모욕죄로 기소될 우려도 있었으나 그는 과감하게 글을 썼다. 이럴 때는 제목을 잘 정하는 게 정말 중요하다. '나는 고발한다J'accuse......!'라는 불후의 제목은 클레망소의 아이디어였다. 드레퓌스 재판이 얼마나 정의롭지 못하게 이루어졌는지 고발하는 이 글로 인해 국가가 양분되다시피 했다.

1899년, 상고법원은 원심을 다시 하라고 명령했다. 재판 장소는 렌Rennes으로 결정되어서, 이 지방도시는 한 달 내내 프랑스뿐 아니라 온 세계의 이목을 끌었다. 영국, 이탈리아, 독일 신문들도 이곳에 특파원을 보냈다. 다시 모습을 드러낸 드레퓌스는 몸이 너무 쇠약해진 상태였다. 논란이 이어졌고, 변호사 가운데 한 명은 테러를 당했다. 재심 과정에서 아무리 보아도 유죄 증거가 없다는 것이 분명했다. 그렇지만 군사재판소는 자신의 잘못을 인정할 용기가 없었다. 5 대 2로 그가 유죄라면서 다만 정상참작을 해 석방한다고 결정했다. 유죄인데 석방이라니, 이게 무슨 말도 안 되는 소리인가? 사람들은 계속 싸우라고 부추겼으나 드레퓌스는 이미 지쳤다. '국가의 화합 정신에 따라' 사면한다는 데 동의했다. 재판에서 무죄를 밝히지는 못했지만, 하여튼 악마의 섬으로 돌아가지는 않는다.

이 사건 이후 정치적으로 큰 변화가 생겼다. 1902년 선거에서 좌파(급진당과 사회당)가 승리했다. 의회에서는 장 조레스의 노력으로 드레퓌스 사건의 재심의를 결의했다. 1903년 재심의가 시작되었고, 아주 면밀히 문서들을 검토한 끝에 1906년 7월 12일자로 1894년 이래 진행된 모든 재판이 다 무효이며, 더는 재판도 열지 않는다고 결정했다. 이제 드레퓌스의 무죄가 완전히 입증되었고, 그와 피카르는 명예를 되찾았다. 이해 7월 21일, 드레퓌스는 군사학교에서 명예 회복 의식을 치르고 레지옹도뇌르 훈장을 받았다.

38

벨 에포크,
아름다운 시절

물랭 루주

올랭피아 극장

샹젤리제 극장

오르세 미술관

퐁피두센터

바타클랑

스트라빈스키
광장

페르라세즈 묘지
(콜레트의 묘)

파리가 예술의 도시라는 이미지가 굳어진 게 이 무렵이다. 살롱전Salon과 낙선전Salon des Refusés 모두 회화사에서 매우 중요한 역할을 했다. 낙선전은 고상하고 우아한 그림을 선호하던 국가와 살롱의 아카데미즘에 불만을 품은 화가들이 1863년 살롱 심사에서 낙선한 작품들을 모아 따로 개최한 전시회다. 이 시기에 클로드 모네, 에드가르 드가, 피에르 르누아르, 조르주 쇠라, 빈센트 반 고흐, 폴 세잔, 앙리 마티스 등 내로라하는 화가들이 등장하고, 또 전 유럽과 미국에서 화가들이 파리로 몰려왔다.

그중 파블로 피카소가 대표적이다. 1905년 스물네 살의 에스파냐 청년 피카소가 몽마르트르 언덕에 정착했다. 피카소가 오귀스트 로댕을 찾아가 자기 그림을 보여주며 의견을 구한 적이 있는데, 로댕은 그림을 이리저리 돌려가며 보다가 이렇게 말했다. "서명부터 하게나. 그래야 어느 방향에서 그림을 봐야 하는지 알 수 있지 않겠나." 1906~1907년 피카소는 커다란 그림 하나를 완성했다. 이 그림이 바로 〈아비뇽의 처녀들〉이다. 화가가 뜨거운 밤을 보냈던 바르셀로나의 거리를 표현한 그림으로, 원래 제목은 〈아비뇽의 창녀집〉이었는데 1916년에 제목이 고상하게 바뀌었다. 시인 앙드레 브르통은 이 그림이 20세기의 주요 사건이라고 말했다.

파리 예술계의 분위기는 지극히 실험적이었다. 1913년 샹젤리제 극장에서 초연된 이고리 스트라빈스키의 발레곡 〈봄의 제전〉이 대표적이다. 작곡가의 설명은 이러하다. "이것은 엄숙한 이교 의식에 근거한 발레 모음곡이다. 현명한 원로들이 둥글게 앉아 한 젊은 여인이 봄의 신을 달래기 위해 죽음에 이르도록 춤추는 모습을 지켜보고 있다." 그렇지만 당시 비평가들의 설명은 달랐다. "이는 예술로서의 음악을 파괴하기 위한 신성모독적인 시도다." 이들에 따르면 이 작품은 '봄의 제전'이 아니라 '봄의 학살'이다. 세르게이 댜길레프의 기획, 파블로 피카소의 무대, 바츨라프 니진스키 주연의 이 공연은 소요로 이어졌다. 관객의 고함과 휘파람 소리가 오케스트라 소리를 압도해버렸다. 생상스도 분개해서 나가버리고, 음악평론가 앙드레 카퓌André Capu는 이 음악은 거대한 사기라고 소리쳤다. 저명한 살롱 운영자 푸르탈레스Princesse de Pourtalès는 "팔십 평생 이렇게 바보 취급을 당한 건 처음"이라고 말했다. 그러나 이 작품을 찬미한 사람이 없지는 않다. 드뷔시는 주변 사람들에게 제발 조용히 해달라고 요구하고, 라벨은 '천재'라고 소리쳤다. 니진스키는 일부 관객과 몸싸움을 벌였다. 극장에서도 파리 시민은 과격성을 버리지 못한 듯하다.

현재 퐁피두센터 옆에 조성된 이고리 스트라빈스키 분수La Fontaine Stravinsky에는 〈봄의 제전〉을 표현한 조형물들이 있다. 움직이며 물을 내뿜는 이 조형물들은 니키 드 생팔과 장 팅겔리 부부의 공동 작품으로, 특유의 유머러스함이 드러난다. 불새와 광대놀이를 하는 코끼리 등의 조각들은 모두 스트라빈스키 작품에 나오는 것들을 형상화했다.

시도니 가브리엘 콜레트1873~1954는 이 시대 예술가 중 특기할 인물이다. 콜레트는 1873년 부르고뉴의 생소뵈르Saint Sauveur에서 태어났다. 학생 시절에 발자크, 위고, 졸라 등의 작품을 읽었는데, 이 독서 경험이 후일 그의 소설에 깊은 영향을 주었던 게 분명하다. 열여덟 살 때 집안이 파산하여 집을 팔고 루아레주에 병원을 연 오빠 집에 얹혀살게 되었다. 1893년, 스무 살 때 파리 출판업자의 아들 앙리 고티에 빌라르와 결혼하여 파리에 와서 살게 된다. 열네 살 연상인 남편은 천하의 바람둥이에다가 사기성이 짙은 인물이었다. '윌리'라는 필명으로 평론과 소설을 썼지만, 대작가 반열에 들지는 못하고 가벼운 대중소설을 써서 돈벌이하는 수준이었다. 그는 순진무구한 시골 출신 아내 몰래 온갖 재미를 보고 돌아다녔다. 그러는 동안 콜레트는 집에서 글을 쓰며 시간을 보냈다. 윌리는 곧 콜레트가 상당한 문학적 재능이 있음을 알아보았다. 그녀는 시골 마을의 개구쟁이 소녀 이야기인 클로딘Claudine 시리즈를 써 내려갔다(《학교에 간 클

〈이집트의 꿈〉 공연 의상을 입은 콜레트.

로딘》,《파리에 간 클로딘》,《클로딘 떠나다》 등). 남편은 이 작품들을 자기 이름으로 계약하고 연극으로 공연했다. 콜레트의 이름은《학교에 간 클로딘》 재판을 찍을 때 가서야 '윌리와 콜레트'라는 식으로 처음 언급되었다.

1902년에 연극 〈파리에 간 클로딘〉이 공연되었는데, 이때 남편 윌리는 특이한 아이디어를 냈다. 아내를 연극의 여주인공 폴레르와 똑같이 꾸며서 파리 사교계에 소개했다. 이렇게 사교계에 발을 들여놓게 된 콜레트는 팬터마임을 배워 실제 무대에 서게 되었다. 이 재능이 남편과 헤어졌을 때 먹고사는 수단이 되었다.

콜레트는 많은 여성 친구와 사귀었다. 배우, 댄서, 살롱 운영자 등 세기말 무대의 주인공들이었다. 콜레트는 올랭피아Olympia, 마리니Marigny, 바타클랑Bataclan(2015년 끔찍한 테러가 일어났지만 정비해서 다시 문을 열었다) 같은 극장에서 이들과 함께 무대에 올랐다. 그 가운데 특히 물랭 루주에서 남장 여성인 '미시'Missy alias la Marquise de Morny와 함께 공연한 〈이집트의 꿈Rêve d'Egypt〉이라는 아방가르드적 연극이 압권이었다. 미라의 붕대를 서서히 풀어내니 아름다운 육체가 드러나는 이야기로, 두 여배우가 무대에서 키스를 해서 물의를 빚었다. 비평가들이 혹평을 늘어놓고 관중이 야유를 퍼부었다. 다음 날 경시청에서 〈이집트의 꿈〉을 계속 공연할 경우 극장 문을 닫게 만들겠다고 경고했다. 콜레트는 이제 미시와 동거하며 윌리와는 결혼생활을 끝냈고, 책도 자기 이름으로 출판하기 시작했다.

1912년, 서른아홉 살의 콜레트는《르마탱Le Matin》의 편집자인 앙리 드 주브넬Henri de Jouvenel과 결혼했고, 다음 해 딸 벨가주Bel Gazou(프로방스어로 '조잘거리는 아이'라는 의미라고 한다)를 낳았다. 이번 남편 역시나 한량에다가 사기꾼에 가까운 인물이었고, 두 사람의 성격도 그리 잘 맞지도 않았다. 콜레트는 수많은 고양이와 강아지를 길렀는데, 이는 두 번째 남편과의 갈등에 부채질을 했다. 남녀의 몸, 꽃, 포도주, 스킨십, 흙냄새 등을 사랑하고 슬픈 것들을 증오한 그녀에게 눈물은 토하는 것만큼이나 통탄할 일이었다! 두 사람은 제1차 세계대전 이후 이혼했다.

그런데 두 번째 남편이 전처에게서 낳은, 콜레트에게는 의붓아들이 되는 베르트랑 드 주브넬Bertrand de Jouvenel과 연인관계가 되었다. 이 청년은 당시 열여덟 살이었다. 이 시기에 중년 여성 레아Léa와 젊은 남자 셰리의 사랑을 그린 소설《셰리Chéri》(1920)를 썼다. 파리 화류계의 속사정을 폭로한 이 소설에 파리 부르주아들은 분노했다. 그러거나 말거나 그녀는 불로뉴 숲으로 자전거를 타러 다녔다(그녀의 가장 유명한 소설이며, 오드리 헵번을 발탁하여 브로드웨이 무대에 올리고, 영화화되었던《지지Gigi》에서 그랬던 것처럼). 많은 사람이 그녀를 비난하고, 교황청의 금서 목록에 이름을 올리는 영광을 안았다.

베르트랑과의 사랑놀이는 1925년에 끝내고, 1935년에 유대인 모리스 구드케Maurice Goudeker와 결혼했다. 그들은 1937년 팔레루아얄로 이사 갔다. 콜레트는 햇볕 잘 드는 아파트에서 '내 몸이 생각할 때

내 모든 살에는 영혼이 있다'고 느끼며 유명 작가로서 살아갔다. 제2차 세계대전 중 유대인 남편은 체포되어 수용소까지 갔다가 콜레트 덕에 빠져나왔고, 그 후 자유지역으로 도망갔다가 몰래 파리로 돌아와서는 종전까지 이웃집 비밀 방에 숨어 지냈다.

콜레트는 해방 후 숙청 운동에는 눈길조차 보내지 않았다. 세상이 어떻게 돌아가는지 이미 잘 알고 있기 때문이다. 누가 누구를 비난한단 말인가. 프랑스 쾌락주의의 중심지에서 살아본 그녀는 체포당한 창녀의 심정 같은 것을 아주 잘 알았다. 생존을 위해, 자신과 아이들이 먹을 음식을 사기 위해 하는 일인데, 그들을 어떻게 비난하는가. 콜레트는 소설가 프랑수아 모리아크처럼 용서를 믿었지만, 교회는 용서를 몰랐다. 미라 공연을 했던 여자! 공공연히 맨살을 사람들에게 보여준 여자! 교회는 콜레트에게 병자성사를 거부했지만, 국가가 나서서 최초로 여성에게 국장을 치러주었다. 수천 명의 파리 시민이 페르라셰즈 묘지까지 관을 따라 걸으며 그녀를 추모했다. 콜레트의 작품과 삶은 금기에 대한 도전이었고, 삶과 예술에 대한 강렬한 사랑이었다. 그야말로 자유롭게 살고자 했던 진취적 여성이었다. "내가 얼마나 멋진 삶을 살았는가!" 말년에 그녀가 한 말 그대로다.

Marie Curie

39

소르본의 첫 여성 교수,
마리 퀴리

소르본 대학
(파리1대학)
팡테옹
퀴리 박물관
퀴리 연구소

비슷한 시대에 방향은 매우 다르지만, 콜레트처럼 꿋꿋하게 살아
간 또 다른 여성이 있다.

마리 퀴리1867~1934(폴란드 이름으로는 마니아 스크워도프스카Manya
Skłodowska)는 폴란드에서 학교에 다닐 때 1등을 독차지했다. 그렇지
만 여성인 데다가 조국 폴란드가 러시아에 지배받는 상황이라 대학
에서 제대로 공부할 처지가 아니었다. 폴란드어를 하다 잡히면 시베
리아 유형에 처할 정도로 탄압이 극심했다. 조국에서는 희망이 없
기에 파리 소르본 대학 유학을 꿈꿨다. 4년 동안 가정교사로 일하며
돈을 모으는 한편으로 수학과 화학, 물리학을 독학했고, 프랑스어
도 공부했다. 1891년 어렵게 모은 돈으로 드디어 파리에 왔다. 가진
돈을 전부 털어 학비를 내고, 라탱 지구에서 다락방을 전전하며 2년
반 동안 버터 바른 빵에 차만 마시며 버텼다.

파리의 다락방이라는 게 언뜻 보면 낭만적이긴 하다. 비스듬한 천장에 난 창 밖으로 밤하늘의 별을 보며 포도주를 마시고 시를 읊조리노라면 영혼이 경련을 일으키는 듯하다. 그런데 여름철에는 그렇다 치고, 엘리베이터가 없는 7층, 난방도 되지 않고 전기도 들어오지 않는 방에서 추운 겨울을 보내노라면 몸이 경련을 일으킨다. 스물네 살의 춥고 배고픈 유학생 마리는 방안에서 물이 어는 날씨에 폴란드에서 가지고 온 옷들을 껴입고 자야 했다.

그녀가 할 수 있는 일이라곤 실험실에서 실험하고 도서관에서 공부하는 것뿐이다. 하루 네 시간만 자면서 오직 공부에 매진했다. 생트준비에브 도서관에서 밤늦게 공부하며 그 불빛, 고요함, 집중하는 분위기를 사랑했다. 집으로 돌아갈 때 마주치던 술 취한 학생들은 깔끔히 무시했다. 그때 걷던 길 하나와 파리 지하철 7호선 역 하나에는 이제 그녀와 남편의 이름이 붙었다. 때로는 피로와 배고픔으로 실신했다. 그나마 가끔은 달걀 하나로 영양을 보충하고 파리 근교의 넓은 풀밭을 거니는 게 유일한 즐거움이었다.

1893년 물리학 석사 시험을 통과하고, 다음 해 수학 석사도 통과했다. 그녀는 점차 두각을 나타내서 소르본의 스타 중 한 명으로 성장해갔다. 고국에 있는 늙은 아버지가 안타깝긴 하지만, 실력을 발휘하는 그녀에게 기회를 주는 소르본은 낙원이나 다름없었다. 공부와 실험에 중독되어가던 중, 한 남자를 만난다.

1859년 파리에서 태어난 피에르 퀴리는 또 다른 천재였다. 사실 그의 성과는 전 유럽에 알려져 있었지만 정작 프랑스에서는 덜 주목

받는 편이었다. 두 사람은 과학 이야기만 나누면서 내심 서로 끌리고 있다는 것을 첫눈에 알았다. 과학에 대한 열정이 같다는 점이 두 사람을 더 단단하게 묶어준 것은 분명하다. 1895년 두 사람은 소박하게 결혼식을 올리고, 신혼여행은 브르타뉴와 오베르뉴 지방으로 떠난 자전거 여행으로 대신했다. 1897년에는 딸 이렌Irène Joliot-Curie이 태어났다. 두 사람은 가장 완전한 과학자 부부로 정평이 났다.

마리와 피에르는 1897년부터 공동 연구를 시작했다. 이제 필생의 연구 성과를 내기 시작한 것이다. 그녀의 박사 논문은 우라늄 방사선에 관한 것이었다. 연구를 위해 여러 해 동안 우라늄 광물(피치블렌드)을 거르고 분석하고 정제하는 작업을 했다. "나는 온종일 내 키만 한 쇠막대기를 가지고 피치블렌드를 저었다." 그러고는 한밤중에 자전거를 타고 집으로 돌아가서 아이를 돌보았다. 가끔은 실험실 튜브 안에서 빛을 뿜어내는 물질을 기쁜 마음으로 지켜보았다. 그러니까 오랜 세월 피폭을 당하고 있었던 셈이다! 4년의 연구 끝에 드디어 순수한 라듐을 분리해내는 데 성공했다. 부부의 연구는 방사능radioactivity이라는 새 과학의 기초가 되었다. 이들은 연구결과로 특허를 얻어 돈을 벌 수 있었지만 거부했다.

1900년 피에르가 소르본 대학의 물리학 교수 지위를 얻었다. 마리 또한 1903년 6월, 프랑스에서 최초로 여성 박사 학위자가 되었다. 하지만 그 후로도 오랫동안 그녀는 그저 이민자 여성일 뿐이었다. 어떤 직위도, 심지어 안정된 실험실도 배정되지 않았다. 1903년

11월, 피에르는 노벨상 위원회로부터 노벨 물리학상을 수여하겠다는 연락을 받았다. 그는 수상자 명단에 마리의 이름을 넣어야 한다고 주장했고, 이것이 받아들여져 그해 12월 부부가 공동 수상을 했다. 그런데도 여전히 마리는 집에서 아이를 키우고 살림을 도맡아해야 했다. 그녀는 늘 검은색 옷을 입었는데, 실험하다가 옷이 지저분해져도 티가 나지 않았기 때문이다.

1906년 4월 19일, 피에르가 마차에 치여 사망했다. 두개골이 깨질 정도로 큰 사고였다. 이후 마리의 표정과 성격이 변했다. 생기가없고 얼음처럼 차갑고 자동인형 같은 느낌을 주었다. 동료였던 알베르트 아인슈타인은 '청어처럼 차가워졌다'고 표현했다. 마리는 남편의 소르본 대학 자리와 연구를 이어받았다. 이렇게 소르본의 첫 여성 교수가 탄생했다.

마리에게 아무런 문제가 없던 것은 아니다. 물리학자 폴 랑주뱅과의 불륜설이 돌며 우파 신문이 그녀를 비난하고, 그녀 집에 돌을 던지고 낙서(유대인, 외국인, 창녀, 폴란드로 돌아가!)를 하는 사람도 있었다. 세상에는 뒤꽁무니에서 남을 비난하는 낙서나 하고 돌아다니는저열한 인간들이 넘쳐난다. 그래도 마리는 흔들리지 않고 두 번째조국을 위해 헌신한다고 생각하며 연구를 지속해서 1911년에는 두번째 노벨상을 받았다.

제1차 세계대전이 일어나자, 마리는 전쟁터에서 바로 사용할 수있는 이동식 엑스레이 진단 기구를 고안했다. 실제로 그녀는 기증받은 차를 몰고 전선에 가서 의료진과 함께 이 기구를 사용하여 부상병 치료에 큰 도움을 주었다. 긴급한 순간에 총알이 어디 박혀 있는지 바로 확인할 수 있었기 때문이다. 열일곱 살의 딸 이렌도 함께 활동했다.

마리는 평생 연구를 하는 동안 너무 많은 방사선에 노출되었던 게 틀림없다. 1934년, 그녀는 악성빈혈로 사망했다. 당시는 별다른 보호 장비 없이 일하던 때다. 그러는 동안 뼈와 장기에 치명상을 입었을 것이다. 퀴리 부부는 아직 방사능이 인체에 어떤 방식으로 어떤 악영향을 미치는지 잘 몰랐던 것 같다. 마리는 동생에게 쓴 편지에서, 눈이 침침해지는 것에 대해 "어쩌면 라듐과 관련이 있을 것 같은데, 확실하게 알 수는 없다"라고 했다. 후대 학자들은 그녀가 67세까지 산 것이 오히려 기적이라고 말한다. 아인슈타인은 "그녀는 유명 인사 중에 유명세로 인해 타락하지 않은 유일한 사람"이라고 표현했다. 퀴리 부부는 1995년 팡테옹으로 이장되었다. 그녀의 딸 이렌과 사위 프레데릭 졸리오 역시 1935년 노벨 화학상을 받았다.

오늘날 파리에는 그녀의 이름을 딴 퀴리 연구소Institut Curie가 있다. 의학, 생물학, 생물물리학 분야의 세계적 연구기관이며, 특히 암 연구에서 탁월한 성과를 내고 있다. 그리고 마리 퀴리가 실제로 연구하던 실험실을 볼 수 있는 퀴리 박물관Musée Curie도 들러볼 만하다.

ICI
REPOSE
UN SOLDAT
FRANÇAIS
MORT
POUR LA PATRIE

La Première
Guerre mondiale
1914 1918

40

파리를 휩쓴
제1차 세계대전

에투알 개선문
(무명용사의 묘)

파리 동역

카페 크루아상

1914년 6월 28일, 보스니아의 사라예보를 방문 중이던 오스트리아의 황태자 프란츠 페르디난트 부부가 세르비아 정부가 보낸 암살자 가브릴로 프린치프의 총에 맞아 사망했다. 이것이 이후 4년 동안 900만 명의 병사와 700만 명의 민간인 사망자를 낸 제1차 세계대전 1914~1918의 발단이 된 사건이다. 19세기 말부터 강대국들 사이에 갈등이 커지면서 언제 폭발할지 모르는 상황이었지만, 막상 전쟁이 터지자 모두 놀랐다. 그토록 급박하게 일어나리라고는 예상하지 못했기 때문이다.

레몽 푸앵카레 프랑스 대통령은 회고록에서 자신은 암살사건이 일어난 바로 그날, 롱샹 그랑프리 경마대회를 주관하느라고 오퇴유Auteuil 경마장에 있다가 암살 소식을 전하는 쪽지를 받았다고 밝혔다. 당시 외교관들은 큰 사건이 터지기는 했지만 그토록 엄청난 규모의 전쟁으로 비화할 줄은 몰랐던 듯하다. 보름 후인 7월 14일

바스티유 축제 당시 관례대로 군대 행진과 사열식이 열렸다. 그때도 푸앵카레 대통령은 3주 뒤 이 청년들이 죽음의 전장으로 가리라고 는 생각도 못했다.

7월 28일 오스트리아가 세르비아의 베오그라드를 포격하면서 전쟁이 시작되었다. 복잡한 국제관계가 얽히고설켜 결과적으로 유럽의 모든 국가가 전쟁에 휘말리게 되었다. 장 조레스는 전쟁을 막기위해 필사의 노력을 기울였다. 자본주의 국가들이 전쟁하는데 노동자들이 총알받이로 동원될 필요가 없으니, 프랑스 사회당과 독일의 사민당이 나서서 전쟁에 반대하리라고 기대했다. 그렇지만 오히려자신이 먼저 희생되고 말았다. 7월 31일 저녁, 《위마니테L'Humanité》편집 일을 마치고 신문사에서 가까운 몽마르트르의 카페 크루아상La Chope du Croissant에서 늦은 저녁 식사를 하고 있었다. 그런데 돌연 라울 빌랭Raoul Vilain이라는 자가 다가와 총으로 조레스를 암살했다. 빌랭은 "프랑스가 엄중한 상황을 넘기려는 이때 프랑스의 적을 없애기위해" 한 일이라고 주장했다. 이 카페에는 그날의 일을 기록한 기념물이 있다.

그로부터 3일 후 독일이 선전포고했고, 프랑스의 사회주의자들은 전쟁에 찬성표를 던졌다. 독일 사민당 역시 자국의 전쟁에 찬성했다. 라인강 양쪽에서 노동자 인터내셔널의 이상보다는 민족주의, 애국주의가 더 강한 힘을 발휘했다. 8월 2일 일반 징병이 선포되었다. 벨 에포크가 끝나고 전쟁이 시작된 것이다.

프랑스는 노동운동이 격해지던 때라 만일 전쟁이 나면 노동자들이 반전反戰 파업을 하리라고 예상했고, 그래서 당시 정부는 '위험분자 명단Carnet B'을 가지고 있었다. 조르주 불랑제 장군이 스파이를 막는다며 만든 이 명단은 점차 확대되어 1914년 당시에는 혁명가, 노동운동가, 조합운동가 등 2,501명이 포함되어 있었다. 이들을 체포할 것인가? 안보 담당자는 '그들도 결국 군대에 따라갈 것'이라고 예측했는데, 그의 말이 옳았다. 전투적 민족주의, 애국적 감정이 대세가 되었다.

지식인도 마찬가지였다. 많은 작가와 예술가가 독일을 비난했다. 앙드레 지드는 야만적 독일, 로맹 롤랑은 추한 독일, 마르셀 프루스트는 기만적인 독일을 비난했다. 마리 퀴리는 노벨상 상금으로 전시국채를 구매했고, 화가 조르주 브라크는 군인으로 참전했으며, 러시아 출신 여류 피아니스트 미샤 세르Misia Sert는 앰뷸런스를 운영했는데 시인 장 콕토가 운전을 맡았다.

8월, 사람들은 불안하긴 해도 크게 두려워하지는 않았다. 모든 나라가 비슷했다. 앞으로 얼마나 끔찍한 살육이 벌어질지 아직 모르는 때라 즐거운 분위기 속에서 영웅 심리를 느끼며 전쟁터로 향했다. 전쟁이 시작된 이상 한시바삐 병사를 동원해 전선으로 보내야 했다. 정부는 신속한 병력 이동을 위해 철도를 이용했다. 프랑스 정부는 독일이 선전포고하기 이틀 전에 소집령을 내렸고, 곳곳에 병사 소집 포스터가 붙었다. 파리의 세바스토폴 거리와 스트라스부르 거리에는 온종일 군화 소리가 들렸다. 사람들은 떠나는 군인을 박수로 격려하면서 알자스-로렌을 되찾아오라고 했다. 파리 시내에는 애국적 분위기가 충만했다. 특히 콩코르드 광장 한쪽에서 스트라스부르를 상징하고 있는 동상 앞이 집회 장소였다. 사람들은 국가와 함께 출정가Le Chant de départ를 부르고, "베를린으로À Berlin!"라고 소리쳤다. 동역과 북역에서는 전쟁터로 떠나는 군인과 남은 가족의 이별 장면이 이어졌다. 이렇게 떠난 병사 중 많은 사람이 결국 돌아오지 못했다.

동역에는 미국 화가 앨버트 허터Albert Herter의 그림 〈1914년 8월, 병사들의 출발〉이 걸려 있다. 허터는 자원병으로 출전했다가 종전 직전인 1918년 6월 13일에 부아벨로Bois-Belleau에서 전사한 자신의 아들 에버리트 앨버트Everit-Albert를 기리기 위해 이 그림을 그려 동부 철도회사에 기증했다. 5×12미터의 큰 화폭에는 동역에서 군인들이 전장으로 출발하는 장면이 그려져 있는데, 그림 오른쪽에 화가 자신은 꽃다발을 들고 부인과 마주보고 서 있다. 케피kepi 모자와 총을 번쩍 든 중앙의 인물이 화가의 아들로 보인다.

전세는 프랑스에 불리하게 돌아갔다. 알렉산더 폰 클루크Alexander von Kluck 장군이 지휘하는 독일군이 미셸 조제프 모누리Michel-Joseph Maunoury 장군이 지휘하는 프랑스군에 승리하여 파리 가까이 쳐들어왔다. 과거에 여러 번 그랬듯이 정부가 보르도로 옮겨갔다. 마른강 전투(1914년 9월 6~12일)가 파리 수호의 결정적 계기였다. 여기가 뚫리면 끝이다. 최악의 사태에 대비해 루브르 박물관의 소장품을 툴루

파리 동역에 걸린 〈1914년 8월, 병사들의 출발〉.

즈로 옮겨놓았다. 택시는 모두 징발하여 군인과 보급품 수송에 이용했다. 결국 독일군을 후퇴시켜 파리를 지키는 데에 성공하여 이 승리를 '마른강의 기적Le Miracle de la Marne'이라 부른다.

많은 사람이 파리를 떠나 인구가 180만 명으로 줄었다. 독일 체펠린Zeppelin 비행선이 폭탄 222발을 파리에 투하했으나, 큰 피해는 없었다. 파리가 점령당할 위험이 없어 보이자 1915년 가을에 정부가 파리로 돌아왔다. 학교도 개학했고, 증권거래소도 활동을 재개했다. 연극과 오페라, 영화 등의 공연도 재개되었다. 오페라 코미크는 공연마다 400석을 부상병을 위해 남겨두었고, 당연히 애국적 성격의 작품을 많이 상연했다.

그러나 전쟁으로 삶이 피폐해졌다. 성문은 저녁 6시부터 새벽 6시까지 걸어 잠갔다. 지하철은 오후 7시 30분에 끊어졌고, 레스토랑과 카페는 8시 30분이면 마감했다. 전기와 가스도 부족했고, 각종 생필품과 빵·버터·감자·설탕 같은 음식의 배급제가 이루어졌다(화요일은 아예 고기 없는 날로 정했다). 정부가 필요한 자동차와 건물을 징발했다. 독일이 석탄 산지를 점령하는 바람에 석탄도 배급 대상이 되었다. 삶이 어려워진 노동자들이 1916~1917년 파업을 벌였다. 티푸스, 홍역 같은 전염병이 돌더니 1917~1918년 겨울에는 에스파냐 독감으로 수천 명의 시민이 사망했다. 전 세계적으로는 전쟁으로 죽은 사람보다 에스파냐 독감으로 죽은 사람 수가 더 많았다. 노동력이 부족하니 여성 인력을 활용해야 했다. 수송과 행정, 교육, 특히 군

수품 제조에 많은 여성을 고용했다. 조제프 조프르Joseph Joffre 장군은 여성이 20분만 일을 멈추면 프랑스는 전쟁에서 질 거라고 말했다.

1918년 봄 독일군이 다시 파리 가까이 진격해왔다. 당시 생고뱅Saint-Gobain 숲에서 쏜 일명 그로스 베르타Grosse Bertha 대포의 420밀리미터 포탄이 파리를 공포에 몰아넣었다. 이 거대한 포탄은 3분 만에 120킬로미터를 날아왔다. 3월 29일 생제르베 성당Église Saint-Gervais에 포탄이 떨어져 예배를 드리던 사람 88명이 사망했다. 4월 16일에는 포탄 세 발이 슈네데르Schneider 공장을 일부 파괴하고, 17명이 사망했다. 이 시기에 네네트와 랭탱탱Nénette et Rintintin 인형이 등장했다. 포탄 피해를 막아주는 수호천사 역할을 한다는 이 작은 인형들이 마음의 위안이야 되었겠지만 실제로는 각 구마다 포격에 대비하는 사이렌을 준비한 것이 더 큰 도움이 되었을 것이다.

전쟁 말기에는 기이한 파리 방어책이 고안되었다. 인근 지역에 가짜 파리를 만들어 독일 공군이 그쪽을 공습하도록 유인한다는 것이다. 1917년 8월, 생드니 근처 오름드모를뤼Orme de Morlu 지역에 아세틸렌 램프로 거리처럼 보이게 만들고, 반투명 시트를 깔고 안에서 조명을 켜서 기차역처럼 꾸미는가 하면, 다양한 색의 조명으로 가짜 산업시설도 만들어보았다. 이후 센강 굽이가 파리와 가장 비슷한 퐁투아즈Pontoise 남쪽 지역에 세트장을 만들려고 했는데, 실행에 옮기기 전에 전쟁이 끝났다. 과연 효과가 있었을지 궁금하지만 알 수는 없다. 제2차 세계대전 때는 그런 시도를 할 필요조차 없었다.

41

재즈와 샴페인
파리는 축제 중

라팽 아질
물랭 루주 ●● ● 몽마르트르 언덕
샤 누아

샹젤리제 극장 ●

카페 레 되 마고
카페 플로르 ●●
루이지안 호텔

르 돔 카페 ● ● 카페 라 로통드
이스트리아 호텔

　1918년 11월 10일, 종전 소식이 들려왔다. 다만 공식적으로는 하루를 더 기다려 11월 11일 오전 11시에 종전을 선포했다. 1,561일 동안 지속된 전투가 끝나고 프랑스는 승리를 선언했다. 다음 해 혁명기념일(7월 14일)에는 300만 명이 모여든 가운데 조제프 조프르, 페르디낭 포슈, 필리프 페탱 장군이 주재하는 동맹군 사열식이 열렸다. 그리고 다시 1년 후에는 에투알 개선문 아래 무명용사의 묘를 만들고, 1923년부터는 여기에 꺼지지 않는 불꽃을 피우고 있다.

　평화는 찾아왔으나 계속된 경기 침체로 시위와 파업이 이어졌고, 혁명적 움직임이 전 유럽을 휩쓸었다. 1919년 5월 1일, 노동절에 시위대와 경찰이 충돌해 두 명이 사망했다. 7월 21일에는 노동총동맹이 총파업을 호소했다. 식량과 생필품 등은 여전히 제한적으로 배급되고 있었다. 일주일에 3일은 고기 없는 날이고, 한 가구당 하루에 빵 300그램으로 제한했다. 극심한 인플레이션으로 5년 동안 물가가 두 배나 올랐다.

파리 인구는 1921년 290만 명에서 약간 줄어들어 1920~1930년 대에 280만 명 선을 유지했다. 시내 중심부 인구는 줄어든 반면 주변 구들에서는 늘어났다. 낡은 성벽을 허물고 지하철이 시외로 뻗어 갔다. 출산율이 낮은 대신 폴란드, 러시아, 이탈리아 등 독재국가 출신 이민자가 늘었다. 러시아 귀족 출신이 파리의 택시 운전사가 되어 승객들에게 지난날 자신의 영예를 자랑하기도 했다.

주거 문제는 파리가 늘 안고 있는 문제다. 시에서 파리 외곽 지역에 3만 8,000채의 주택을 지었다. 저가 주택Habitation à Bon Marché, HBM과 저가 임대주택Immeuble à Loyer Modéré, ILM은 식당과 공동 화장실을 갖춘 6~8층짜리 붉은 벽돌 건물이었는데, 이곳은 집세를 고민하는 많은 사람의 희망이었다.

주거 문제를 속 시원하게 풀 근본 방안은 없을까? 건축가 르코르뷔지에는 근본적이며 극단적인 계획을 내놓았다. 파리 중심부 지역들은 오랫동안 버려져 있어서 이 시기에는 이미 비위생적이라는 평가를 받았다. 르코르뷔지에는 시테섬 동쪽, 생루이섬, 그 위의 우안 지역, 시청부터 시작해서 북서쪽으로 구시가지를 면도하듯 싹 밀어버리고 마천루를 건설하는 계획을 내놓았다. 작은 상점과 레스토랑, 카페가 있는 아름답고 정겨운 골목길들이 한순간 사라질 뻔했다. 천재 건축가가 제시한 극단적인 개발 계획안이 실현됐다면 지금쯤 파리는 낡고 지저분하고 삭막한 고층 빌딩이 들어찬 흉물 도시로 전락했을 것이다.

사실 그의 기념비적인 건물들도 세월이 흐른 오늘날에는 허름한 서민 아파트처럼 보이는 게 많다. 그렇지만 왜 그런 아이디어를 제시했는지 당시의 사정을 놓고 생각해볼 필요가 있다. 당시 서민은 인간다운 생활을 거의 할 수 없는 주거 환경에 처해 있었다. 그들에게 제대로 된 주거 환경과 녹지를 제공하는 길은 한 가지밖에 없다. 옛 동네를 다 부수어 넓은 녹지를 만들고 거기에 초고층 아파트를 짓는 것이다. 파리의 경우 선각자의 아이디어가 빛을 보지 못한 게 얼마나 다행인지 모른다.

전쟁의 상처는 서서히 아물어갔다. 힘든 삶을 놀이로 대신하려는 듯 그야말로 '파리는 축제 중'이었다. 1920년대는 '미친 해들'이었다. 모리스 삭스Maurice Sachs의 말처럼 이 시기는 매일이 '7월 14일' 같았다. 파리의 명사들Tout-Paris은 매일 밤 춤을 췄다. 4년간의 악몽 후 전국이 춤의 광기dansomania에 빠진 듯했다. 이 시대의 키워드는 색소폰, 재즈, 샴페인이었다. 듀크 엘링턴, 루이 암스트롱 같은 재즈 뮤지션이 큰 인기를 얻었다. 단발머리에 짙은 화장을 하고 민소매의 짧은 드레스를 입은 여성들이 한 손에 샴페인을 들고 자유롭게 담배를 피워댔다(이렇게 한껏 멋을 낸 여성은 많건만, 다른 선진국과 달리 여성의 투표권은 인정되지 않았다). 축제는 1930년대까지 이어진다.

파리는 보헤미안의 중심지였다. 생제르맹 거리의 카페와 몽마르트르 언덕의 카바레, 몽파르나스 지구에 부르주아 관습을 혐오하는 많은 작가와 예술가가 모여들었다. 거트루드 스타인, 어니스트 헤밍웨이, 프랜시스 피츠제럴드, 에즈라 파운드, 제임스 조이스 같은 외국인 예술가도 동참했다. 파블로 피카소와 아메데오 모딜리아니 같은 화가가 활동하고, 음악에서는 이고리 스트라빈스키가 독보적이었지만, 에리크 사티, 프랑시스 풀랑크, 가브리엘 포레도 활약했다.

이런 부류의 사람이 모이는 유명한 호텔이 따로 있었다. 몽파르나스의 소박한 호텔 이스트리아Hôtel Istria는 전간기 유명한 예술가와 문인이 거쳐간 곳이다. 맨 레이, 루이 아라공, 엘사 트리올레, 프랑시스 피카비아, 마르셀 뒤샹, 모이즈 키슬링, 에리크 사티, 라이너 마리아 릴케, 레몽 라디게 같은 인사가 이용했다. 생제르맹데프레 근처의 루이지안 호텔Hôtel Louisiane 또한 비슷하다. 어니스트 헤밍웨이, 앙투안 생텍쥐페리, 헨리 밀러, 장 폴 사르트르와 시몬 드 보부아르 같은 문인, 베르나르 뷔페, 알베르토 자코메티, 살바도르 달리 같은 화가가 이곳을 찾더니, 1950년대에는 루이 말, 베르트랑 타베르니에, 레오 카락스, 쿠엔틴 타란티노 같은 영화인이 찾아왔다. 파블로 피카소가 옆에서 포도주를 마시고, 마르셀 뒤샹과 변기를 함께 사용하는 그 시대 파리에 살았다면 어땠을까?

축제는 얼마 지나지 않아 끝났다. 1929년 뉴욕에서 시작된 대공황이 1931년 파리를 덮쳤다. 이후 1930년대 내내 지속된 대공황의 여파는 공산주의와 파시즘 모두에 힘을 실어주었다. 실업자 수가 1932년 26만 명에서 1935년 42만 6,000명으로 늘었다. 자연히 파업도 자주 일어나고 규모도 커졌다.

1930년대 초 프랑스는 반의회, 반민주 운동이 격렬했다. 좌파와 우파 모두 의회 민주주의로는 시대의 문제를 해결할 수 없다며 정치 공세를 폈다. 프랑스의 정치는 매우 불안정해서 1932년부터 1936년까지 11개 정권이 들어섰다. 이웃 독일의 아돌프 히틀러와 이탈리아의 베니토 무솔리니 정권 앞에서 국가가 거의 마비된 상태였다.

1937년 만국박람회는 사회 갈등과 파업 상황에서 열렸다. 관람객 수도 예전만 못했을 뿐 아니라 분위기도 우호적이지 않았다. 무엇보다 독수리와 갈고리 십자가 등 나치 상징을 내세운 독일 전시관과 망치와 낫을 내세운 소련 전시관이 대립하듯 마주 보고 있었다. 에스파냐 전시관에는 파시즘을 비판하는 피카소의 〈게르니카〉가 전시되었다. 독일 대사 오토 아베츠Otto Abetz가 그림을 보고 피카소에게 물었다. "이 끔찍한 걸 만든 게 당신이오?" 그러자 피카소가 답했다. "아니오, 당신이오." 이미 전쟁 분위기가 물씬 풍기는 중이었다.

La Secon...
Guerre mondial

42

파리를 점령한
히틀러

벨디브 유대인 희생자 기념비
카페 플로르
막심 레스토랑
자크봉세르장역
카페 레 되 마고
쇼아 기념관
유대인 희생자 기념관

    1938~1939년에 독일의 위협이 커졌다. 히틀러는 1919년 베르사유 체제를 깨려는 의도가 역력했다. 1939년이 되자 파리에서는 전쟁 분위기가 물씬 나기 시작했다. 2월에 수도 방어 움직임이 시작되었고, 3월에 가스 마스크를 나눠주며 공습 시 피난처를 안내했다. 루브르의 소장품을 샹보르성으로 옮겨 보관할 계획도 세웠다. 분위기가 이러니 9월에 실제 전쟁(제2차 세계대전, 1939~1945)이 터졌을 때 놀라는 사람은 별로 없었다.

    프랑스와 영국은 히틀러가 여러 차례 도발한 후에야 움직이기 시작했다. 독일은 1936년 라인란트를 재무장했고, 1938년 오스트리아와 체코슬로바키아의 수데텐란트Sudetenland를 무력으로 합병했으며, 이듬해에는 체코슬로바키아를 해체했다. 그리고는 독소불가침 조약으로 폴란드를 무력화한 다음, 9월 1일 폴란드를 침공했다. 영국과 프랑스는 그때 가서야 대응했다. 두 나라는 독일이 폴란드에서 물러나지 않으면 전쟁을 개시한다는 최후통첩을 보낸 후 독일의 대답을 기다리지 않고 9월 3일 전쟁을 선포했다.

그런데 독일이 동부전선에서 폴란드와 싸울 때 프랑스는 서부전선에서 8개월 동안 지켜보고만 있었다. 이를 두고 '이상한 전쟁'이라 부른다. 프랑스는 제1차 세계대전 이후 스위스에서 벨기에까지 750킬로미터에 걸쳐 마지노선이라 불리는 지하 방어시설을 구축하고 방어에 치중하는 전략을 구사했다. 그렇지만 1940년 5월, 벨기에 쪽으로 우회해서 돌격하는 독일 전차부대 앞에 방어선이 뚫렸다. 프랑스는 5주 만에 패배했다.

나치 군대가 파리로 접근했다. 파리 시민들은 사크레쾨르 대성당에서 준비에브 성녀에게 기도했다. 몇백 년 전에 그랬듯이 '야만인'들의 침입을 물리쳐달라는 것이다. 그게 무슨 도움이 되겠는가. 5월 16일, 외무성은 문서들을 마당에서 태워버리고 졸리오-퀴리 부부에게는 핵 관련 연구 자료를 모두 챙겨서 떠나라고 지시했다. 그들의 연구팀 중 일부는 나중에 미국 뉴멕시코의 핵폭탄 실험에 참여했다. 다음 날, 벨기에군의 항복 소식이 들려왔다. 북쪽에서 피난민들이 걷거나 자전거, 마차를 타고 파리로 몰려왔다. 피난민들이 파리에 들렀다가 더 남쪽으로 내려가자 덩달아 파리 시민들도 떠났다.

6월이 되자 독일의 폭격이 시작되었다. 이제 파리 시민의 탈출이 본격화되었다. 시외에서 식량 반입이 거의 중단되면서 또다시 식량 결핍과 기근 사태가 벌어졌다. 12일 앙리 덴츠Henri Dentz 장군은 파리가 무방비 도시라고 선언했는데, 이는 점령자에게 동정을 받는 동시에 시내의 기념물들을 보호하려는 의도였다. 14일 독일군이 입성했고 16일에는 샹젤리제로 행군했다. 시청에서 파리 지사 아실 빌레Achille Villey가 독일 장군 보기슬라프 폰 슈트드니츠Bogislav von Studnitz를 맞이하는 동안 삼색기를 내리고 나치의 상징인 하켄크로이츠 깃발이 올라갔다. 시민 중 일부는 울고 일부는 박수를 쳤지만, 대부분은 착잡하게 독일군을 바라보았다. 의학교수 티에리 마르텔Thierry de Martel은 나치 군홧발 아래서는 살 수 없다며 자살했다. 《위마니테》가 지하신문이 되어 노동자와 군인 들에게 파업을 선동한 것이 그나마 눈에 띄는 저항이었다. 샤를 드골은 런던으로 가서 프랑스 시민을 향해 지하방송을 내보냈지만, 파리 시민 중 몇 명이나 들었는지 모르겠다.

6월 23일, 히틀러가 부르제 공항을 통해 파리로 들어왔다. 그는 세 시간 정도 파리를 돌며 선전용 사진과 영화를 찍었다. 건축가 알베르트 슈페어(1937년 파리 만국박람회의 독일 전시관을 디자인했으며, 나치의 군수장관을 역임한 골수 당원으로 전후 뉘른베르크 재판에서 유죄판결을 받아 20년 복역했다)와 함께 오페라 극장과 마들렌 성당Église de la Madeleine, 트로카데로Trocadéro, 에펠탑, 노트르담 대성당, 생트샤펠 그리고 마지막으로 사크레쾨르 대성당을 둘러보았다. 오페라 가르니에Opéra Garnier에 대해서는 세계에서 가장 아름다운 극장이라고 말했지만, 에펠탑은 못생겼다고 하더니 사크레쾨르 대성당을 보고는 히틀러와 슈페어 모두 끔찍한 건축물이라고 비난을 퍼부었다. 그날 밤 히틀러는 이렇게 말했다. "파리가 아름답긴 하지만 베를린이 훨씬 더 아름답다고 해야겠지. 과거에 나는 파리를 파괴해야 하지 않을까 고려했다네. 그런데 베를린이 멋지게 완공되면 파리는 그림자에 불과할 거야. 그러니 뭐 하러 부수겠나?"

독일군은 징발한 건물들로 점령본부를 차렸다. 헤르만 괴링은 레스토랑 막심Maxim's에서 캐비아를 먹으면서 파리 비즈니스를 돕는 경제적 서비스를 제공하겠다고 선언했다. 구체적 조치는 사실 별것 아니고 군인들이 가게를 돌아다니며 사치품을 싹쓸이하고 돈은 점령군 화폐로 지불하는 식이었다.

사태가 진정되자 피난 갔던 파리 시민이 돌아왔다. 그들은 어쨌든 점령 독일군과 함께 지내야 했다. 나치가 자동차 운행을 금지하자 마차, 자전거 택시 등이 등장했다. 자전거 택시 중에는 네 명이 끄는 특급도 있고, 심지어 투르드프랑스 우승자까지 운전사로 나섰다. 지하철 운행은 오히려 늘어났다. 이런 이유로 파리의 공기는 훨씬 좋아졌으니, 아무리 사악한 일이라도 좋은 점이 하나 정도는 있게 마련인 모양이다. 1940년 9월 배급표가 나오고 암시장이 형성되었다. 반대로 독일군은 1마르크당 20프랑의 유리한 환율로 이득을 보았다. 모든 물자가 부족해졌고, 도토리로 만든 커피café national 같은 대용품이 등장했다. 연료 부족으로 노인들이 사망했다. 사람들은 집보다 따뜻한 지하철을 더 오래 타려 했다.

파리를 시찰하는
히틀러(가운데)와 슈페어(왼쪽).

독일군 장교 중에는 신사도 분명 있다. 그렇지만 누가 지배자인지
는 분명히 해야 한다. 펠트그라우(독일군의 회색 군복)는 건드리면 안
된다. 1940년 엔지니어 자크 봉세르장Jacques Bonsergent은 북적이는 생
라자르역에서 독일군 장교를 밀쳤다가 처형되었다(이를 기려 5호선 지
하철 역에 그의 이름을 붙였다). 제2차 세계대전 중에 지하작가 베르코
르가 발표한 소설 《바다의 침묵》에서 독일군 장교 중에는 점잖은
신사도 있을 수 있지만, 결국 '합의된 강간'을 강요하는 야수로 묘사
했다.

히틀러는 빈의 슈테판 성당에 있던 나폴레옹 1세의 아들—프란
츠로 개명하고 오스트리아인으로 살았던 인물—시신을 앵발리드로
보냈다. 파리 시민은 아무도 감동하지 않았지만, 그래도 그날 특별
배급으로 나온 치즈와 고기는 기꺼이 받았다. 서민은 정원과 옥상에
서 채소를 키우고, 밤에 공원에서 뜯어온 풀로 토끼를 쳤다. 그래도
먹을 것이 부족해 고양이도 먹기 시작했다.

문인들도 다시 모습을 드러냈다. 사르트르, 보부아르, 알베르 카
뮈, 폴 발레리 등은 다시 플로르Café de Flore나 레 되 마고Les Deux Magots
같은 카페에 가서 앉았다. 특히 플로르 카페는 점령 기간 중 톱밥을
때는 거대한 난로가 있어서 많은 사람이 몰려왔다. 피카소와 마티스
역시 파리에 남아 입 다물고 그림만 그렸다. 장 콕토는 독일 소설가
에른스트 윙거와 교분을 텄다. 극장과 영화관도 다시 문을 열었다.
영화인 사샤 기트리도 파리로 돌아왔는데, 나치 점령 기간 중 계속

작품 활동을 하여 '살해해야 할 부역자 명단'에 이름이 올랐으나, 비극적 시기에 시민들을 즐겁게 했으므로 자신이 한 일은 일종의 레지스탕스라고 후일 주장했다. 에디트 피아프, 이브 몽탕, 모리스 슈발리에도 다시 무대에 섰다. 요제프 괴벨스는 이들에게 평화롭고 즐거운 새 질서를 표현하라고 지시했다.

나치는 노골적으로 반유대 정책을 폈다. 유대인을 직장에서 내쫓고, 금지 구역을 설정하고, 가슴에 노란 별을 붙이게 했다. 1940년 8월, 검은 셔츠, 가죽 벨트, 부츠를 신은 반유대인 단체 사람들이 샹젤리제의 유대인 가게를 공격했으며, 곧 모든 유대인을 등록시켰다. 철학자 앙리 베르그송은 사실 오래전에 가톨릭으로 개종했으나 동지애를 보여주기 위해 유대인으로 등록했다. 그리고 일제 소탕 작전이 펼쳐졌다. 유대인 억압 과정에서 때로 프랑스군과 경찰이 앞장섰다는 것이 문제다. 1942년 7월 16~17일, 프랑스 경찰이 유대인 1만 3,000명을 체포해 실내 자전거 경기장인 벨디브Vel' d'Hiv에 가두고, 드랑시에 설치한 캠프를 거쳐 절멸수용소로 보냈다. 모두 8만 명이 끌려갔다가 2,000명 정도만 돌아왔다. 파리 시민 대부분은 이들의 운명에 무심했다는 게 옳을 것이다.

ALBERT CAMUS

L'ÉTRANGER

ROMAN

nrf

Albert Camus

43

파리의 이방인,
알베르 카뮈

GALLIMARD

갈리마르 출판사
카페 레 되 마고
브라스리 리프

  파리를 두고 빛의 도시라고 하지만, 아프리카와 남프랑스의 사나이 알베르 카뮈1913~1960에게 파리는 빛이 없는 도시, 안개의 도시다. 그는 파리 사람들이 차갑다고 말한다. "프랑스 지식인은 좌파든 우파든 비열하고 심술궂다"는 것이 그의 평가다.

  파리는 그에게 성공을 안겨준 도시다. 이곳에서 그의 작품이 공연되고, 그의 책들이 출판되고, 전 세계에 알려지게 된다. 그렇지만 그가 더 사랑한 곳은 뜨거운 태양이 이글거리는 고향, 가난하고 반 귀먹은 과부 어머니가 계신 알제리다. 카뮈는 1940년 처음 파리로 갔다. 몽마르트르의 한 호텔에 머물면서 신문사 파리수아르Paris-Soir에서 일하며 밤마다 《이방인》을 썼다. 고독한 몽마르트르가 이 작품을 쓰는 데 딱 맞았을 법하다. 5월에 원고를 완성했다. 그런데 6월에 독일군이 파리에 들어오자 카뮈는 신문사 동료들과 함께 모두 파리를 탈출했다. 그는 《이방인》 원고를 잘 간직하고 다녀야 했다.

카뮈는 알제리로 갔다가 결핵에 걸려 요양하기 위해 남프랑스의 산지로 갔다. 그가 머물던 라샹봉La Chambon-sur-Lignon 마을은 신교 목사 앙드레 트로크메André Trocmé가 유대인 수천 명을 숨겨 목숨을 구해준 곳이다. 평소 개인 집이나 공공기관에 머물던 유대인들은 독일군이 조사하러 나오면 산속으로 도망가서 숨었다가, 독일군이 떠나면 마을 사람들이 모여 부르는 노래를 듣고 돌아오는 식으로 살아남았다. 카뮈는 이 휴머니즘에 크게 감동했다. 그는 세상이 부조리absurd하지만, 의미 없는 이 세상에 의미를 부여하는 것은 인간이라는 휴머니즘 철학을 가지고 있었다. 그것은 인간을 억압하는 정치, 도덕적으로 사악한 체제에 대한 레지스탕스로 발현되었다.

카뮈는 1943년 파리에 정착했다. 그의 작품들이 좋은 평가를 받는 데다가, 워낙 잘생겨서 뭇 여성이 그를 좋아했다. 카뮈는 바람기 때문에 결국 부인 프랑신 포르와 이혼했다. 그동안 《이방인》(1942)과 철학 에세이 《시지프 신화》(1942)를 출간했고, 곧 희곡 〈칼리굴라〉를 공연했다. 이때 그는 갈리마르 출판사의 편집자로 일하는 동시에 레지스탕스 신문 《콩바Combat》의 기자 겸 편집자로 일했다. 이런 일을 하다가 걸리면 수용소에서 죽을 운명인 때이니, 작업은 밤에 몰래 해야 했다. 어느 날 연인인 여배우 마리아 카자레스와 함께 길을 가다가 레오뮈르-세바스토폴 지하철역 부근에서 불심검문에 걸렸다. 이때 그는 《콩바》의 가제본을 가지고 있었다. 불심검문이라 해도 공개적으로 여성의 몸수색은 하지 않았기에 그는 이 18×25센티미터 종이를 마리아에게 주었고, 그녀는 그것을 삼켰다고 한다.

1943년 6월, 카뮈는 한 카페에서 사르트르, 보부아르와 만난 후 이들과 의기투합했다. 이후 생제르맹 지역 카페들에서 소르본의 지식인, 기자, 예술가 등과 대화를 나누고 술 마시고 농담을 주고받고 춤추고 여성들을 만나고 다녔다. 훗날 카뮈는 이 날들을 회고하며 그것은 다 거짓이었다고 말했다. 그들은 결코 친구가 아니었다! 속으로는 자신을 아웃사이더 취급을 하면서 겉으로는 친한 척 함께 술을 마시고 다녔다는 것이다. 카뮈는 특히 프랑스 최고 수재가 모이는 학교인 에콜 노르말 출신들이 평범하고 가난한 사람이나 빈민에 대해 아무것도 모르면서 단지 추상의 세계에서 노닐고 있을 뿐이라고 비판했다. 실제로 사르트르는 카뮈가 없는 곳에서 그를 알제리 출신 부랑아라고 불렀다. 이들은 서로 생각이 다르다는 것을 잘 알고 있으면서도 한때는 즐겁게 잘 지냈다. 그러나 결국 명백한 세계관의 차이가 그들을 갈라놓았다.

카뮈는 다음 소설 《페스트》(1947)를 쓰면서 수필집 《반항하는 인간L'Homme Révolté》도 준비하고 있었다. 1951년 이 책이 출판되었을 때 결국 사르트르를 비롯한 좌파 지식인들과 등을 돌리게 되었다. 1950년대 냉전이 한창일 때, 파리 좌파 지식인 대부분은 소련에 호의적이었다. 그런데 카뮈가 이 책에서 소련을 나치즘이나 파시즘과 유사한 전체주의라고 비판한 것이다. 그러자 사르트르가 카뮈 같은 반공주의자는 개와 다름없다고 비난했고, 카뮈는 사르트르 집단을 낡아

빠진 늙은이들이라고 받아쳤다. 카뮈는 좌파 지식인들 사이에서 조롱의 대상이 되었다.

알제리 독립전쟁1954~1962이 일어나자 다시 카뮈와 지식인들이 충돌했다. 카뮈는 알제리의 독립보다는 협상을 지지했다. 그는 폭력에 반대하기 때문이라고 밝혔지만, 파리와 알제리 친구 대부분이 그를 떠났다. 그는 알제리를 배신한 자로 낙인찍혔다. 그런 중에도 소설 《전락》(1956)은 베스트셀러가 되었고, 1957년에 사형제도에 반대하는 글들을 발표하여 노벨문학상을 받았다. 사르트르는 이번에도 카뮈가 부르주아의 상을 받는다며 조롱했다.

카뮈는 파리를 떠나 프로방스의 루르마랭에 집을 사들였다. 그가 좋아하는 작가 르네 샤르의 마을과 가까운 곳이었다. 이곳에서 다음 작품들을 구상하고 있었다. 1960년 1월 4일, 카뮈는 그의 출판인 미셸 갈리마르가 운전하는 차를 타고 가다가 교통사고로 사망했다. 차 안에서는 자신의 최고 작품이 될 거라고 예견했던 《최초의 인간》 원고 144장이 발견되었다. 그의 시신은 루르마랭의 묘지에 묻혔다.

카뮈와 그 일행이 함께 다니던 카페들은 이제 디오르, 루이뷔통, 아르마니 같은 고급 상점으로 바뀌었다. 소르본 광장 앞에 있던 유서 깊은 서점들도 사라지고 옷가게로 변했다. 생제르맹데프레 성당이 보이는 거리에 자리 잡은 카페들도 과거에는 작가들이 모여들었지만, 그들은 이제 사진으로만 남아서 카페를 찾는 관광객을 만나고 있다.

카뮈가 즐겨 찾던 카페 레 되 마고.

La Résistance et
La Libération

44

레지스탕스와
해방된 파리

샹젤리제 거리
● ● 크리용 호텔
콩코르드 광장

레지스탕스 박물관
(파리해방박물관)

나치의 지배 아래에서 프랑스인들은 반감을 품고 있었다. 그렇지만 무기를 들고 저항하는 사람은 거의 없었다. 다만 다양한 방식으로 소극적 저항을 했을 뿐이다. 바스티유 기념일에 삼색 옷을 입어서 1,667명이 체포되는 식이다. 영국과 미국에 정보를 넘기거나 추락한 비행기의 조종사를 숨겨주고 가짜 증명서를 구해주며, 좀 더 과감한 사람들은 사보타주로 교통과 통신을 방해했다. 사실 이 정도도 목숨을 걸어야 한다. 잡히면 가혹한 고문과 사형을 당하든지 수용소로 끌려갔다. 사르트르, 카뮈, 모리아크 같은 작가들은 레지스탕스를 지지하는 글을 썼다.

레지스탕스는 분명 영웅적 행위이며 큰 희생이었다. 그러나 냉정하게 말하면 뒤늦게 형성되었고, 과연 해방에 얼마나 실질적인 공헌을 했는지는 의문이다. 그래도 정신적인 권위 회복에는 크게 기여했다. 1941년 8월 21일, 피에르 조르주Pierre Georges가 지하철역에서 독일 장교에게 총을 쏘았다. 이때가 되어서야 폭력적 저항이 나타나기 시작했다. 이제 독일군에 총격을 가하고 독일 책을 파는 서점을 폭파했다. 당연히 가혹한 보복이 뒤따랐다. 폭력에 피곤해하는 시민에게 나치는 자신들을 향한 공격이 공산당의 소행이라고 주장하며 공개 총살을 집행했다.

위대한 역사가 마르크 블로크도 전쟁이 시작되자 53세의 나이에 자원입대하여 싸우다가 프랑스가 패배하고 비시 정권이라는 괴뢰정부가 들어서자 레지스탕스에 뛰어들었다. 그는 '나르본'이라는 암호명을 쓰며 활동하다가 게슈타포에 체포되어 몽뤼크 감옥에서 혹독한 고문을 당한 뒤 1944년 6월 16일 리옹 북동쪽 벌판에서 26명의 레지스탕스 대원과 함께 총살당했다. 바로 그 옆에서 열여섯 살의 소년 병사가 벌벌 떨며 "아프겠죠?" 하고 묻자 블로크는 소년의 손을 잡고 "아니야, 전혀 아프지 않을 거야" 하고 위로했다. 블로크는 쓰러지면서 "프랑스 만세!"를 외쳤다.

블로크가 죽은 후 출판된 《이상한 패배》에서 그는 프랑스가 패배한 이유를 이렇게 분석했다. 프랑스 국민은 제1차 세계대전 이후 피로감과 열패감에 빠져 있었고, 지도자들은 패배를 당연하게 생각했다. 그렇게 된 데에는 지식인의 책임이 크다. 책의 말미에 그는 프랑스가 언제 다시 자기 운명의 주인공이 될지, 그것은 어떤 식으로 찾아올지 "늙은 역사가는 머릿속으로 여러 상상을 해본다"라고 비장하게 썼다.

처음에는 개별적이던 레지스탕스는 장 물랭1899~1943의 지도 아래 통합되었다. 원래 물랭은 미술에 소질이 있었다. 화가가 아닌 공무원의 길을 택했지만, 그는 라울 뒤피, 앙리 마티스, 마리 로랑생 등의 작품들을 수집했다. 잠시 공무원을 그만두었을 때 예술가의 집결소인 몽파르나스에 아파트를 구했다. 파블로 피카소가 카페에 들락거리고, 제임스 조이스, 사뮈엘 베케트, 에즈라 파운드 같은 작가도 얼쩡거리는 곳이었다. 그는 이곳에서 예술가들과 사귀고 그림도 그렸다.

나치 점령이 시작되었을 때 물랭은 외르에루아르Eure-et-Loir주의 주지사로 근무하고 있었다. 그런데 그가 진보적 성향을 가졌다는 이유로 공산주의자로 몰려 1940년 6월 17일 나치에게 체포되었다. 이때 나치가 원한 것 중 하나가 그의 서명이었다. 나치가 폭탄으로 사람들을 죽여놓고는 세네갈 출신 병사들에게 책임이 있다는 문서에 서명하라는 것이다. 그가 거부하자 고문이 뒤따랐다. 살아서 나갈 가능성이 없다고 생각한 그는 깨진 유리 조각으로 목을 그어 자살하려 했으나 간수가 발견해서 다행히 목숨을 구했다. 이후 목에 생긴 상처를 가리느라 두른 스카프가 그의 상징이 되었다.

1940년 11월, 비시 정권이 진보 성향의 공무원을 숙청할 때 물랭 또한 쫓겨났다. 그는 곧 레지스탕스에 투신했다. 그리고 가명으로 런던에 가서 샤를 드골을 만나 그의 지시를 받았다. 물랭은 레지스탕스 운동을 통합할 책임을 맡긴다는 드골의 메시지를 마이크로필

름에 담고 자금과 라디오를 휴대하고는, 낙하산을 이용해 알프스 지방으로 들어왔다.

프랑스 레지스탕스 운동의 문제점은 공산주의자, 가톨릭, 사회주의자, 우파 등 여러 지하 조직이 서로 경쟁하고 싸웠다는 것이다. 이들을 결속시키는 건 기적에 가까웠다. 그런데 물랭이 그 기적을 이루었다. 1943년 5월 파리의 좌안 푸르 거리Rue du Four 48번지에서 레지스탕스전국평의회Conseil National de la Résistance, CNR를 결성했다. 레지스탕스 활동을 하나로 통합하고 드골의 지휘를 받게 만든 것이다. 그런 일을 이루려면 다양성과 복합성을 이해할 수 있어야 한다. 그의 예술가적 기질 때문에 가능했던 것이 아닐까?

그런데 평의회를 결성하고 한 달 후 물랭이 나치에게 체포되었다. 밀고자가 누구인지는 아직 밝혀지지 않았다. 그는 게슈타포의 총수인 클라우스 바르비에게 걸려들었다. 2주 동안 두드려 맞은 얼굴은 그야말로 피 묻은 살덩어리였다. 게슈타포 요원이 동료 이름을 쓰라고 종이를 내밀자 거기에 고문하고 있는 간수의 풍자화를 그렸다. 참으로 대단한 정신력의 소유자다. 물랭은 리옹에서 게슈타포 본부로 압송되어 또 고문을 당했다. 독일 측 기록에 따르면 그는 독일로 압송하던 기차 안에서 사망했다.

1944년 6월, 연합군이 노르망디에 상륙했다. 40만 명의 자유프랑스군 병력을 확보한 샤를 드골은 노르망디 상륙작전에 참가했다. 특히 파리 해방은 드골 휘하 필리프 르클레르Philippe Leclerc 장군의 탱크가 선두에 서도록 했다. 드골은 파리가 핵심이라는 점을 잘 알고 있었다. 해방 후의 주도권까지 생각하면 파리 해방에서 자기 세력이 선두를 잡아야 한다. 그의 정적은 공산당계 레지스탕스 지휘자인 앙리 롤-탕기Henri Rol-Tanguy였다. 그는 제2차 세계대전 초기에 프랑스군이 항복하자 레지스탕스 조직을 만들었다. 암호명은 '롤 대장Colonel Rol'이었다. 그는 연합군과 드골주의자가 도착하기 전에 독일군을 내쫓으려 했다. "파리는 20만 명의 죽음 값을 치를 만하다"라는 그의 표현은 결코 좋은 말이 아니지만, 그의 결기를 읽을 수는 있다. 그러는 동안 드골은 프랑스 부대가 파리 해방에 앞장서게 해달라고 연합군 지휘부를 설득했다. 연합군 사령관이었던 드와이트 아이젠하워 장군 역시 정치적으로 고려해서 북아프리카와 노르망디에서 독일군을 상대로 싸웠던 프랑스 제2기갑사단이 파리 수복의 선두에 서도록 결정했다.

연합군의 전진 소식이 파리 시민에게 빠르게 전해졌다. 이즈음 레지스탕스의 활약도 정점에 이르렀다. 독일군의 소통을 막으라는 레지스탕스 조직의 지시로 파업이 이어지고, 기차 운행이 중단되었다. 파리 시민은 나무를 찍어내고 웅덩이를 파고 바리케이드를 쳐서 나치의 저항을 방해하는 데 일조했다. 훗날 아이젠하워는 레지스탕스 조직이 15개 사단에 필적할 만한 공헌을 했다고 치하했다. 솔직히 말하면 이는 입에 발린 말이 분명하다. 프랑스가 해방되는 데에 연합군의 군사 작전이 결정적이었다는 건 부인할 수 없다. 그래도 프랑스 국민 역시 큰 희생을 치르며 해방운동에 동참했다는 확고한 명분을 얻었다.

해방 과정은 매우 험난했다. 8월 19일부터 23일까지 파리 시민과 레지스탕스 대원이 함께 독일군과 치열한 시가전을 벌였다. 초등학생이 화염병으로 독일 탱크를 공격하다가 사살당하는 일까지 벌어졌다. 막판에 독일군의 디트리히 폰 콜티츠Dietrich von Choltitz 장군은 다리를 폭파하고 주요 공공건물을 파괴하라는 히틀러의 지시대로 파리를 불태우거나 폭격해서 질서를 잡을 것까지 고려했다. 실제 그랬다면 오늘날 우리가 보는 파리는 영영 사라질 뻔했다. 이를 막은 인물이 사업가이자 외교관이었던 라울 노르틀링Raoul Nordling이다. 국적은 비록 스웨덴이었지만, 파리에서 태어나고 자란 그는 파리를 지키기 위해 독일과 적극적으로 협상에 나섰다. 노르틀링은 파리를 파괴해서 얻는 것은 없다고 콜티츠를 설득했다. 후일 콜티츠는《파리는 불타고 있는가?Brennt Paris?》라는 비망록에서 자신이 파리를 구했다고 주장했다. 히틀러의 지시에 따르거나 끝까지 전투를 벌였다면 파리가 박살 났으리라는 주장은 일리가 있다.

8월 24일, 르클레르 장군은 비행기 방송을 통해 프랑스군이 곧 도착한다는 소식을 파리 시민에게 알렸다. "르클레르 장군이 당신들에게 알리라고 지시했습니다. 끝까지 지키십시오, 우리가 곧 도착합니다." 전화로든 지하신문으로든 모두 진군 소식을 알렸다. 그리고 그날 밤, 전위 부대가 파리 시내로 진격하여 독일군에 항복을 요구했

샹젤리제 거리를 행진하는 프랑스 군인들과 그들을 맞이하는 파리 시민.

다. 해방의 전야이면서 마지막 발악의 밤이었다. 노트르담, 사크레쾨르, 생쉴피스 성당에서 해방의 종을 쳤고, 시민은 거리에서 〈라마르세예즈〉를 불렀다.

다음 날인 8월 25일, 르클레르 장군이 지휘하는 탱크 세 대가 오를레앙 문을 통해 파리로 들어섰다. 프랑스군과 연합군이 함께 들어왔다. 연합군 중에는 헤밍웨이 '장군'이 지휘하는 오합지졸 의용군도 있었다. 그날 폰 콜티츠 장군은 뫼리스Meurisse 호텔에서 동료들과 마지막 점심식사를 거하게 즐긴 후 해방군 수뇌를 만나 당구대 위에서 항복 문서에 서명했다. 이 자리에 르클레르 장군과 롤 대장이 함께했다. 그는 이제 독일군은 모든 전투를 중단한다고 선언했다. 그러나 시내 곳곳에서는 몇 시간 더 치열한 전투가 이어졌다. 같은 날 드골이 입성하여 시청에서 시민에게 연설했다. 그의 연설 중 가장 멋있는 연설일 것이다.

> 파리! 파리는 침략당했고, 파리는 산산이 부서졌고, 파리는 순교했지만, 끝내 파리는 해방되었습니다Paris! Paris outragé, Paris brisé, Paris martyrisé, mais Paris libéré.

8월 26일, 드골이 측근들과 함께 샹젤리제 거리를 따라 행진했다. 축제였다. '바다' 같은 사람들이 일제히 환호했다. 그러나 이 마지막 순간에 친나치 민병대가 숨어서 드골을 저격하는 사건이 있었다. 드골의 행진을 기다리던 중, 10여 명의 수상한 인물이 크리용 호텔Hôtel de Crillon로 들어갔다. 보고를 받은 탱크부대 대장은 반신반의 했지만 혹시나 해서 탱크 포문을 크리용 호텔 발코니 쪽으로 향하게 했다. 드골 일행이 콩코르드 광장에 들어오자 과연 발코니에서 총격을 했다. 탱크가 곧바로 호텔의 다섯 번째 기둥을 향해 포탄을 쐈다. 이 기둥은 후일 수리했는데, 이전 돌보다 품질이 낮은 것을 써서 옆의 기둥들보다 색이 검다.

Paris contemporain

45

21세기의 파리

파리는 늘 같은 모습을 유지하는 한편 빠르게 변화한다. 루브르 박물관, 튀일리 공원, 시테섬 등은 언제 가보아도 그 모습 그대로여서 반갑다. 그렇지만 언제 이렇게 변했나 싶게 달라진 모습도 많다. 오랜만에 파리를 들러보니 여러 곳에 새 건물이 들어섰고, 지하철 노선도 하나 늘었다. 내 유학생 시절인 1980년대에는 소르본 근처에 값싼 중국음식점이 아주 많았는데, 이제는 대부분 사라지고 한식당과 일식당이 많이 늘었다.

파리는 역사의 무게를 유지하면서 현대적인 대도시의 다이내믹한 측면을 함께 가지고 있다. 제2차 세계대전 이후 수십 년은 서구 자본주의의 전성기였다. 이 시기에 프랑스도 비약적인 경제성장을 이룩했고, 파리 또한 근대화되었다. 파리 시내나 가까운 외곽 지역에 몰려 있던 공장들은 폐쇄되거나 이주했고, 대신 상업과 금융 등 새로운 비즈니스를 위한 건물들이 들어섰다. 서울처럼 고층 건물이 우후죽순 들어찬 정도는 아니지만, 점차 땅이 부족해지고 땅값이 오르자 파리에는 왠지 어울릴 것 같지 않은 마천루들이 등장했다. 가장 큰 논란이 된 것이 몽파르나스 지구 재개발 사업이었다. 1973년에 완공된 210미터 높이의 몽파르나스 타워Tour Montparnasse는 오랫동안 파리뿐 아니라 프랑스에서 가장 높은 건물이었다. 건축 전부터 시내 한복판에 이렇게 높은 건물을 지으면 고풍스러운 파리 풍경과 어울리지 않을 거라는 우려가 컸다. 결과는 파리 경관을 크게 훼손했다는 것이 중론이다. 그러지 않아도 1962년에 발효된 앙드레 말로 법으로 마레 지구처럼 역사적 가치가 있는 구역은 그대로 보존하기로 했기 때문에 시내에 큰 건물을 짓기가 더욱 어려워졌다. 대신 파리 서쪽 외곽의 라데팡스 지구에 초고층 건물들을 지어서 마치 뉴욕의 맨해튼처럼 만들었다.

주거 지역도 외곽으로 많이 옮겨갔다. 1965년 파리 외곽 25~50킬로미터 거리의 지역들을 신도시로 개발하는 계획이 시작되었다. 내가 유학 시절에 살았던 그리니Grigny가 대표적인 곳이다. 파리 남동쪽으로 23킬로미터 떨어진 이 신도시는 고속전철을 이용해 파리로 출퇴근할 수 있기 때문에 젊은 직장인이 비교적 싸게 집을 구해 살고, 더불어 외국인 노동자도 많이 모여 살았다. 이곳에서는 월드컵 때 프랑스 팀이 골을 넣으면 별 반응이 없는데, 세네갈이나 모로코 팀이 골을 넣으면 온 동네가 들썩인다. 방리외Banlieue라 불리는 교외 지역 중 여러 곳은 가난한 노동자나 불법 체류 외국인 노동자가 많이 거주하는데, 때로 심각한 소요 사태가 벌어지곤 한다.

교외 지역을 개발하려면 교통 문제부터 해결해야 한다. 1957년부터 파리 순환도로를 건설해서 1973년 완공했다. 이 도로가 현대판 성벽과 비슷한 느낌을 주어서 이 내부를 그랑 파리Grand Paris(大大파리)라 부른다. 그런데 1961년 100만 대였던 자동차가 1965년에 200만 대, 1970년에 250만 대로 엄청나게 늘었다. 도로가 그만큼 빨리 정비되지 않은 상황에서 차량 증가는 심각한 문제를 일으켰다. 순환도로가 완공된 직후 이 도로에서는 1킬로미터당 하루 한 건의 사고가 일어났다. 운전은 악몽이 되었다. 새 도로를 만들고 강변도로를 개통해도 파리 시내에 차를 몰고 들어가는 건 불편하기 짝이 없는 일이다. 그러니 대중교통을 이용하는 게 상책이다. 1961~1969년에 건설한 지역고속철도Réseau express régional, RER가 시 중심부와 외곽 지역을 연결하는 데 중요한 역할을 했다. 빠른 속도로 파리시로 들어와 지하철과 연결되니, 먼 외곽에 살면서도 파리에서 일하는 것이 가능해졌다. 공항에서 시내로 들어간다든지 베르사유 궁전을 찾아갈 때도 이 고속철도를 이용하면 편하다.

파리 시내에는 그동안 새로운 기념비적 건물이 꽤 많이 지어졌다. 역대 대통령은 임기 중 기념비적인 건물을 한둘 정도 짓고 싶었던 것 같다. 조르주 퐁피두 대통령재임 1969~1974이 건설한 퐁피두센터Centre Pompido(정식 명칭은 조르주 퐁피두 국립예술문화센터)가 대표적이다. 퐁피두 대통령은 현대예술을 탐미한 인물이다. 그는 과감하게 파리 한복판에 새로운 형태의 현대미술관을 짓기로 했다. 이 건물 역시 초기에는 논란이 많았으나 다음 대통령 때인 1977년 완공되자 몽파르나스 타워와는 달리 긍정적인 평가를 받았다. 건물의 파이프를 모두 노출한 이 건물은 당시로서는 파격적이었다. 수준 높은 현대예술 작품을 많이 보유하면서 이를 누구나 쉽게 감상할 수 있도록 배려한 정책도 좋은 평가를 받는다. 이런 식으로 현대예술 컬렉션을 확보함으로써 파리는 앞으로도 계속 예술의 중심지 역할을 이어갈 것이다.

오르세 미술관 개관 또한 중요한 사건이다. 파리 시내 한복판에 있던 오르세 역사驛舍는 원래 1900년의 만국박람회를 위해 호화롭게 지었는데, 철도 노선이 바뀌면서 이 건물은 오랫동안 버려졌다. 1970년대에 해체하려다가 지스카르 데스탱 대통령재임 1974~1981이 이 우아한 건물을 살려서 19세기 회화 미술관으로 사용하자고 제안했다. 그리하여 건축물의 내장과 골격을 그대로 유지한 채 리모델링하여 1986년에 개관했다. 이곳에는 우리에게 익숙한 인상파 작품이 많아서 인기 높은 미술관 중 하나다.

프랑수아 미테랑 대통령재임 1981~1995도 여러 기념비적인 건물을 지었다. 무엇보다 프랑스혁명 200주년 기념으로 바스티유 광장에 새로운 오페라 공연장인 오페라 바스티유Opéra Bastille(파리국립오페라극장)를 지었다. 1989년 7월 13일, 개관 기념 첫 공연에는 조지 부시 미국 대통령, 마거릿 대처 영국 총리를 비롯해 각국 정상급 인사 30여 명이 참석했다. 초대 음악감독은 지휘자 정명훈이 맡았다. 루브

유럽 최고의 현대미술관으로 자리잡은 퐁피두센터.

라데팡스 개선문.

르 박물관도 새롭게 손보았다. 이 유서 깊은 박물관의 입구를 새로 단장할 때 어떻게 하면 전통과 현대를 조화롭게 살릴지 고민했다. 국제 공모전을 통해 선정된 작품은 중국계 미국인 건축가 이오 밍 페이의 유리 피라미드라는 혁신적인 아이디어였다.

파리 서쪽 라데팡스 지구에 세워진 112미터 높이에 빈 큐브 모양의 라데팡스 개선문도 주목할 사례다. 이것은 루브르 피라미드에서 출발해서 카루젤 개선문, 오벨리스크, 에투알 개선문을 지나는 이른 바 대중심축Grand Axe의 마지막을 이룬다. 이것은 파리 전경을 완성하는 거대한 프로젝트인데, 건물의 한가운데를 텅 비어 있는 공간으로 둔다는 것도 과감한 기획이었다. 1996년에는 세계 최고의 건축가 도미니크 페로(한국의 이화여자대학교 ECC 건물을 디자인했다)가 디자인한 새 국립도서관이 완공되었다. 이는 프랑수아 미테랑 도서관으로 명명되었다. 원래 프랑스국립도서관은 파리 시내의 리슐리외 거리에 있는 옛 저택 건물이었고, 이곳에는 아주 제한된 엘리트 학자·연구자만 들어갈 수 있다는 점에서 다른 나라 국립도서관과 성격이 달랐다. 새로 지은 건물은 일반인도 자유롭게 이용할 수 있도록 하고, 대신 기존 건물은 고서를 보존하는 용도로 쓰고 있다. 자크 시라크 대통령재임 1995~2007은 케브랑리 국립박물관Musée du Quai Branly을 남겼다. 2006년 개관한 이 박물관은 주로 비서구권 지역의 민속 문화 유물을 전시한다.

지금도 파리는 유구한 전통을 지키면서도 계속 변화 중이다.

에필로그

2017년 겨울, 오랜만에 다시 파리를 찾았다. 놀랍게도 파리는 눈에 덮여 있었다. 원래 파리의 겨울 날씨는 온화한 편이라 눈이 와도 공중에서 흩날리다가 땅에 닿으면 다 녹아버리는데, 이해에는 예외적으로 추위가 심했다. 튀일리 공원에 있는 오귀스트 로댕의 작품 〈키스〉의 애절한 두 주인공도 하얀 눈을 덮어쓰고 있었다. 이 기회에 루이뷔통 재단 미술관Fondation Louis-Vuitton pour la création을 처음 방문했다. 미술관으로 가는 불로뉴 숲길도 아름다운 설경을 보여주었다. 2014년에 문을 연 이 미술관은 세계적인 건축가 프랭크 게리Frank Gehry, 1929~가 설계했다. 파리는 이렇게 해서 또 하나의 보석 같은 명물을 추가했다.

2019년 여름에는 당페르로슈로 광장 지하에 레지스탕스 박물관이 새로 문을 열었다. 파리해방박물관Musée de la Libération de Paris, 장 물랭 박물관musée Jean Moulin, 르클레르 장군 박물관musée du Général Leclerc 등 여러 이름으로 불리는 이곳은 원래 몽파르나스역 근처에 있었는데, 제2차 세계대전 중 시민들의 대피소였다가 레지스탕스 임시본부로 사용되었던 지하 공간으로 옮겨간 것이다. 아마 이전보다 더 생생하게 역사의 현장을 느낄 수 있을 것이다.

이처럼 파리는 늘 한결같은 모습을 간직하면서도 다른 한편으로 매번 변화된 모습들을 보여준다. 파리는 수천 년 역사의 무게를 유지하는 동시에 새로운 역사를 만들어가고, 그 역사의 기억들을 더해가는 곳, 영원성과 변화성을 느낄 수 있는 곳이다.

우리는 책을 통해 많은 것을 배우기도 하지만, 여행을 통해 직접 경험하면서 훨씬 많은 것을 생생하게 배우기도 한다. 여행을 뜻하는 영어 'travel'은 힘든 노동과 관련이 있다. 집 떠나면 고생이라 하지만 여행은 큰 즐거움이다. 우리가 알지 못하던 새로운 세계로 떠나는 경험은 특별한 기쁨을 선사한다. 모르던 것들을 발견하고 알아가는 과정에서 우리는 지혜를 쌓아간다. 로버트 프로스트가 시詩는 기쁨에서 시작해 지혜로 끝난다고 말했는데, 여행도 그렇지 않을까?

그러니 나는 책을 보는 대신 여행을 떠나라고 권하는 책을 쓴 셈이다. 책을 통해 먼저 잘 준비한 후 더 큰 세상, 더 의미 깊은 역사의 현장을 찾아가 보라는 의미다. 파리는 정말로 멋진 '텍스트'이다. 서구 문명이 때로는 아름답게, 때로는 폭력적으로 분출되었다가 누적된 중심점이다. 그 놀라운 시공간을 안내해보겠다고 용기 있게 나서보았지만, 얼마나 독자의 기대에 부응했는지는 모르겠다. 이 책이 파리 여행을 준비하는 일종의 매뉴얼 역할을 한다면 좋겠으나, 매뉴얼은 매뉴얼일 뿐이다. 진짜 경험은 각자의 몫이다. 방 안에 앉아 머릿속으로 여행하는 '안락의자 여행자armchair traveler'에 그치지 말고 언제든 좋은 기회를 잡아 현장으로 달려가 보기를 바란다.

부록

도시여행자를 위한 추천 장소

이 책에 나오는 장소들을 중심으로 시대별·주제별로 찾아가보면 좋을 곳들을 모았습니다.

1

고대의 파리를 걷다

- 생피에르 성당
- 카르나발레 박물관
- 필리프 오귀스트 성벽
- 콜롱브 거리 옛 성벽 터
  (아벨라르와 엘로이즈의 집)
- 클뤼니 박물관(목욕탕 유적)
- 루테티아 원형경기장 유적

이미지 출처

p.16 Open Fllms / Shutterstock.com

p.18 vichie81 / Shutterstock.com

p.22 Kiev.Victor / Shutterstock.com

p.26 JayC75 / Shutterstock.com

p.28 samanthainalaohlsen /
      Shutterstock.com

p.31 Joe deSousa /
      Wikimedia Commons

p.34 Augustin Lazaroiu /
      Shutterstock.com

p.37 Pete Klimek / Shutterstock.com

p.40 Page Light Studios /
      Shutterstock.com

p.42 Zvonimir Atletic /
      Shutterstock.com

p.47 maziarz / Shutterstock.com

p.48 Mistervlad / Shutterstock.com

p.54 Giogo / Wikimedia Commons

p.58 sonofgroucho / flickr.com

p.60 s74 / Shutterstock.com

p.63 Isogood_patrick / Shutterstock.com

p.68 Neirfy / Shutterstock.com

p.70 Wikimedia Commons

p.76 Jim Linwood / flickr.com

p.78 Kiev.Victor / Shutterstock.com

p.82 nikolpetr / Shutterstock.com

p.84 DaLiu / Shutterstock.com

p.88 Adrian Scottow /
      Wikimedia Commons

p.90 Ingus Kruklitis / Shutterstock.com

p.95 Oldmanisold /
      Wikimedia Commons

p.98 Wikimedia Commons

p.106 Elena Dijour / Shutterstock.com

p.110 Wikimedia Commons

p.113 Osbornb / flickr.com

p.118 Alexey Kotikov / Shutterstock.com

p.123 FrimuFilms / Shutterstock.com

p.128 Luis Pizarro Ruiz /
       Shutterstock.com

p.132 Valery Egorov / Shutterstock.com

p.134 Mykolastock / Shutterstock.com

p.139 Kiev.Victor / Shutterstock.com

p.142 couscouschocolat / flickr.com

p.146 DaLiu / Shutterstock.com

p.150 zakharov aleksey /
       Shutterstock.com

p.156 Gilmanshin / Shutterstock.com

p.162 Wikimedia Commons

p.165 Nadiia_foto / Shutterstock.com

p.168 Moonik / Wikimedia Commons
p.170 Francesco Dazzi / flickr.com
p.173 Julie Mayfeng / Shutterstock.com
p.176 mehdi33300 / Shutterstock.com
p.182 Mikhail Gnatkovskiy /
Shutterstock.com
p.184 jorisvo / Shutterstock.com
p.190 Roman Belogorodov /
Shutterstock.com
p.194 Pack-Shot / Shutterstock.com
p.200 FaceMePLS / flickr.com
p.202 VD Image Lab /
Wikimedia Commons
p.208 Daniel Vorndran_DXR /
Wikimedia Commons
p.210 Rama / Wikimedia Commons
p.216 laesperanza / Shutterstock.com
p.218 aliaksei kruhlenia /
Shutterstock.com
p.224 Brian Jannsen /
Alamy Stock Photo
p.226 UlyssePixel / Shutterstock.com
p.230 Kiev.Victor / Shutterstock.com
p.233 Moonik / Wikimedia Commons
p.236 UlyssePixel / Shutterstock.com
p.242 Kiev.Victor / Shutterstock.com
p.244 vvoe / Shutterstock.com
p.250 Felix Lipov / Shutterstock.com
p.252 Kiev.Victor / Shutterstock.com
p.258 Joao Paulo V Tinoco /
Shutterstock.com
p.263 Wikimedia Commons
p.270 Wikimedia Commons
p.276 CAN KAYA / Shutterstock.com
p.278 Christina Vartanova /
Shutterstock.com
p.285 Wikimedia Commons
p.288 Marcel Jancovic /
Shutterstock.com
p.292 S.Borisov / Shutterstock.com
p.294 Jewish Tours Paris
p.300 pisaphotography /
Shutterstock.com
p.304 Wikimedia Commons
p.308 www.rebekahjoy.orgblogparis
p.314 JeanLucIchard / Shutterstock.com
p.319 Kiev.Victor / Shutterstock.com
p.322 Marcin Krzyzak /
Shutterstock.com
p.328 EQRoy / Shutterstock.com
p.333 Wikimedia Commons
p.336 Wikimedia Commons
p.340 Petr Kovalenkov /
Shutterstock.com
p.342 www.peter-pho2.com
p.349 Wikimedia Commons
p.352 r.nagy / Shutterstock.com
p.357 Takashi Images /
Shutterstock.com
p.358 nexus 7 / Shutterstock.com

찾아보기

도시여행자를 위한

파리 ✕ 역사

1판 1쇄 발행일 2019년 12월 2일
2판 1쇄 발행일 2024년 7월 1일

지은이 주경철

발행인 김학원
발행처 (주)휴머니스트출판그룹
출판등록 제313-2007-000007호(2007년 1월 5일)
주소 (03991) 서울시 마포구 동교로23길 76(연남동)
전화 02-335-4422 **팩스** 02-334-3427
저자·독자 서비스 humanist@humanistbooks.com
홈페이지 www.humanistbooks.com
유튜브 youtube.com/user/humanistma **포스트** post.naver.com/hmcv
페이스북 facebook.com/hmcv2001 **인스타그램** @humanist_insta

편집주간 황서현 **편집** 최인영 김선경 이영란 **디자인** 장혜미
용지 화인페이퍼 **인쇄·제본** 정민문화사

ⓒ 주경철, 2024

ISBN 979-11-7087-185-9 03920